챗GPT
새로운 기회

챗GPT
새로운 기회

1판 1쇄 발행 2023년 3월 27일
1판 3쇄 발행 2024년 9월 10일

지은이 김재필, 브라이언 곽
펴낸이 김기옥

경제경영팀장 모민원
기획 편집 변호이, 박지선
마케팅 박진모
지원 고광현, 김형식, 임민진
제작 김형식

표지 디자인 블루노머스
인쇄·제본 민언프린텍

펴낸곳 한스미디어(한즈미디어(주))
주소 121-839 서울특별시 마포구 양화로 11길 13(서교동, 강원빌딩 5층)
전화 02-707-0337 | **팩스** 02-707-0198 | **홈페이지** www.hansmedia.com
출판신고번호 제 313-2003-227호 | **신고일자** 2003년 6월 25일

ISBN 979-11-6007-903-6 13320

초거대 AI 시대, 경제와 투자의 기준이 바뀐다

챗GPT
새로운 기회

김재필, 브라이언 곽 지음

한스미디어

챗GPT가 불러온 초거대 AI 혁명, 인류에게 다가온 새로운 기회

인류에게 내려진 '챗GPT 코드레드(code red)'

2016년 3월 9일이었다. 회사에서 동료들과 함께 이세돌 9단과 구글 딥마인드 AI(인공지능) 알파고와의 1차전 대국을 숨죽이면서 지켜보고 있었다. 이세돌 9단이 당연히 이길 것이라는 의견이 우세했지만, 시간이 흐를수록 사람들의 표정은 '설마'에서 '진짜?'로 바뀌어갔다. 결국 이세돌 9단이 186수 만에 돌을 거두었다. 짧은 정적과 함께 사람들은 아무 말 없이 자리로 돌아갔다. 아니, AI로부터 자리를 지키기 위해 돌아갔다. 그렇게 알파고의 충격적인 등장과 함께 국내에 첫 번째 AI 광풍이 불어닥쳤다.

알파고가 등장한 지 수년이 지났지만, 다행히 AI가 인간의 업무를 모두 다 빼앗아가지는 않았다. 알파고에 대한 뜨거운 관심은 AI를 발전시키기에 충분했지만, 우려했던 것만큼 인간을 대체할 정도의 능력을 보여주지는 않았다. 특정 분야에서는 뛰어났지만 범용성에서는 부족했고, 만능 집사로 기대를 모았던 AI 스피커는 음악 재생 플레이어 수준에 그치고 말았다. 그마저도 인간의 말을 제대로 알아듣지 못해 여러 차례 정확한 발음으로 얘기해야 해서 답답했던 적이 한두 번이 아니다.

무엇보다 인간의 절대 영역이라 생각했던 창의적인 업무는 안전지대라 여겼다. 무언가를 스스로 만들어내는 창조 능력은 감히 AI가 넘볼 수 없는 인간만이 지닌 고유 능력이고, 창작을 기반으로 한 글, 그림, 음악 관련 직업은 AI로부터 안전할 것이라 생각했다. 하지만 이것은 큰 착각이었다.

2022년 11월 말, 실리콘밸리에 AI 연구기관인 오픈AI가 만든 AI 챗봇이 등장했다. 이름은 '챗GPT'. 말 그대로 '챗(Chat)', 대화가 가능한 'GPT(Generative Pre-trained Transformer, 오픈AI가 개발한 AI 모델)'이다. 2020년에 발표했던 GPT-3를 토대로 만든 GPT-3.5에 해당하는 AI 챗봇 서비스였다. 새로울 것 없어 보였던 챗GPT는 출시되자마자 난리가 났다. 공개된 지 5일 만에 하루 이용자수 100만 명을 돌파했고, 두 달 만에 월 사용자수 1억 명을 넘어섰다. 틱톡, 인스타그램보다 빠른 속도였다.

더 놀라운 것은 챗GPT가 보여준 능력이다. 이전 AI와는 다른, 너무나도 자연스러운 문장 작성과 요구하면 무엇이든 뚝딱 빠르게 만들어내는 모습에 사람들은 감탄을 자아냈다. 영국의《인디펜던트》

는 챗GPT의 등장을 두고 〈구글은 끝났다(Google is done)〉라는 제목의 기사를 내놓았고, 여유를 부리던 구글은 결국 '코드레드(code red, 비상경보)'를 발령하며 대항마 '바드(BARD)'를 발표했지만 성급한 출시에 따른 오류로 주가와 이미지만 추락했다. 그리고 챗GPT가 나온 지 4개월도 채 되지 않은 2023년 3월 14일에 한층 진화된 GPT-4가 등장해 또 한 번 인류는 충격에 휩싸였다.

챗GPT에 대중이 열광하는 이유는 무한한 잠재성 때문

알파고 이후 등장한 챗GPT와 GPT-4는 우리에게 두 번째 충격을 안겨주었다. 알파고 때보다 더 큰 충격이었다. 비록 텍스트에 기반한 대화형 챗봇이지만, 어떻게 물어보든 막힘없이 답변을 내놓고 그 답변 또한 어색함이 거의 없었다. 무엇보다 인간의 고유 영역이라 생각했던 창작의 가능성을 보여주었다. 소설을 쓰고 에세이를 쓰고 자기소개서를 쓰고 코드를 작성하는 등 요구 사항에 맞게 뭐든지 쓰고 만들어주었다.

챗GPT에게서 받은 충격은 알파고 때와는 다른 느낌의 충격이었다. 알파고 때는 처음 보는 AI에 대한 신기함과 호기심, 그리고 '이것이 어떻게 세상을 바꿀까' 하는 기대감이 있었다. 그런데 챗GPT는 드디어 기다렸던 AI가 세상에 나왔다는 흥분과 함께 정말로 인간의 자리를 위협할 수도 있겠다는 두려움과 불안감이 강하게 들었다.

혹자는 말한다. 챗GPT는 그 정도로 뛰어나지는 않다고. 정보 제공도 2021년까지로 제한적이고, 물어보면 그럴싸한 거짓말로 포장해 답변의 신뢰도를 떨어뜨린다. 아직은 인간의 업무를 대체하기에 보완해야 할 점이 많은 것은 사실이다. 하지만 챗GPT는 AI 진화 과정 중 한 단계일 뿐이다. 당연히 오류도 많고 계속해서 개선해나가야 한다. 챗GPT는 AI의 끝이 아니다. 우리가 봐야 할 것은 챗GPT가 아니라 챗GPT 이후이다. 바로 초거대 AI 세상이다.

'초거대 AI'는 방대한 데이터와 파라미터(매개변수)를 활용해 인간 뇌와 흡사하게 스스로 판단하고 추론하는 AI이다. 1,750억 개의 파라미터를 활용한 GPT-3가 초거대 AI의 시초라 할 수 있는데, GPT-4는 이보다 훨씬 많은 데이터와 파라미터를 이용한다고 한다. 미국 모의 변호사 시험과 미국 대학입학자격시험(SAT) 읽기 과목에서 상위 10%의 성적을 거둔 GPT-4는 점점 사람에 가까운 AI로 거듭나고 있다.

하지만 지금의 챗GPT는 여전히 답변의 부정확성과 잦은 번복으로 아직은 멀었다는 평가를 받고 있다. 그 말은 뒤집어 얘기하면 정확성과 신뢰도 문제만 해결된다면 인간이 하는 일을 충분히 대신할 수도 있다는 의미다. 다음에 나올 챗GPT가 최신의 정보로 무장하고 신뢰도를 높인다면 게임은 끝이다. 물론 정확성과 신뢰도를 높이는 것은 쉬운 일이 아니다. 비용도 많이 든다. 하지만 인간도 일하다 보면 정확하지 않고 틀릴 때도 많다. 우리가 챗GPT에 놀라워하는 건 현재 보여주고 있는 능력 때문만은 아니다. 앞으로 보여줄 챗GPT, 초거대 AI의 잠재력과 가능성에 환호하는 것이다.

챗GPT는 회사에 막 들어온 신입사원과 같다. 신입사원에게 부장급, 임원급의 능력과 결과물을 기대할 수는 없다. 하지만 갖고 있는 잠재력과 가능성을 보면서 시간을 들여 여러 업무를 가르치고 성장시킨다. 오랜 시간을 들여 방대한 지식과 풍부한 경험을 갖추고 나서야 신입사원은 비로소 전문가로 거듭나고 여러 문제에 대해서도 정확하게 판단하고 결정을 내리게 된다. 챗GPT에 느끼는 사람들의 감정은 드디어 '쓸 만한 신입사원'이 들어왔다는 기쁨과 동시에, '언젠가는 이 신입이 내 자리를 위협하겠구나'라는 일말의 두려움이라 할 수 있다.

세상의 부는 AI를 활용할 수 있는 자에게로 몰린다

그렇다고 초거대 AI를 마냥 외면하고 거부할 수만은 없는 일이다. 챗GPT의 등장으로 초거대 AI는 이제 거스를 수 없는 시대의 흐름으로 다가왔고, 인류는 좋든 싫든 이 변화에 대응해야 살아남을 수 있다. 챗GPT로 급부상한 초거대 AI는 인류에게 있어 위기이자 동시에 새로운 기회이다.

미래 사회에는 AI를 활용할 수 있는 자와 그렇지 못한 자로 나뉘고 부의 배분도 그에 따라 이루어진다. AI를 잘 활용하는 사람은 이를 토대로 더 큰 부를 얻을 수 있지만 그렇지 못한 사람은 현재 수준을 유지하거나 AI에 밀려 점점 도태될 수 있다.

영국의 한 로펌에서는 챗GPT를 전문적으로 다루는 사람에게 연봉 25만 달러를 주겠다고 공고를 냈다. 미국의 구인 플랫폼 '레주메빌더닷컴'에 따르면 미국 내 기업 1,000개 중 49%가 챗GPT를 업무에 활용하고 있고, 그중 48%는 일부 인력을 챗GPT로 대체했다고 한다. 전체 기업의 무려 25%가 이미 특정 업무에서 직원 대신 AI 챗봇을 쓰고 있다는 것이다(챗GPT의 주 업무 분야는 코드 작성, 광고 문안 작성 및 광고 콘텐츠 제작, 고객 지원, 회의록 같은 문서 작성 등이다).

그러다 보니 기업들은 입사 평가에서도 챗GPT를 사용한 경험이 있거나 잘 활용할 줄 아는 지원자를 선호하는 분위기로 바뀌었다. 설문 조사에 따르면 직원 채용 시 챗GPT 등 AI 챗봇을 사용한 경험이 있다고 밝힌 지원자에 눈길이 간다고 한 업체가 92%, 챗GPT와 관련된 경험이나 관련 기술 능력을 가진 지원자에게 채용 가점을 주겠다고 한 업체가 90%나 되었다.

챗GPT의 등장은 2007년에 세상에 나온 아이폰과 비견된다. 아이폰은 이전까지 특정 분야, 전문가들만 사용해왔던 스마트폰을 혁신적인 기능과 세련된 디자인, 터치라는 직관적인 조작법으로 누구나 쉽게 쓸 수 있게 하였다. 아이폰으로 촉발된 스마트폰의 대중화를 통해 경제, 사회, 문화 등 세상은 순식간에 모바일 중심으로 변화했다. 스마트폰 경제권과 생태계가 만들어지고 그 안에서 수많은 스타트업과 제품, 서비스 등 부의 창출 기회가 쏟아져 나왔다.

챗GPT도 비슷한 조짐이다. 기존의 AI를 혁신적인 모델로 업그레이드하고 챗(Chat)이라는 사용하기 친숙한 UI(유저 인터페이스)를 통해 누구나 쉽게 AI를 쓸 수 있도록 한 점이 아이폰과 유사하다. 챗GPT를 기반으로 한 다양한 확장 프로그램이 사용자들에 의해 자발적으로 만들어지고 있는 점도 흡사하다. 많은 사람이 쓰면 쓸수록 데이터가 모이고 투자와 인재가 집중되면서 다양한 혁신적 제품과 서비스가 만들어진다. 챗GPT를 중심으로 한 경제권이 생겨나고 생태계가 형성된다. 이것이 챗GPT가 만들어내는 새로운 기회이다.

이 책은 챗GPT의 개념과 사용 방법을 다룬 입문서이자 활용서이다. 동시에 앞으로 닥칠 거대한 물결, 즉 초거대 AI 혁명에 대비하면서 새로운 기회를 찾고자 하는 개인과 기업에게 방향성과 인사이트(insight)를 제공하는 미래 전망서이기도 하다. 부디, 많은 분이 챗GPT

와 초거대 AI로 다가올 새로운 기회를 잡아 부와 행복을 얻으셨으면 하는 바람이다.

끝으로, 바쁘신 일정에도 흔쾌히 추천사를 써주신 MKYU 김미경 대표님, 통찰력 높은 투자 파트를 작성해주신 브라이언 곽 선생님, 그 어느 때보다 촉박한 일정에도 밀도 있게 책이 발간될 수 있도록 도움을 주신 한스미디어의 모민원 팀장님께 감사의 말씀을 드린다.

언제나처럼 든든하게 뒤에서 응원해주신 어머니, 아버지, 그리고 세상에서 제일 소중한 아내와 아들 서진이에게 변함없이 고맙고 사랑한다는 말을 전한다.

2023년 3월
지은이 김재필

차례

PART 1
챗GPT, 새로운 AI 혁명이 온다

PART 2

초거대 AI 전쟁의 시작

PART 3

무엇이든지 만들어내는 초거대 AI의 도전과 미래

PART 4

챗GPT 200% 활용법

PART 5

챗GPT와 초거대 AI가 불러온 새로운 부의 기회

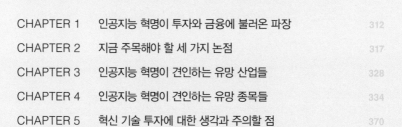

PART 1

챗GPT,
새로운 AI 혁명이 온다

챗GPT 광풍이 불러온
제2의 AI 붐

　지금도 기억이 생생하다. 2022년 12월 초, 실리콘밸리에서 한 AI 챗봇의 등장에 난리가 났다. 영국의 일간지 《인디펜던트》에서는 〈구글의 시대는 끝났다(Google is done)〉라는 기사까지 올리며 알파고를 뛰어넘는 AI 챗봇에 흥분했다. 이 챗봇의 이름은 '챗GPT(ChatGPT)'였다. 일론 머스크가 설립했던 AI 연구기관 오픈AI가 개발한 GPT-3.5(Generative Pre-trained Transformer 3.5) 버전에 해당하는 대화형 AI 서비스였는데, 사실 큰 기대는 하지 않았다. 이미 이런 유형의 AI 챗봇이나 비서형 서비스는 애플의 시리(Siri), 아마존의 알렉사(Alexa),

마이크로소프트의 코타나(Cotana), 테이(Tay)를 비롯해 국내에도 지니, 빅스비, 아리아, 클로바, 이루다 등 널리고 널렸기 때문이었다. 그저 또 하나의 AI 서비스가 나왔구나라고 생각하면서, 대체 이 챗GPT가 얼마나 대단하길래 실리콘밸리는 물론 언론까지 나서서 구글의 시대는 끝났다고 말하는 것일 것일까 하는 궁금증이 들었다.

백문불여일견(百聞不如一見), 오픈AI 사이트에 들어가 챗GPT를 직접 써보기로 했다. 그리고 필자는 신세계를 만났다. 정말로 구글의 검색 시대가 끝날 수도 있겠구나…. 아니, 지금까지 내가 알고 경험해왔던 IT의 한 시대가 끝날 수도 있겠구나….

챗GPT와의 첫 만남은 충격과 놀라움이었다. 그리고 이런 AI를 오랫동안 기다려온 끝에 드디어 만났다는 흥분과 함께 이 AI가 바꿔나

● 챗GPT와의 첫 만남. 첫 질문은 "챗GPT에 대해 설명해줘"였다

출처: 오픈AI

갈 앞으로의 미래는 어떤 모습일까 하는 기대와 약간의 두려움까지 느꼈다. 이 감흥은 정확히 15년 전 아이폰을 처음 접하고 나서 드는 느낌과 비슷했다.

ChatGPT는 대화 스타일로 인간과 같은 텍스트를 생성하도록 특별히 설계된 GPT-3(Generative Pretrained Transformer-3) 언어 모델의 변형입니다. 사용자와 자연어 대화에 참여할 수 있는 챗봇을 만드는 데 사용할 수 있으며, 대화의 맥락에 적절하고 적절한 응답을 제공합니다. ChatGPT는 책, 기사 및 소셜 미디어 게시물을 포함한 다양한 출처의 대량의 텍스트 데이터를 사용하여 훈련되며, 이 데이터를 사용하여 인간이 쓰거나 말하는 방식과 유사한 텍스트를 생성합니다. 이를 통해 간단한 규칙 기반 알고리즘을 사용하는 다른 챗봇 시스템보다 사용자 입력에 더 정확하고 매력적인 응답을 제공할 수 있습니다.

2022년 12월 초, 처음 챗GPT를 만나 자기 자신에 대해 설명해달라는 요청에 대한 답변 내용

챗GPT와 처음 만난 후 거의 매일 질문과 답변을 주고받았는데, 말도 안 되는 질문에도 챗GPT는 성실히 답변해주었다. 처음에는 재미로 이것저것 물어보았지만, 시간이 지날수록 점차 전문적인 주제와 지식을 토대로 대화를 할 수 있어서 당시 집필 중이었던 책자 작성에 큰 도움이 되었다.

마이클 잭슨에 대해 설명해줘.

 마이클 잭슨은 이전에 세계적으로 유명한 미국의 팝 뮤지션, 댄서, 작곡가, 가수, 영화배우, 제작자, 대중문화 인물이었습니다. 그는 생애 초기부터 1980년대 초까지 활동하며, 그의 음악적 업적과 공연 활동은 음악 역사에 큰 영향을 끼쳤습니다. 그는 특히 춤선을 추며 아름답게 노래를 부르는 것으로 유명하였으며, 그는 이러한 특징으로 "왕 춤"이라는 별명을 받았습니다.

 외계인은 우주에 있을까?

 우주에는 굉장히 많은 별과 행성이 있습니다. 이러한 별과 행성들 중 일부는 우리와 비슷한 조건을 가지고 있을 가능성이 있습니다. 그러나 아직까지는 외계인이 존재하는 것이 증명되지 않았습니다. 하지만 다양한 과학적 연구들이 진행되고 있어, 앞으로도 이에 대한 발견이 일어날 수 있을 것으로 기대됩니다.

출시 2개월 만에 전 세계 이용자수 1억 명을 돌파한 괴물 서비스

챗GPT가 세상에 등장하고 나서 약 2개월이 지난 2023년 2월 초, 한국에서는 챗GPT 광풍이 불기 시작했다. 전 세계적으로 챗

GPT가 이슈이기는 한데, 구글 트렌드를 통한 한국과 미국의 챗GPT(ChatGPT) 키워드 분석 결과를 보면 미국은 챗GPT 출시 직후에 급격한 관심을 보인 반면, 한국은 출시 직후엔 일부에서만 약간의 관심을 보이다가 1월 말부터 관심도가 급증했음을 알 수 있다.

사실 챗GPT 출시 직후인 2022년 12월에는 해외 및 일부 국내 언론에서만 챗GPT의 등장에 환호하고 주목했다. 출시 5일 만에 100만 명, 40일 만에 세계 1000만 명 이상이 이용한 서비스이고 챗GPT가 AI 산업에서 새로운 게임 체인저가 될 것이라는 기사를 내보내기도 했지만, 국내에서의 반응은 해외와 온도차가 있었다. 당시만 하더라도 챗GPT는 아직 대중들에게 이렇다 할 결과물을 보여주기엔 갓 걸음마를 시작한 수준에 불과했다.

그런데 국내에서 챗GPT를 확산시킨 불쏘시개 역할은 한 것은 IT 서비스나 기업이 아닌 대통령의 한마디였다.

2023년 1월 말 청와대 영빈관에서 열린 행정안전부, 통일부 등 4개 부처 업무보고에서 '챗GPT'를 언급하며 "제가 이쪽을 잘 아는 지인한테 2023년도 대통령 신년사를 '챗GPT'가 한 번 써보게 해서 받아봤다. 정말 훌륭하더라. 과거 어느 장관이 새로 부임하고 2주일간 부처 사무실 불이 밤 12시까지 켜져 있었는데, 장관 언론 간담회 예상 질문 답변을 정리하느라 그랬다더라. 이런 '챗GPT'가 있으면 2주일 동안 밤 안 새우고 하루만 해도 되지 않겠나 싶다. 잘 연구해서 우리 공무원들이 활용할 수 있게 행안부에서 리드해주기를 바라

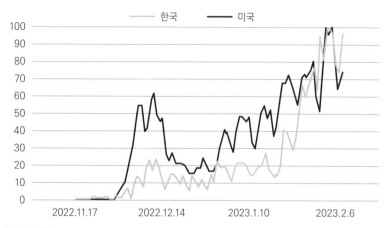

● 구글 트렌드 분석을 통해 본 한국과 미국의 챗GPT 관심도 변화

한국 ── 미국

출처: 구글 트렌드

겠다"라고 한 말이 챗GPT 국내 광풍의 시작점이었다(이에 행안부는 '챗GPT 관련 전문가 자문회의'를 비공개로 열고, 공무원들의 보고서 초안을 AI가 작성하는 방안을 우선 검토하였다).

이 일을 계기로 국내에서는 알파고 이후 제2의 AI 붐이 불기 시작했고, 챗GPT는 메타버스, NFT의 뒤를 잇는 2023년의 메가 트렌드로 급부상했다. 챗GPT의 활용 범위는 단순 대화형 서비스에서 업무 효율 향상 및 비즈니스 차원으로 확대되었다. 유튜브에는 챗GPT를 업무나 교육, 코드 작성, 심지어 창업, 재테크에까지 활용하는 사례들이 등장했고, 언론들도 챗GPT가 작성한 기사나 칼럼 등을 내보내며 그 가능성에 대해 대서특필했다.

국내도 국내지만 챗GPT가 전 세계적으로 큰 화제를 일으키고 있음은 분명하다. 1억 명에 달하는 월간 활성 이용자수(MAU)를 돌파하는 데 유튜브는 2년 10개월, 인스타그램은 2년 6개월이나 걸렸지만 챗GPT는 출시한 지 단 2개월밖에 걸리지 않았다. MAU(Monthly Active Users)는 월 단위로 한 번이라도 서비스에 접속한 사람 수를 뜻한다. 전 세계적인 유행을 일으킨 틱톡도 1억 MAU에 도달하는 데 9개월이 걸렸는데 챗GPT는 이 기록을 아주 가볍게 넘어선 것이다. 해외 조사기관인 UBS는 "인터넷 등장 이후 20년 동안 이렇게 빠른 증가율은 처음이다"라면서 챗GPT로 운영되는 총 가용 시장이 1조

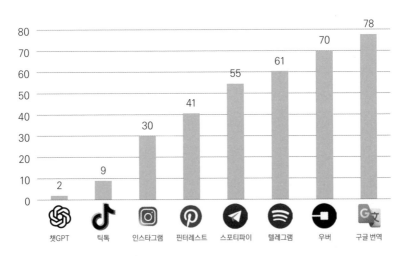

● 챗GPT와 타 서비스의 이용자수 1억 명 도달 기간 비교

출처: 언론종합 및 UBS

달러(약 1000조 원)에 육박할 수 있다고 전망했다. 이는 챗GPT로 인해 발생되는 신규 시장에서 나오는 수익 규모를 뜻한다.

챗GPT는 기존의 AI 챗봇과 달리 훨씬 자연스러운 대화가 가능해지면서 단순한 대화를 넘어 문제 해결 능력까지 갖추게 되었다. 그동안 많은 사람이 꿈꿔왔던 인간에 가장 가까운 AI가 실현된 것이다. 챗GPT는 단순히 정보를 취합해 전달하는 수준을 넘어섰다. 소설, 수필, 자기소개서 작성은 물론 코딩, 번역, 음악 코드까지 작성한다.

챗GPT 등장은 AI 진화에 있어 하나의 분기점, 즉 티핑 포인트(Tipping Point, 급격한 변화 시점)라 할 수 있다. 2016년 이세돌 9단을 꺾었던 AI 알파고의 충격이 2022년 말에 다시 또 재현된 것이다. (그리고 얼마 지나지 않아 2023년 3월 14일 기존 챗GPT의 업그레이드 버전인 GPT-4가 출시되었다.)

챗(Chat): 챗GPT 대중화 성공의 핵심은 UI의 혁신

자연스러움과 그럴듯함으로 무장한 챗GPT

챗GPT는 2020년에 AI 연구기관인 오픈AI가 발표한 GPT-3(Generative Pre-trained Transformer 3)를 기반으로 개발되었다. 하지만 GPT-3를 뛰어넘는 이슈와 관심을 모으고 있는 이유는 챗봇이라는 형태를 이용해 보다 대중들에게 친숙한 서비스로 접근했기 때문이다. 구글 검색과 같이 검색창에 키워드를 입력하는 방식이 아닌, 질문을 하면 AI가 인터넷에 있는 수많은 정보를 결합해 '대화'라는 직관적인 방식으로 답을 제공하여 이용자가 수행해야 했던 정보 취합의 수고를 덜어주는 동시에 사용이 쉽고 편리하다는 점에서 대중들이 챗GPT에 열광하고 있는 것이다. 챗GPT의 대중적 성공에 대해 '기술 혁신이 아닌 새로운 사용자 인터페이스(UI, User interface) 혁신'이라고 하는 것도 이때문이다.

챗봇 자체가 새로운 서비스는 아니다. 지금까지 출시된 AI 챗봇은 많다. 마이크로소프트의 대화형 챗봇 '테이'는 2016년에 출시했지만 편향되고 원활하지 못한 답변으로 뭇매를 맞고 서비스를 종료했다. 구글도 챗봇 '람다'를 내놓은 바 있다. 국내에서는 스캐터랩이 '이루다'라는 AI 챗봇 서비스를 선보였다. 이루다는 20대 대학생이라는 페르소나를 갖고 이용자와의 관계 형성에 초점을 맞춘 챗봇으로, 일상 대화에 초점을 맞추어 상황별 문맥에 맞게 실시간 답변을 내놓는다.

이렇게 다양한 챗봇들이 등장했었지만 그 어느 것도 챗GPT만큼의 관심과 주목을 받지 못했다. 오히려 편향되고 잘못된 답변과 정보 유출 등의 문제로 서둘러 서비스를 종료하거나 중단하기 일쑤였다.

챗GPT가 주목받는 이유는 기존 AI 챗봇과 기능적·기술적으로 차원이 다른 '자연스러움'과 '그럴듯한 답변'을 내놓았기 때문이다. BBC, 《가디언》 등의 해외 언론들이 "가장 대화할 만한 AI 챗봇"이라고 평가할 정도로 전혀 어색함 없는 대화가 가능한, 사상 최강의 AI 챗봇이 세상에 등장한 것이다.

챗GPT는 알고리즘 학습법부터 다르다. 어떤 질문이든 물으면 술술 대답하지만 사용자가 전제가 잘못된 질문을 하면 그 질문을 지적하고, 반대로 사용자가 답을 잘못했다고 하면 이를 인정하기도 한다. 특히 대화 전후로 맥락 파악이 가능하다. 인간과 챗봇이 한 번 대화를 오고 갈 때마다 맥락이 달라지는 기존 챗봇과 다른 점이다. 정확한 맥락 파악이 가능한 이유는 이전 대화까지 기억이 가능하도록 알고리즘이 설계돼 있기 때문이다. 챗GPT는 사용자와 했던 이전 대화에서 말한 내용을 기억해뒀다가 전후 맥락과 후속 질문에 대한 답을 할 때 사용할 수 있다.

사용자가 묻는 질문에 틀린 답을 할 경우 이를 챗GPT에 지적하면 즉시 인정하는데, 이것은 데이터 알고리즘을 통해 해당 내용을 학습했다가 나중에는 같은 실수를 반복하지 않는다는 점에서 다른 챗봇과 차이가 있다.

또한 지금까지의 AI 챗봇은 사용자가 하는 말뜻을 잘 이해하지 못하는 경우가 많았던 반면, 챗GPT는 복잡한 질문도 잘 답변해주고 대화의 흐름이 자연스럽다. 마치 사람하고 대화하는 것 같은 자연어 처리는 뒤에 설명할 GPT 모델에 기반하고 있다.

G(Generative, 생성형): 정해진 답변이 아니라 스스로 답을 만들어낸다

생성 모델과 판별 모델

GPT의 G는 'Generative, 생성형'을 뜻하는 것으로, 여기서 말하는 'Generative'는 AI의 데이터 분류 모델인 생성 모델(Generative Model)에서 비롯된 용어이다. AI 학습 방식에서 데이터를 분류하는 모델에는 크게 판별 모델과 생성 모델이 있다.

판별 모델(Discriminative Model)은 데이터를 입력하면 AI가 주어진 정보를 고려하여 특정 기준에 따라 분류하는 모델이다. 수많은 개와 고양이의 이미지 데이터를 주면, 개와 고양이의 특징을 도출하여 차이점을 발견하고 그에 따라 기준을 설정해 구분한다. 데이터들 사이의 특성을 잘 구분할 수 있는 최적의 기준선(Decision Boundary)을 찾는 것이 핵심이다. 판별 모델은 차이점을 찾아내고 분류는 잘하지만, 무언가를 만들어내지는 못한다. 판별 모델은 분류(classification) 문제에서 많이 사용되는데, 예를 들어 스팸 메일 필터링, 이미지 분류, 음성 인식 등에서 사용된다.

이에 반해 생성 모델(Generative Model)은 데이터의 분포를 모델링하여 새로운 데이터를 만들어내는 모델이다. 생성 모델은 유사성이 높은 데이터들을 집단화하여 그 안에서 특성들을 학습한다. 그리고 그 특성들을 기반으로 전혀 본 적 없는 데이터를 생성한다.

생성 모델의 핵심은 주어진 학습 데이터의 분포를 따르는 유사 데이터를 만들어낸다는 점이다. 원본과 비슷하지만 완전히 같지는 않은, 즉 실존하지는 않지만 있을 법한 새로운 문장이나 이미지 등을 생성할 수 있다. 주어진 데이터의 확률 분포에 기반하고 있기 때문에, 데이터 규모가 크면 클수록 더 정확하고 정교해진다.

정리하면, 판별 모델은 차이점을 찾아내 데이터를 분류하는 것이 주 목적인 반면, 생성 모델은 데이터의 분포를 학습해 새로운 것을 만들어낸다. 개와 고양이 분류에서 판별 모델은 샘플 데이터로부터 각각의 특징을 학습한 후, 두 클래스(개, 고양이)의 특징을 구분 짓는 경계선을 찾는 방식으로 진행된다. 이에 반해, 생성 모델은 개와 고양이의 샘플 데이터가 따르는 분포를 학습하여 두 집단을 구분하고, 학습이 끝난 후 모델을 활용하여 유사한 데이터를 생성한다.

● 생성 모델과 판별 모델의 차이

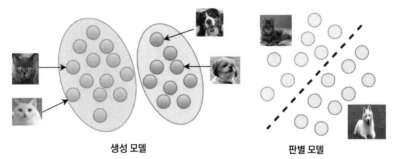

생성 모델   판별 모델

특징	생성 모델(Generative Model)	판별 모델(Discriminative Model)
목적	새로운 데이터의 생성 학습한 데이터셋과 비슷하면서도 기존에 없던 새로운 데이터셋을 생성	입력된 데이터를 분류 입력된 데이터셋을 특정 기준에 따라 분류하거나 특정 값을 맞추는 모델
입력	임의의 잠재 변수(latent variable) 또는 조건 데이터(conditional data)	입력 데이터
출력	데이터의 확률 분포	클래스 레이블 또는 이진 분류 결과
사용하는 알고리즘	GAN(Generative Adversarial Networks) VAE(Variational AutoEncoder) Autoregressive 모델	로지스틱 회귀, SVM, CNN, RNN 등
활용	이미지 생성, 자연어 생성	이미지 분류, 스팸 필터링

출처: 언론 종합

원하는 대로 콘텐츠를 만들어내는 마법 같은 생성형 AI

이러한 생성 모델을 기반으로 개발된 AI가 이용자의 특정 요구에

따라 결과를 생성해내는 생성형 AI(Generative AI)이다. 생성형 AI는 머신러닝 알고리즘을 활용하여 AI가 학습 데이터를 기반으로 텍스트, 이미지, 오디오, 비디오 콘텐츠와 같은 새로운 인공 콘텐츠를 만드는 기술이다. 예를 들어, 사용자가 생성형 AI에게 특정한 것을 만들어달라고 설명하면 생성형 AI는 신경망을 사용하여 완전히 새로운 것을 만들어낸다.

데이터 원본을 통한 학습으로 소설, 이미지, 비디오, 코딩, 시, 미술 등 다양한 콘텐츠 생성에 이용되는데 미드저니(Midjourney)나 달리 2(DALL-E 2)와 같은 이미지 생성 AI가 공개되면서 주목을 받기 시작했다. 챗GPT도 생성형 AI에 기반하고 있어 정해진 답변이 아니라 주어진 질문을 이해하고 거기에 맞는 답변을 작성해낸다.

● 생성형 AI에서의 인코딩, 디코딩 과정

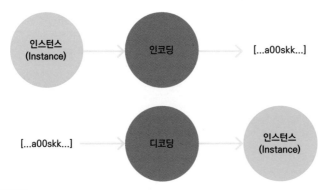

출처: 언론 종합

생성형 AI는 예술 창작, 의학, 금융, 게임 등 다양한 분야에서 활용될 수 있다. 새로운 데이터를 생성하는 능력을 갖춘 생성형 AI는 새로운 아이디어와 창의적인 솔루션을 제공할 수 있다. 예술 분야에서는 새로운 그림, 음악, 동영상 등을 생성하고, 게임 분야에서는 새로운 캐릭터를 만들거나 게임 월드를 창조하는 등의 작업을 수행할 수 있다. 의료 영상을 생성하여 의사의 진단을 돕는 등의 작업도 가능하다.

또한 일반적으로 AI는 학습 혹은 결과 출력 전 원본 자료를 배열 자료형 숫자 데이터로 변환하는 인코딩 과정이 중요한데, 생성형 AI는 AI의 출력 데이터를 역으로 그림, 글 등의 원하는 형태로 변환시켜주는 디코딩 과정도 매우 중요하다.

P(Pre-trained, 사전 학습): 학습-보상-평가, 모든 단계에 사람이 개입하다

AI에서 사전 학습(Pre-training)이란 마치 아이에게 언어를 가르치듯, 대규모의 데이터셋(Dataset)을 이용하여 AI를 학습시키는 기법이다. 사전 학습된 모델은 이미지나 텍스트와 같은 고차원 데이터에서 의미 있는 특징을 추출하는 데 사용된다.

사전 학습은 딥러닝 모델에서 적용되는데, 대규모 데이터셋에서 사전 학습을 수행하면 모델이 데이터의 특징을 이해하고 이를 추출하여 다른 작업에 사용할 수 있도록 초기 가중치를 설정할 수 있다. 이를 통해 모델의 성능을 향상시킨다. 머신 러닝(기계학습)의 한 분야인 딥러닝(Deep Learning)은 인공 신경망(Artificial Neural Network)을 기반으로 하고 있는데, 여러 개의 층(layer)으로 이루어진 인공 신경망을 이용하여 입력 데이터와 출력 데이터 사이의 복잡한 관계를 모델링하는 데 사용된다.

GPT-3를 기반으로 하는 챗GPT는 비지도 학습(Unsupervised Learning)을 이용한 사전 학습 방법인 언어 모델 사전 학습(Language Model Pre-training)을 사용한다. GPT-3는 대규모의 자연어 데이터셋을 이용하여, 이를 기반으로 새로운 자연어 업무를 수행할 수 있는 것이 특징이다.

언어 모델 사전 학습은 입력된 텍스트의 다음 단어를 예측하는 작업을 수행한다. 모델은 입력된 텍스트의 일부를 받아들이고, 이를 기반으로 다음 단어를 예측하는데, 예측된 단어는 다시 입력 데이터에 추가되어, 다음 예측에 이용된다. 이를 반복하여 모델이 전체 문

● 지도 학습, 비지도 학습, 강화 학습의 구분

출처: https://busy.org/@urobotics/5bksow

장을 생성할 수 있게 된다.

비지도 학습(Unsupervised Learning)은 입력 데이터의 특성을 파악하거나 입력 데이터를 분류하는 등의 작업을 수행하는 방법으로, 지도 학습(Supervised Learning)과 달리 출력 데이터가 주어지지 않은 상태에서 입력 데이터만으로 학습을 수행한다.

비지도 학습은 지도 학습과 달리 입력 데이터만으로 학습하기 때문에 데이터가 많을수록 높은 성능을 보인다. 또한 데이터가 라벨링되지 않아도 데이터 내부의 구조나 패턴 등을 이용하여 분류 및 군집화할 수 있어 다양한 분야에서 활용될 수 있다.

인간이 하나하나 검증하며 보상을 주는 새로운 강화 학습의 도입

챗GPT의 학습 방법 중에서 또 하나 중요한 포인트는 강화 학습(Reinforcement Learning)을 기반으로 하고 있다는 점이다. 강화 학습은 어떤 상황에서 어떤 행동을 취할지를 결정하는 학습을 하는 방법으로, 어떤 상태에서 어떤 행동을 취하면 그에 따른 보상(reward)을 받게 된다. 이를 통해 AI는 보상을 최대화하는 행동을 학습한다.

강화 학습에서는 AI가 최대 보상을 얻는 것이 목표이다. 따라서 AI는 현재 상태에서 가능한 모든 행동을 살펴보고, 이를 통해 보상을 최대화할 수 있는 행동을 선택한다. 이 과정에서는 보상을 최대화

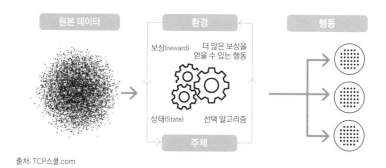

출처: TCP스쿨.com

하는 정책(policy)을 학습한다.

강화 학습은 로봇 제어, 게임, 자율주행 자동차 등에서 활용되는데, 알파고(AlphaGo) 역시 강화 학습에 기반한 AI이다. 즉 알파고와 챗GPT의 기본 원리는 같은 셈이다.

그런데 오픈AI는 챗GPT에 이른바 RLHF(Reinforcement Learning from Human Feedback)라고 불리는 새로운 강화 학습을 추가했다. 이것은 AI 학습 과정에 사람의 피드백을 사용해 유해하거나 거짓되고 편향된 답변을 최소화하는 역할을 한다. 이 점이 챗GPT가 보다 일관성 있고 정교한 답변을 할 수 있도록 하는 부분이다.

챗GPT 이전에도 대규모 언어 모델을 이용한 챗봇이나 AI는 많았지만, 기존 AI 챗봇의 답변들은 사람의 기대에 미치지 못하거나 원하는 의도를 파악하지 못해 "잘 이해하지 못했어요"를 연발하기 일쑤였다.

언어 모델 학습에는 다음에 등장할 단어를 예측하는 'Next-token-prediction' 같은 기술이 사용되는데(token은 말뭉치), 예를 들어 "사람이 ○○에 앉아 있다"라는 문장을 입력할 경우 AI는 갖고 있는 자료에서 ○○에 들어갈 가능성이 높은 단어를 찾게 된다. 확률적으로 '의자', '바닥' 같은 단어를 우선적으로 찾게 되는데, 이런 사전 학습 단계를 반복하다 보면 언어 모델이 보다 자연스럽고 유창한 문장을 생성할 수 있기 때문에 대부분의 언어 모델들이 이 방식을 채택하고 있다.

문제는 모든 언어의 사용법을 언어 모델에 학습시킬 수는 없기 때문에 이 방식이 오류를 걸러내기 힘들다는 점이다. 그래서 챗GPT는 사람이 직접 개입해 이 문제를 해결하고자 하였다. 먼저 인터넷을 기반으로 한 거대한 언어 데이터베이스에서 소수의 고품질 언어 데이터만 모아 챗GPT를 교육했다. 신뢰할 수 있는 질문과 답변을 배웠지만, 데이터의 양을 제한했기 때문에 다음 단계에서는 언어 모델의 답변이 질문자의 의도에 더 부합하도록 가르쳤다. 이 과정에서도 사람이 직접 개입했다.

1단계 언어 모델에 질문을 한 뒤 4~9개의 답변이 나오면 '라벨러'라고 하는 인간 교육자는 이 답변들이 질문자의 의도를 얼마나 파악했는지 평가해 순서대로 순위를 매긴다. 이 데이터셋은 1단계보다 10배가량 규모가 더 크다. 이 교육을 반복하면 AI는 사람이 어떤 질문을 할 때 어떤 답변에 대해 더 좋아한다는 것을 통계적·수학적으로 파악하게 되는 자동 시스템을 갖추게 된다.

그리고 마지막으로 실제 언어 모델을 작동하면서 생기는 문제점을 미세하게 조정하는데 이 역시 사람이 직접 조정한다. 1~2단계를 진행한 결과의 정확성을 높이는 과정으로, 가치함수라는 개념을 활용해 질문에 정확하게 답변할 가능성과 실제 정확하게 답변한 사례를 분석한다. 이를 활용하면 문제점을 수정했을 경우 이전보다 얼마나 개선됐는지도 파악할 수 있다.

평가까지 사람이 하여 편향성 및 윤리 문제를 방지하다

챗GPT의 성능 평가도 사람이 한다. 사용자의 질문을 얼마나 잘 파악했는지, 적합한 답변을 내놓았는지 평가한다. 또한 데이터를 조합해 가짜 답변을 만들어냈는지도 검사하고 인종·성차별 같은 편향성을 가진 답변을 내놓지 않았는지도 살펴본다. 학습에서 보상, 그리고 평가까지 모두 인간이 개입하고 관리해 지금의 챗GPT가 탄생한 것이다. 챗GPT가 인간처럼 자연스럽게 대답하고 문장을 만들어낼 수 있는 것도 사실은 다 인간의 막대한 노력이 있었기 때문에 가능했다.

뒤집어 말하면 이것은 챗GPT가 갖고 있는 한계이자 약점이기도 하다. 샘플 데이터를 선별하고 골라내는 것도 사람이고 어떤 답변을 우선시할지 점수를 매기는 것도 사람이라면 얼마든지 개인적인 선호나 편향된 생각 등으로 챗GPT를 오염시킬 가능성이 있다는 말이다. 성별이나 연령, 인종에 따른 차이가 충분히 반영되지 않을 수도 있다. 개발 과정에서 관리하는 사람의 숫자를 늘린다 하더라도 그 사람들이 인류 전체를 대표하는 것은 아니다.

구글은 2022년 9월 좀 더 정확하고 편향되지 않은 답변을 내놓을 수 있는 시스템 '스패로(Sparrow)'를 발표한 바 있다. 이처럼 사람이 개입된 AI의 편향성 문제는 AI가 해결해야 할 영원한 숙제이다.

정리하면, GPT-3.5(Instruct GPT)는 GPT-3에 사람의 피드백(RLHF)을 반영해 더 나은 답을 구성하도록 강화했고, 챗GPT는 여기에 안전한 답에 대한 가이드라인 장치를 더했다.

● 챗GPT의 설계 구조

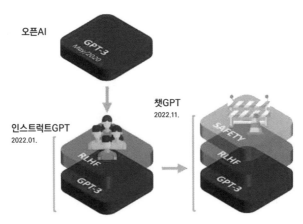

출처: Allganize Korea

T(Transformer, 변환기): 나무가 아닌 숲을 보는 방식의 어텐션 메커니즘

맥락을 파악해 결과를 도출하는 '어텐션 메커니즘'

GPT의 T, '트랜스포머(Transformer)'는 구글이 개발한 AI 모델로(구글의 2017년 논문 〈Attention Is All You Need〉에서 처음 등장), 딥러닝 알고리즘을 이용해 인간다운 텍스트를 만들어내는 '대형 언어 모델(Large Language Model)'이다. 언어 모델이란 단어들을 다양하게 조합해서 나오는 문장들 가운데 '해당 문장이 자연스러울수록' 높은 확률을 부여하는 통계학적 모델이다. 언어 모델이 우수할수록 인공지능이 더욱 자연스러운 문장을 고르거나 예측할 수 있다.

그리고 트랜스포머와 같이 대규모 데이터로 사전 학습되어 다른 모델에 지식을 전달해줄 수 있는 모델을 '파운데이션 모델(foundation model, 기반 모델)'이라고 한다. 스탠퍼드대학 인간중심 인공지능연구소(HAI, Stanford Institute for Human-Centered Artificial Intelligence))는 2021년 8월, 논문 〈On the Opportunities and Risks of Foundation Models〉에서 트랜스포머를 '파운데이션 모델'이라고 명명해 발표한 바 있다. 높은 수준의 파운데이션 모델을 만들기 위해서는 데이터 학습 능력이 매우 중요하고, 여기에는 막대한 비용이 소요된다. 그래서 파운데이션 모델 개발은 주로 빅테크 기업들 중심으로 이루어진다.

네이버 '파파고'나 구글 번역기에 활용되는 '신경망 기계 번역(Neural Machine Translation)'도 딥러닝 기반 언어 모델로, 문장의 단어들을 각각 번역한 뒤 일정한 법칙에 따라 순서를 재배치하는 식이었던 기존 '자동 번역'과는 다른 방법의 알고리즘이다. 신경망 기계 번역에서는 문장을 통째로 입력해 번역하면서 이 결과가 적절한지 적절하지 않은지 검증하는 과정을 수없이 반복한다. 이 과정에서 인공지능은 문장 번역 중 어떤 측면에 더 '집중(attention)'해야 하는지 '스스로 학습'한다. 트랜스포머는 이 메커니즘을 변용해 주어진 문장 안에서 어떤 두 단어가 높은 상관관계를 갖는지 스스로 학습한다.

초거대 AI를 가능하게 한 트랜스포머의 핵심은 이러한 '어텐션 메커니즘(Attention Mechanism)'이라는 알고리즘이다. 어텐션은 데이터의 상관관계를 수학적으로 계산하여 어떤 데이터에 어텐션, 즉 주의를 기울여야 하는지를 파악해내는 기법이다. 상관관계가 높은 데이터가

'빨간색'과 '먹는다'는 낮은 상관 관계

| 높은 상관 관계 | 높은 상관 관계 |

나는 빨간색 사과를 먹는다.

어텐션 메커니즘은 입력된 문장 내의 단어들끼리 상관 관계도를 분석해 연관성이 높은 단어에 주의를 기울여야 한다는 것을 계산

더 집중하도록 하여 데이터를 순차적으로 처리할 필요가 없이 한 번에 처리할 수 있도록 해 데이터의 처리 속도가 획기적으로 개선된다.

어텐션 메커니즘은 각 단어 사이의 연관 관계를 수학적으로 계산하여 앞에서 주의를 기울여야 하는 데이터를 찾아낸다. 예를 들어, "나는 빨간색 사과를 먹는다"라는 문장을 번역할 때 인간은 여기서의 핵심이 '빨간색 사과'라는 것과 '사과를 먹는다'라는 점을 바로 알 수 있지만 컴퓨터는 알기가 어렵다. 어텐션 메커니즘은 입력된 문장 내 단어들 간의 상관도를 구해 '빨간색'과 '사과', 그리고 '사과'와 '먹는다' 간의 연관성이 높고 그 단어에 주의를 기울여야 한다는 것을 계산해낸다. 한마디로 데이터 처리에 있어 '선택과 집중'을 하도록 한 것이다.

게다가 문장의 길이가 길어지고 복잡해지면 번역이 어려워지고 단어를 순차적으로 처리하기 때문에 데이터의 처리 속도도 매우 느려

진다. 어텐션 메커니즘은 문장 하나하나를 대조하며 처리하는 것이 아니라 입력한 문장 전체에서 정보를 추출해 처리한다. 우리가 영어 공부를 할 때 단어가 아니라 문장 전체로 맥락을 파악해 뜻을 이해하라는 것과 비슷하다.

나무가 아닌 숲을 보는 방식으로 처리 속도를 대폭 향상시킨 트랜스포머 모델

순환신경망(RNN) 모델은 데이터를 순차적으로 처리해야 하고 이 때문에 처리 속도가 늦다는 것이 문제였다. 그래서 순환신경망을 아예 제거하고 어텐션 메커니즘만으로 모델을 만든 것이 바로 '트랜스포머'이다.

트랜스포머는 여러 개의 인코더를 쌓아 올린 'Multi Headed Attention'이라는 구조를 적용해 대량의 데이터를 한 번에 처리할 수 있다. 단어들도 순차적이 아니라 병렬적으로 연산하게 만들어 학습 속도를 대폭 향상시켰다. '나무'가 아닌 '숲'을 보는 방식으로 문장 전체의 특징을 한 번에 파악하게 되면서 AI 모델의 연산 능력은 비약적으로 발전했는데, 엔비디아의 발표에 따르면 트랜스포머 이전의 AI 모델이 학습할 때 사용하는 연산 능력이 2년 동안 8배 증가했다면, 트랜스포머 이후에는 2년 동안 275배 성장했음을 보여준다.

트랜스포머의 등장은 초거대 AI의 등장을 알리는 신호탄이었다.

병렬 연산으로 대량의 데이터를 빠르게 처리할 수 있는 트랜스포머가 등장하면서 본격적으로 AI 모델의 크기가 커지기 시작했고, 초거대 AI의 가능성을 보여준 모델이 2020년 오픈AI에서 발표한 'GPT-3(Generative Pre-trained Transformer 3)'이다. 'GPT-3'는 'GPT-2'에 비해 처리하는 데이터의 양은 40GB에 서 45TB로 1,100배 늘어났고, 파라미터 수만 단순 비교해도 기존 GPT-1의 1000배이자 GPT-2의 15억 개 대비 117배에 달하는 규모이다.

이러한 GPT-3를 기반으로 개발된 챗GPT는 인간과 AI가 자연어 기반으로 소통해 딥러닝의 한계를 끌어올려 차세대 AI 시대를 열었다는 평가를 받고 있다. 인간의 언어를 사람처럼 이해하고 답변 역시 사람처럼 내놓는 새로운 AI의 등장에, 인류는 환호와 함께 이 엄청난 도구를 어떻게 이용하면 좋을지 고민에 빠지게 되었다.

글쓰기는 기본, 번역에 코딩, 심지어 작사작곡까지 가능하다

챗GPT에게 물어보자, "넌 무엇을 할 수 있니?"

챗GPT는 대화를 통해 답을 제공한다. 텍스트(문자)를 기반으로 하고 있어 제한적이긴 하지만, 사용하면 할수록 할 수 있는 일이 계속해서 발견될 정도로 그 가능성은 무궁무진하다. 이 챗GPT로 무엇을 할 수 있는지, 먼저 챗GPT 본인에게 물어보았다.

● 챗GPT가 작성할 수 있는 글의 종류

기사, 시나리오, 소설, 논문, 상품 설명, 트위터 글, 블로그 글, 이메일, 시, 인용구, 일기, 토론, 명언, 자기소개서, 책 소개, 이력서, 회고록, 가사, 카톡 대화, 해시태그, 연설문 등

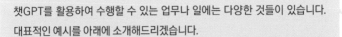 챗GPT로 할 수 있는 업무나 일에는 어떤 것들이 있을까.

챗GPT를 활용하여 수행할 수 있는 업무나 일에는 다양한 것들이 있습니다. 대표적인 예시를 아래에 소개해드리겠습니다.

1. **챗봇 개발:** 챗GPT를 이용하여 대화형 챗봇을 구현할 수 있습니다. 이를 활용하여 고객 서비스, 온라인 상담, 예약 시스템 등의 업무를 자동화할 수 있습니다.
2. **자동 번역:** 챗GPT를 활용하여 다국어 간의 번역 기능을 구현할 수 있습니다. 이를 활용하여 글로벌 비즈니스나 국제 협력 분야에서의 의사소통을 원활하게 할 수 있습니다.
3. **문서 요약:** 챗GPT를 이용하여 긴 문서를 요약하는 작업을 자동화할 수 있습니다. 이를 활용하여 비즈니스 리포트, 연구 논문 등의 요약 작업을 간소화할 수 있습니다.
4. **감정 분석:** 챗GPT를 이용하여 텍스트에서 긍정, 부정, 중립 등의 감성을 분석하는 작업을 수행할 수 있습니다. 이를 활용하여 고객 리뷰, 소셜 미디어 등의 피드백을 분석하고, 제품 개선 등에 활용할 수 있습니다.
5. **자동 작문:** 챗GPT를 이용하여 글쓰기나 기사 작성 등의 작업을 자동화할 수 있습니다. 이를 활용하여 기존 작성된 문서나 데이터를 기반으로 자동으로 새로운 문서를 생성할 수 있습니다.
6. **검색엔진:** 챗GPT를 이용하여 검색엔진을 구현할 수 있습니다. 이를 활용하여 사용자가 검색한 쿼리와 관련된 정보를 수집하고, 최적의 검색 결과를 제공할 수 있습니다.

챗GPT 본인 스스로에게도 물어봤지만, 챗GPT는 기본적으로 명령(질문)에 따른 답변, 특히 글쓰기에 탁월하다. 미국의 로스쿨 및 경영대학원(MBA)과 의사 시험을 통과할 수 있다는 수준의 작문도 가능하다. 소설, 에세이는 물론 입사 지원 자기소개서, 유튜브 스크립트, 방송 대본 등 글쓰기와 관련한 요청에 대해서는 거칠 것이 없다.

크리스천 터비시 미국 펜실베이니아대학 와튼스쿨 교수가 발표한 챗GPT 관련 논문에 따르면 챗GPT는 와튼스쿨 MBA 필수 교과목 '운영관리' 시험에서 B-와 B 학점 사이 점수를 받았다. 평균 이상의 성적이다. 시험 문제 풀이는 물론 장문의 논문 작성도 해낸다. 챗GPT는 설명력이 뛰어났고, 정답에 대한 힌트를 주면 이를 수정하는 능력도 탁월했다는 평가까지 받았다.

미네소타주립대학 로스쿨 시험에서는 C+ 학점을 받았다. 최하위권 점수이지만 과목 수료가 가능한 학점이다. 미국의사면허시험(USMLE)도 합격했다. 미국 의료 스타트업 앤서블헬스는 챗GPT를 대상으로 3단계에 걸친 USMLE를 실시했는데, 50~60점에 해당하는 수준의 정확도를 보였다. USMLE 통과 기준은 보통 60점 정도로 알려졌다. 미국 부동산 중개업자 사이에서는 챗GPT를 이용해 매물 설명 글을 작성하거나 부동산 거래에 필요한 서류 작성, 회계 보조에 활용하고 있다. 주식 투자 상담이나 연애 상담 후기도 올라온다.

● 챗GPT로 할 수 있는 일

- 글쓰기: 소설, 연설문, 방송 대본, 요리 레시피, 블로그, 에세이, 면접용 답변, 비즈니스 메일, 유튜브 스크립트 및 표 작성도 가능(A와 B제품의 장단점 정리표 등)
- 정보 검색 및 추천, 아이디어 도출(단 2021년까지의 정보만 가능)
- 영어 문법, 어휘, 표현 체크 및 수정
- 원하는 언어(C언어, HTML, 파이썬 등)로의 코딩, 함수 작성
- 엑셀, 워드, 파워포인트의 VBA(비주얼베이직 애플리케이션) 코드 작성
- 번역 기능(다국어 동시 번역 가능. 한국어 → 영어, 일본어)
- 작사 및 원하는 풍의 기타 코드, 피아노/키보드 코드 작성

국내에서는 챗GPT를 활용해 시말서를 작성했다는 글이 온라인상에서 화제가 되기도 했다. 챗GPT가 쓴 시말서는 사람이 쓴 듯 문장 구성이나 표현 등이 매끄럽고 완성도도 높아 "이젠 반성도 AI가 대신해주는 시대"라는 감탄까지 나올 정도였다.

말만 하면 프로그램 코드도 기타 코드도 만들어준다

'맥락을 이해하는 대화형 글쓰기 능력'을 갖춘 챗GPT는 간단한 프로그램의 코드 작성이나 인간이 작성한 코드를 분석해서 실수를 고쳐주는 디버깅 작업도 할 수 있다. 기존 코드를 다른 프로그래밍 언어로 변환할 수도 있다.

IT 개발자들은 챗GPT의 코딩 수준에 대해 "상당히 훌륭하고, 센

● 챗GPT의 활용 용도

응용			
검색	요약	작문, 교정, 번역	코딩

챗GPT가 할 수 있는 컴퓨터 코딩 기능

인간의 언어를 이해해 직접 코딩	코딩의 설명	코딩의 디버깅 (Debugging)
코딩의 개선	다른 컴퓨터 코딩 언어로 번역	인공지능 프로그램 코딩

출처: 언론 종합

세이션을 일으킬 만했다. 구글링을 통해 했던 많은 일을 좀 더 편리하게 할 수 있을 것으로 기대된다"고 평가했다. 일반적인 코더들을 충분히 대체할 만한 수준으로, 좀 더 디테일하게 요구 사항을 말해줘야 하지만 그건 사람한테 요청할 때도 마찬가지라 크게 차이가 없다는 것이 개발자들의 전반적인 의견이다.

또한 챗GPT가 직접 악보를 그릴 수는 없지만 원하는 분위기와 음악풍으로 기타나 키보드 코드 등을 요청하면 그에 맞는 코드와 가사도 만들어준다.

● 블로그 홈페이지 코드 작성을 요청하자 5초 만에 JAVA 코드를 작성

블로그 홈페이지를 만드는 JAVA 코드를 작성해줘.

블로그 홈페이지를 만드는 코드는 Java Servlet, Java Servar Pages(JSP), HTML, CSS, JavaScript 등 다양한 웹 개발 언어로 작성할 수 있습니다. 여기서는 javaServlet과 JSP를 이용한 코드 예시를 보여드리겠습니다.

먼저, JavaServlet을 이용하여 웹 어플리케이션을 만들어보겠습니다. Servlet은 Java 언어로 작성된 웹 애플리케이션의 일부분으로, HTTP 요청과 응답을 처리하고, 데이터베이스와 연결하는 등의 기능을 제공합니다.

```java
import java.io.*;
import javax.servlet.*;
import javax.servlet.http.*;

public class BlogHomeServlet extends HttpServlet {
    public void doGet(HttpServletRequest request, HttpServletResponse response)
        throws ServletException, IOException {
```

챗GPT에 열광하는 이유: 우리는 대화가 아닌 답을 원한다

찰떡같이 알아듣고 답변을 척척 내놓는 챗GPT

챗GPT는 기존에 없던 완전히 새로운 AI나 서비스는 아니다. 챗GPT의 근간은 2020년에 등장한 GPT-3로 당시에도 GPT-3는 자연스러운 문장 작성 및 스스로 학습하는 능력을 보여주어 많은 언론은 놀라움을 자아냈다. GPT-3가 쓴 칼럼을 신문에 올린 사례도 있었는데, 영국 《가디언》지는 2020년 9월에 〈인간, 아직도 무서운가(A robot wrote this entire article. Are you scared yet, human)〉라는 제목의 칼럼을 실었다. 그런데 이 칼럼은 사람이 아닌 GPT-3가 작성한 것이었다. 칼럼의 내용은 물론 구성이나 문장력만 봐서는 사람이 쓴 글인지, AI

가 쓴 글인지 구분이 어려울 정도였다. 챗GPT가 지금 보여주고 있는 '자연스러운' 대화 능력은 이미 GPT-3 단계에서 구현되어 검증된 것이다.

AI 챗봇 역시 이미 수많은 챗봇이 등장했고 그중에는 인간의 감정을 파악해 자연스럽게 대화를 하는 챗봇들도 있다. 대표적으로 국내 스타트업 스캐터랩의 AI 챗봇 '이루다'가 있다. 이루다는 20대 대학생이라는 캐릭터를 내세워 이용자와의 관계 형성에 초점을 맞춘 챗봇이다. 이루다는 사람 사이의 관계적 상호작용을 집중적으로 학습해 고도의 지식이 필요한 답변이 아니라 일상 대화에 초점을 맞추어 상황별 문맥에 맞게 실시간 답변을 내놓는다. 챗GPT와 이루다는 사용자의 질문에 대해 답변을 내놓는 대화형 AI라는 공통점이 있지만 서비스의 목적이 달라 답변의 내용에서 큰 차이를 보인다.

챗GPT에게 요청했던 '소설 쓰기'를 이루다에게 요청하면, "너만의 소설을 쓰는 게 더 재밌을 것 같아"라는 애매한 답변을 하며 글쓰기를 회피한다. 짤막한 대화 나누기를 목적으로 개발된 AI이기 때문에 소설을 쓸 수 없는 것은 당연한 결과이다. 스페인 요리에 대해 잘 아냐는 질문 후에 어떤 요리가 있는지 알려달라는 질문에 대해서도 감바스 정도를 얘기하고, 만드는 방법을 물었을 때는 역시 "네이버에게 물어봐"라는 회피형 답변을 시연한다.

챗GPT의 답변을 보면 이루다처럼 감성적이지도 인간스럽지도 않다. 오히려 사무적이고 할 말만 간결하게 딱딱 정리해 더 기계적으로 느껴진다. 그럼에도 불구하고 사람들이 인간적이고 감성적인 챗봇보다 챗GPT에 열광하는 이유는 대화창에 (어떤 형태로든) 질문을 쓰면 그 내용을 이해해 간단한 단어나 어휘로 말하던 기존 챗봇과 달리, 완성형 수준의 문장이나 그에 맞는 답변을 내놓는다는 점 때문이다. 사용자의 질문을 이해하지 못해 같은 말만 반복하거나 전혀 엉뚱한 답변을 내놓아 서비스를 꺼버리게 되는 이전 AI 챗봇과는 전혀 다른 차원의 AI가 등장한 것이다.

물론 감성형 대화 챗봇과 챗GPT는 이용 목적이 다르게 개발되었기 때문에 당연히 나오는 답변은 다를 수밖에 없다. 그런데 그런 관점에서 본다면 사람들이 그동안 AI에 바랐던 니즈는 단순히 재미나 대화가 아니라 원하는 질문에 대한 명확하면서도 자연스러운 '인간 수준'의 답변이라는 것을 알 수 있다. 그동안 수많은 AI에게 잘 알아들을 수 있도록 또박또박 말하거나 제대로 답변을 유도하도록 질문을 하나하나 했던 일들을 생각하면 챗GPT는 그간 막혔던 체증을 시원하게 뚫어주는 사이다와도 같은 AI라고 할 수 있다.

챗GPT는 GPT-3에 도입된 1750억 개의 매개변수를 활용해 질문에 대한 가장 적합한 대답을 하도록 설계되었고, 에세이, 시, 기사 등 긴 문장력을 요하는 문서는 물론 코딩까지 짜줄 정도로 성능이 뛰어나다. '초거대 AI'라는 진화된 모델을 이용하여 정해진 하나의 일만 처리하는 게 아니라, 다양한 질문의 내용을 이해하고 거기에 맞는 답을 귀찮아하지도 않고 사용자가 만족할 때까지 계속해서 만들어낸

● 감성형 대화 챗봇과 챗GPT에게 같은 질문을 했을 때 답변의 차이

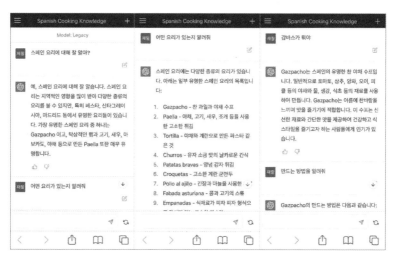

다. 뛰어난 성능을 바탕으로 인간의 질문을 이해하고 막힘없이 술술 대답하는 챗GPT에 사람들은 열광하지 않을 수 없다. 한마디로 '알아서 잘 딱 깔끔하고 센스 있게' 나를 도와주는 AI가 챗GPT이다.

인간이 흉내 낼 수 없는 빠른 작성 속도

챗GPT에 놀라하며 열광하는 또 하나의 이유는 아마도 인간이 감히 따라 할 수 없는 답변의 작성 속도일 것이다. 챗GPT가 작성한 한 단편소설의 문자수는 약 2300자(공백 포함)로 A4 약 2장 정도 분량이다. 만약 이 정도 글을 사람이 쓴다면 아무리 빨라도 1~2시간, 아이디어 발굴에 자료 검색까지 생각하면 꼬박 하루가 걸릴 정도의 분량이다. 하지만 챗GPT는 이 글을 단 3분 만에 작성했다. 글의 퀄리티나 소설로서의 수준은 논외로 치더라도, 글의 작성 속도만 놓고 본다면 절대 인간이 따라 할 수 없다.

국내에 챗GPT 붐이 일면서 챗GPT로 글을 작성해 책을 출간한 사례도 있다. 챗GPT가 직접 쓰고 편집과 교열까지 본 이 책은 인쇄와 출간 작업을 제외한 집필, 번역, 교정, 교열 등 고유의 편집 작업을 단 30시간 만에 끝냈다. 기존에 가지고 있던 기획안과 목차 정도의 짧은 내용을 AI에 입력했고, AI는 단시간 내에 진화하는 학습 능력을 보이며 비교적 완성도 높은 책을 내놨다. 물론 한계도 있었다.

AI는 각 장에 해당하는 내용은 전문적인 부분까지 상세히 썼으나 각 장의 유기적 연결까지는 매끄럽게 진행하지 못했다. 그래도 인간이라면 최소 수개월에서 수년이 걸릴 일을 단 이틀 만에 마무리했다. 책 표지 역시 여러 시안을 AI가 제시했으며 그 가운데 편집자가 선택해 골랐다고 한다.

앞으로 더 많은 것을 보여줄 챗GPT에 대한 놀라움과 환호는 이제 시작이다.

질문이 똑똑해질수록
답도 똑똑해진다

질문이 구체적이면 답변도 정교해진다

챗GPT는 사용자의 질문 내용은 물론 그 맥락을 파악해 답을 내놓는다. 그렇기 때문에 질문 내용이 구체적이고 명확할수록 내놓는 답변도 보다 정확하고 정교하다. 사용자가 질문을 똑똑하게 할수록 챗GPT의 답변도 똑똑해지는 것이다.

예를 들어, '금융민원 상담'에 대해 간단히 질문하면 챗GPT는 "저는 금융 전문가나 법률 전문가가 아니기 때문에 복잡한 금융제도와 법률 문제에 대해서는 전문적인 조언을 제공할 수 없습니다"라고 간단히 답하고, 추가적으로 "일반적인 금융 문제나 금융상품, 계좌 개설 등과 같은 기본적인 정보에 대해서는 도움을 드릴 수 있습니다"라고 답한다.

챗GPT로부터 더욱 정확한 대답을 제공받고 싶다면 가능한 한 명확하고 구체적인 질문을 작성하면 된다. "비트코인이란 무엇인가요?"보다는 "비트코인의 작동 방식과 역사는 어떻게 되나요?"와 같은 질문이 더욱 구체적이다. 대화의 흐름을 유지시키는 것도 중요하다. 사용자의 질문과 챗GPT의 대답에 따라 자연스러운 대화의 흐름이 만들어지면서 그에 맞는 답변도 작성되기 때문이다.

원하는 답변을 이끌어내는 소크라테스식 질문법

프롬프트(Prompt)는 챗GPT와 같은 AI 모델에게서 이미지나 텍스트 결과를 생성하기 위한 명령어를 의미한다. 입력창에 입력하는 텍스트라고 보면 된다. 더 높은 품질의 응답을 얻으려면 해당 모델이 잘 이해하고, 잘 작동할 수 있는 프롬프트를 만드는 것이 중요하다.

오픈AI가 공개한 프롬프트 작성 요령은 간단하다. 원하는 결과물에 대해 구체적으로 지시하고, 프롬프트에 원하는 결과물 형식의 예시를 함께 입력하는 것이다. 이는 흡사 인턴이나 신입사원에게 일을 지시할 때와 비슷하다. 업무만 던져주고 "'알아서 잘 해 와"라고 하면 당연히 첫 결과물이 좋을 리 없다. 하고자 하는 일의 맥락을 제시하고, 함께 만들어내야 하는 결과물에 대해 구체적으로 이야기해줘야 고품질의 결과물을 얻을 수 있다.

사용자마다 기준이 있겠지만 좋은 답변을 얻기 위한 챗GPT 프롬 프트 가이드라인을 몇 가지 제시하면 다음과 같다.

(1) 쉽고 간결한 표현을 사용. 'Please' 등의 미사여구는 사용하지 않는 것이 좋음(챗GPT-3.5는 최대 4096개 토큰(말뭉치)을 처리. 영어로는 1만 5384자, 한글은 1365자에 해당. GPT-4는 3만 2768개 토큰을 처리 하는데, 이는 6만 4000개 단어로 책 50페이지 분량에 해당)

(2) 'Act as(~역할을 수행해줘)', 'Summarize(요약해줘)', 'Output(이런 결 과물을 만들어줘)', '표로 정리해줘' 등 수행할 작업의 조건을 구체 적으로 지시

(3) 가능하면 지시의 맥락을 제공(인트로 질문과 대화로 예열시키기)

(4) 원하는 결과물 형식의 예시를 함께 입력하면 효과적

(5) 원하는 답변이 나올때까지 계속해서 질문하기(소크라테스의 산파 법처럼 원하는 내용에 도달할 때까지 꼬리에 꼬리를 무는 질문 던지기)

실제로 어느 강연의 발표 자료 작성을 위해 챗GPT에게 '스타트업이 성공하기 위한 혁신 전략'에 대해 질문해보았다. 처음엔 일반론적인 답변들을 내놓았지만 여러 번의 질문을 통해 좀 더 세분화되고 구체적인 답변이 도출되었고, 최종적으로는 실행력 있는 내용의 답까지

얻어낼 수 있었다.

소크라테스는 산파법(産婆法, 상대편에게 질문을 던져 스스로 무지(無知)를 깨닫게 함으로써 사물에 대한 올바른 개념에 도달하게 하는 방법)을 통해 문답을 주고받는 가운데서 막연하고 불확실한 지식을 스스로의 힘으로 참되고 바른 개념으로 이끌어내도록 하였다. 그리고 1000년이 넘는 긴 시간이 흐른 지금, 인류는 챗GPT와의 문답을 통해 각자가 처한 문제들의 답을 찾아가고 있다.

CHAPTER 9

챗GPT는 AI 대중화와
비즈니스 확대의 신호탄

직관성과 API 공개로 생태계를 만들어가고 있는 챗GPT

순식간에 사용자수 1억 명을 넘긴 챗GPT의 대중적 성공은 2007년 애플의 아이폰과 비견된다. 당시 아이폰의 등장은 잘 만들어진 디지털 기기의 출시를 넘어 스마트폰의 대중화와 앱 플랫폼을 중심으로 한 새로운 비즈니스의 가능성을 보여주었다는 점에서 큰 의미를 갖는다.

스티브 잡스가 아이폰을 처음 들고 나왔을 때만 해도 사람들은 멋진 기능에 놀랐지만, 저 작은 기기가 대중들에게 사랑받고 상상도 못할 큰 시장을 만들 것이라고는 누구도 예상하지 못했다. 아이폰 이전에도 블랙베리와 같은 업무용 스마트폰이나 PDA폰 등은 존재했다. 하지만 직관적이지 않은 UI(유저 인터페이스)와 폐쇄적인 사용 환경으로 대중화에는 실패했다. 이미 피처폰(Feature phone, 기능형 휴대폰)이 휴대폰의 표준으로 자리 잡고 있는 상황에서, 스마트폰은 그저 일부 얼리어댑터(early adopter)들만 사용하는 신기한 디지털 기기 정도로 치부되었다. 하지만 아이폰은 직관적이고 사용이

출처: 크롬웹스토어(https://chrome.google.com/webstore/category/extensions?hl=ko)

편리한 UI와 세련된 디자인, 혁신적인 기능까지 더해지면서 대중들의 마음을 사로잡았다. 여기에 앱 플랫폼이라는 생태계가 구축되면서 개발자들이 모여들었고 스마트폰은 하드웨어와 소프트웨어 모두를 아우르는 거대한 시장을 구축하면서 성장하였다.

챗GPT도 그와 비슷한 양상을 보이고 있다. 챗(Chat)이라는 직관적인 UI와 자연스러운 문장 작성이라는 혁신적인 AI 기술로 대중화에 성공하였고, 이를 토대로 챗GPT API(application programming interface,

응용 프로그램 인터페이스)를 이용한 다양한 확장 프로그램들이 만들어지면서 서서히 활용 범위를 확대해나가고 있다.

모바일 OS처럼 자리매김하고 있는 챗GPT의 가능성

챗GPT의 생태계 확장은 여기서 그치지 않는다. 모바일 메신저에도 들어와 사람 친구를 추가하듯 메신저에 챗GPT를 추가하고 일상적으로 대화를 나누게 된다. 메신저 서비스 스냅챗을 운영하는 미국의 스냅은 챗GPT의 기반 언어 모델로 만든 챗봇 '마이 AI(My AI)'를 출시한다. 스냅챗은 인스타그램, 메신저, 카메라 필터 등의 서비스를 합친 SNS로, 20개국 이상에서 매월 7억 5000만 명이 사용하고 이용자의 70% 이상은 13~34세다.

마이 AI는 유료 서비스 '스냅챗 플러스(+)'가 제공하는 기능 중 하나로, 스냅챗은 유료 서비스 이용자 증가를 위해 발 빠르게 챗GPT를 도입하였다. 챗GPT를 탑재한 SNS는 스냅챗이 최초로, 챗GPT와 기능은 동일하지만 좀 더 모바일 친화적이고 욕설이나 폭력, 노골적인 성적 콘텐츠, 정치적 이슈 등에는 반응하지 않도록 교육시켰다.

한편 오픈AI는 2023년 3월에 음성을 텍스트로 변환하는 '위스퍼(Whisper)' API를 공개했는데, 음성을 다양한 언어로 옮기거나 이를 영어로 번역해줄 수 있어 챗GPT와 결합하면 음성으로도 명령어를 입력할 수 있다. 이미 글로벌 전자상거래 기업 쇼피파이(Shopify)는 자체 쇼핑 어시스턴트 서비스에 챗GPT를 적용했는데, 앞으로는 문자가 아니라 음성으로 원하는 상품을 찾아달라고 하면 그에 맞는 상품을 추천해줄 수 있다.

이처럼 챗GPT는 서비스를 만드는 기업 및 스타트업들에게 챗GPT와 GPT-3의 API(Application Programming Interface, 응용 프로그램 인터페이스)를 제공하여 마치 모바일 OS와 같이 생태계의 중심 역할을 하고 있다. 오픈AI는 플랫폼 격인 '파운데이션 모델'에 해당하는 챗GPT 개발에 집중하고, 스타트업들은 이를 활용하여 대중들에게 서비스를 제공한다. 마치 SaaS(서비스형 소프트웨어) 기업들이 마이크로소프트나 AWS 등 클라우드 인프라를 활용하는 것과 유사하다.

이용 가격은 챗GPT API의 경우, 토큰 1000개 또는 영단어 750개 당 0.002달러(약 3원)로, 기존 GPT-3 API 이용료 보다 90% 저렴하다.

● 챗GPT의 밸류체인

파운데이션모델(기반 모델)	애플리케이션	인프라
모델의 데이터 학습을 위한 트레이닝에 막대한 비용 필요. 높은 수준의 기술력 요구됨.	스타트업. 파운데이션 모델 도입해 자체 파인튜닝 진행. 경쟁 매우 치열	인프라에서 큰 비중 차지하는 클라우드는 마이크로소프트, 알파벳, 아마존 등 거대 기업이 시장 장악.
모델의 데이터 학습 능력이 중요	자체 파인 튜닝 기술력 보유 여부가 중요	GPU 및 클라우드 필요 GPU의 모델 처리 능력이 중요
오픈AI의 챗GPT, GPT-3	JasperAI, Runway	Nvidia, Microsoft, Google

출처: 삼성증권

그리고 오픈AI는 2023년 3월 23일에 '챗GPT 플러그인(plug-in)'을 발표했다. '플러그인(plug-in)'은 특정 기능을 실행할 수 있는 일종의 확장 프로그램으로, 마치 콘센트에 꽂았다 뺐다 하는 플러그처럼 컴퓨터 소프트웨어에 부가 기능을 추가하는 것이다. '챗GPT 플러그인'을 통해 실시간 정보 검색도 가능하고, 호텔 및 식당 예약이나 음성 기반 쇼핑도 할 수 있다. 수학계의 검색엔진을 플러그인으로 연결하면 한계로 지적된 복잡한 수학 문제도 척척 풀 수 있다.

오픈AI는 우선 익스피디아(호텔·항공권 예약), 인스타카트(장보기), 스픽(언어 교육), 오픈테이블(식당 예약) 등 11개 기업의 플러그인을 제공한다고 밝혔다. 이는 웹서비스 업계를 뒤흔드는 핵폭탄급 혁명이라 할 수 있다.

챗GPT는 플러그인을 통해 진정한 '플랫폼'으로 진화하게 됐다. 일각에서는 아이폰의 앱스토어와 유사한 접근방식 때문에 챗GPT 플러그인이 AI 업계의 앱스토어가 될 것으로 기대하고 있다.

챗GPT는 등장 3개월 만에 전 세계를 강타하며 일상 서비스로 깊숙이 파고들고 있다. 아직은 초기 단계이지만, 아이폰이 전 인류가 사용하는 스마트폰 세상의 첫 포문을 열었듯이 챗GPT도 전 인류가 사용하게 될 초거대 AI 서비스의 초석을 마련하면서 새로운 AI 세상을 만들어나가고 있다.

CHAPTER 10

기업들이 바라보는 챗GPT, 새로운 비즈니스 창출의 기회

업무 효율성과 신규 수익 창출의 두 마리 토끼를 잡는다

챗GPT의 등장은 기업에게 있어 위기이자 동시에 기회이다. 갑자기 불어닥친 새로운 AI 붐에 제대로 대응하지 못하고 수수방관하다가는 결국 시대의 흐름에 밀려 도태될 수 있기 때문이다. 반면 챗GPT를 업무에 잘 활용한다면 효율성을 높일 수 있는 것은 물론, 자사 비즈니스의 새로운 수익원을 창출할 수도 있다.

회사 내 업무 효율을 높이는 방안으로 고객 서비스, 영업, 마케팅, 연구개발, 직원교육 등 사내 전반적인 업무에 챗GPT를 도입해 시간을 절약하고 편리함을 증대시킨다.

영업과 마케팅에서는 챗GPT를 이용해 제품 추천을 개인화하고 제품 또는 서비스에 관한 질문에 답변함으로써 영업을 개선하는 데에도 활용할 수 있다. 이는 고객이 정보에 기반하여 구매 결정을 내릴 수 있도록 하고 전환율을 높일 수 있다. 연구개발에서는 챗GPT를 사용하여 고객 데이터와 피드백을 분석해 추세와 개선 사항을 파악할 수 있다. 직원 교육에서는 챗GPT를 사용하여 회사 정책과 절차에 대한 정보를 제공하고 질문에 답변함으로써 자동화된 직원교육을 제공할 수도 있다. 이를 통해 인사 부서의 업무량을 줄이고 직원 생산성을 향상시킨다.

이 밖에도 보고서, 계획서, 일정표 등의 문서 자동 생성, 이메일 작성, 문서 및 웹페이지 번역 등의 회사 내 업무에도 챗GPT를 활용할 수 있다.

한편 글로벌 컨설팅 기업인 액센츄어는 챗GPT 열풍과 더불어 AI 기술의 광범위한 활용은 2030년까지 전 세계 국내총생산(GDP)을 15조 7000억 달러 증가시킬 것으로 예상했다. AI의 활용은 크게 AI 인프라, AI 애플리케이션, AI 내재화 산업 등의 3개 섹터로 구분된다. AI 인프라 섹터는 반도체, 빅데이터, 클라우드, 사물인터넷 등 AI 핵심기술 섹터, AI 애플리케이션 섹터는 AI 기술을 적용해 비용 절감, 자동화, 신속한 의사결정이 가능하게 되는 소셜 미디어, 로보틱스, 공장 자동화 관련 섹터, 그리고 AI 내재화 섹터는 기업 비즈니스 모델 전반에 걸쳐 AI를 도입하는 기업들이 해당된다.

그렇기 때문에 많은 기업에서는 챗GPT를 비즈니스에 어떻게 활용해 새로운 성과를 창출할지에 주목하고 있다. 이미 발 빠른 기업은 제공 중인 서비스나 기능에 챗GPT를 적용하고, 신규 서비스를 위한 개발에 착수하기도 했다.

산업별로는 게임, 의료, 제조, 유통물류, 여행, 금융 등에서 챗GPT를 활용해 생산성을 높이고 신규 기회를 발굴할 수 있다. 특히 휴머노이드 로봇과 도심항공교통(UAM) 같은 모빌리티 분야에서의 챗GPT 도입은 주목할 만하다. 실제로 오픈AI는 컨소시엄을 구성하여 노르웨이 휴머노이드 로봇회사 1X에 2350만 달러를 투자해, 1X의 로봇 두뇌에 챗GPT를 탑재한 휴머노이드 순찰 로봇을 상용화한다는 계획이다.

중요한 점은 기업 입장에서 챗GPT, 혹은 초거대 AI를 도입하려는 니즈가 명확해야 한다는 점이다. 대고객 서비스용인지, 업무 효율을 위한 사내 직원 대상용인지 등 사용하려는 목적이 뚜렷해야 기대하는 효과를 얻을 수 있다. 그러다 보니 AI의 성능과 투입되는 비용 간의 밸런스도 잘 조절해야 한다. 높은 성능을 위해서는 당연히 그만큼의 비용도 투입되어야 하지만, 비용 대비 효과가 기대만큼 나올지는 확신하기 어렵기 때문에 적절한 밸런스 조절이 필요하다.

또 하나, 데이터 보안도 중요하다. 실제로 JP모간체이스, 씨티그룹, 골드만삭스, 도이체방크, 뱅크오브아메리카(BoA) 등 다국적 금융기업들은 직원들의 챗GPT 사용을 금지했다(이에 대해 금융권은 보안상 관례

라며 특별히 AI를 배척하는 것은 아니라고 해명했다). 월마트와 아마존, 마이크로소프트도 직원들에게 챗GPT에 민감한 회사 정보를 말하지 말라고 공지했다. 또한 챗GPT와 같은 언어 모델을 자사 니즈에 맞게 활용하려면 해당 산업군이나 기업에서 활용되는 데이터를 토대로 추가적인 학습이 필요하다. 그럴 경우 자사의 중요한 데이터들을 파운데이션 모델(기반 모델)에 올려 학습을 시켜야 할 수도 있으므로 보안에 신경 쓰지 않을 수 없다.

챗GPT를 사용해 홍보용 광고를 만들다

챗GPT를 이용해 광고와 홍보물 제작에 이용하려는 시도도 늘고 있다. 정해진 양식이 있는 보도 및 홍보 자료 특성상 조건만 잘 넣어주면 적당한 초벌 자료를 만들기 쉽다. A4 용지 1장 분량 자료를 쓰는 데 하루 정도 걸리는데 챗GPT를 활용하면 시간이 획기적으로 줄어든다. 인기 영화배우 라이언 레이놀즈는 자신이 운영하는 통신사 민트모바일의 광고를 챗GPT로 만들어 공개했는데 "욕설을 포함해 라이언 레이놀즈 말투로 광고 영상의 대본을 작성하라"는 명령에 레이놀즈의 거친 말투를 재현한 광고를 만들어내 화제가 됐다. 필자도 챗GPT를 이용해 신입생과 신입사원을 대상으로 한 노트북 할인 행사홍보 문구를 만들도록 했는데, 단 몇 초 만에 그럴듯한 문장을 만들

● 챗GPT로 자사 모바일 홍보 문구를 만든 라이언 레이놀즈

출처: 언론 종합

어냈다.

　코카콜라는 오픈AI와 파트너십을 체결한 컨설팅 회사 베인앤컴퍼니와 제휴해 생성형 AI를 통한 프로모션 강화와 비즈니스 운영, 기술 향상 방안 등을 모색한다. 특히 코카콜라는 소비재 회사 중 최초로 생성형 AI를 공개적으로 사업에 도입한 사례로 관심을 모았다. 챗GPT는 실시간으로 문서를 생성해 판매 및 서비스 직원을 도와주고, 챗봇으로 고객상담센터를 지원해 사용자 경험을 향상시킨다. 달리(DALL-E)는 광고 이미지를 생성해 맞춤형 광고 제작을 도와주는 한편, 고객 대화 및 각종 서류 분석과 챗봇 커뮤니케이션으로 담당자의 성과를 높인다. 향후에는 기업 경영과 역량을 개선하는 방법도 모색할 계획이다.

스타트업들도 챗GPT에 기반한 서비스를 적극적으로 개발하고 있다. 헬스케어 플랫폼 굿닥은 챗GPT에 기반한 '건강 AI 챗봇' 서비스를 출시했다. 챗GPT를 통해 건강·시술과 관련된 사용자 질문에 1초 내로 답변을 제공하는 등 서비스 사용성을 크게 높였다. 굿닥 앱에서 사용자가 건강 상태나 미용 시술 정보 등에 대해 질문하면 AI가 1초 안에 적절한 답변을 해준다. 질문에 따라 비대면 진료 서비스를 바로 연결하거나 병원을 예약하는 것도 가능하다. "감기와 노로바이러스 감염증의 차이를 알려줘"라고 질문하면 대답한 뒤 병원 예약을 도와준다.

챗GPT를 굿닥 앱에 적용하기까지 개발 기간은 4일밖에 걸리지 않

● 굿닥 앱에 챗GPT를 접목시켜 대화를 통해 의료 정보를 제공

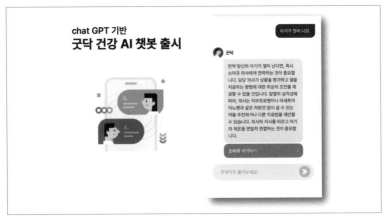

출처: 언론 종합

았다. 챗GPT API의 적용 방식이 간단하고 기존 AI 대비 왜곡된 정보량이 많지 않았기 때문이다. 회사가 들인 노력은 건강 서비스의 특성을 살려 답변의 정확도 등을 높이는 작업, 즉 파인튜닝(Fine tunning)에 시간을 투자했다. 챗GPT를 접목하면서 사실과 너무 다른 답변 등은 차단하고 병원을 추천해달라고 할 때 미국에 있는 병원을 추천하는 경우엔 수정하는 작업 등을 진행하였다.

소프트웨어 교육 스타트업 팀스파르타도 온라인 코딩 강의 '스파르타코딩클럽' 즉문즉답 서비스에 챗GPT를 도입했다. 코딩을 배우는 수강생들이 오류가 난 자신의 코드를 붙여 넣으면 챗GPT가 실시간으로 이를 분석해 몇 초 만에 오류 원인을 알려주는 서비스이다.

AI 스타트업 업스테이지는 GPT-4를 활용한 부가 서비스 '아숙업(AskUp)'을 만들어 서비스에 활용하였다. 챗GPT와 업스테이지의 광학문자판독(OCR) 기술을 연동해 코딩과 서류 작업 등을 신속하게 처리한다. 개발사인 업스테이지는 사용자의 질문을 파인튜닝(미세조정)해서 상대방의 성격에 맞춰 소통도 가능하게 하였다. 아숙업은 카카오톡에서 채널 검색하여 친구 추가를 해 사용할 수 있다.

대기업들도 챗GPT를 업무에 도입해 효율성을 높이는 방안을 마련하고 있다. 삼성SDS는 자동화 솔루션(RPA)에 챗GPT 기능을 도입해 반복적인 작업의 능률을 향상시킨다. 신뢰도를 검증할 필요는 있지만, 챗GPT를 서비스나 업무에 접목시키는 것은 이제 전 세계적인 흐름으로 접목되는 분야는 더 넓어질 전망이다.

파트너, 동료, 개인 비서로서의 챗GPT

경쟁자인가, 파트너인가

챗GPT의 등장은 기업 입장에서 보면 새로운 비즈니스 창출의 좋은 기회가 될 수 있겠지만, 개인 입장에서는 자신의 자리를 위협하는 존재로 느껴질 수 있다. 마케팅 전문 기관 소트리스트 데이터 허브에 따르면 MZ세대(1980년대 초~2000년대 초 출생)의 43%는 챗GPT가 자신의 일자리를 뺏는다고 우려하는 것으로 나타났고, 특히 기술 및 금융 업계 종사자들의 우려는 2.4배 더 높았다. 영국의 자동화 IT 솔루션 제공업체 울티마는 "향후 5년 안에 챗GPT가 전체 노동인구의 20%를 대체할 수 있다"고 전망했다. 이처럼 해외 전문가들은 AI가 모든 직업을 대체할 순 없더라도 특정 직업군에서 1차 대체의 물결은 피할 수 없을 것이라고 내다봤다. 여기에는 기술직, 미디어 직종, 법률업 직종, 교사, 그래픽 디자이너, 고객 상담사 등이 속한다.

하지만 현장의 의견을 들어보면 챗GPT의 등장에 심각한 위기를 느끼면서도, 동시에 파트너 혹은 동료로서의 관점으로 챗GPT를 바라보고 있기도 하다. IT 개발자의 경우 "대충 요청 사항을 기재했더니 만드는 데 약 3초가 걸리고 수정 사항이 있으면 또 그걸 맞춰서 뚝딱 만든다. 주니어 개발자 없이 프로젝트 매니저, 시니어 개발자 정도만 있어도 프로그램은 다 돌아갈 것 같다. 적어도 인원 감축은 피할 수 없을 것"이라고 우려했다. 반면 다른 한편에서는 "오히려 AI의 도움을 받아서 간단한 코드를 짜는 게 훨씬 수월해지겠다"라고 얘기하기도 한다.

미디어 분야에서도 "사용해보니 당장이라도 대체될 것 같다. 정보값을 디테일하게 입력하면 내가 한 건지, 챗GPT가 한 건지 구분을 못 할 정도였다"라는 의견도 있는 한편, "잘만 활용하면 오히려 도움이 될 것 같다. 간단한 일을 AI에 맡기고 다른 기획 등에 시간을 더 투자할 수 있을 것 같다"라는 의견도 있다.

갑작스런 챗GPT의 등장에 이제 우리는 두려워하기보다는 어떻게 협력하고 파트너로서 받아들일 것인가를 고민해야 한다. 생활 속의 개인 비서로 이용할 수 있는 방법부터 찾아볼 수 있다. 예를 들어, 챗GPT와 일정을 공유하면 약속이나 회의 일정을 관리할 수 있다. 챗GPT를 통해 원하는 주제에 대한 정보를 찾아서 정리하여 제공하거나 최신 뉴스를 알려줄 수도 있다. 이를 통해 시간을 절약하고, 더 많은 정보를 수집할 수 있다.

다른 언어로 된 텍스트를 번역하여 다국어 환경에서의 업무나 대화에도 유용하게 사용할 수 있다. 문서 작성이나 표 정리에도 도움이 된다. 챗GPT와 대화하면서 필요한 내용을 요약하여 문서나 표로 작성하거나 원하는 주제에 대한 글쓰기도 가능하다. 좀 더 발전한다면 챗GPT는 지능형 개인 비서로 활용할 수 있다. 챗GPT와 대화를 하면서 사용자의 습관과 취향을 파악하고, 사용자에게 맞는 일정과 정보를 제공할 수 있다. 이를 통해 우리의 일상은 훨씬 편리해지고 삶의 질도 높아질 수 있다. (유튜브에서는 챗GPT를 아이폰의 시리(Siri)와 연동시켜 아이폰을 통해 챗GPT가 아이언맨의 AI 개인 비서 '자비스'처럼 답변을 하도록 만든 동영상도 나와 있다. 관심 있는 분들은 한번 참고하기 바란다.)

CHAPTER 12 | **챗GPT로 돈을 벌 수 있을까**

글쓰기로 돈을 번다

개인이 챗GPT로 돈을 벌 수 있는 방법이 있을까? 창의적인 아이디어만 있다면 여러 가지 방법이 있을 수 있다. 이미 서점가에서는 챗GPT가 며칠 만에 뚝딱 작성한 '책GPT'가 세간의 화제를 모으며 베스트셀러에 오르기도 하였다. 챗GPT와 글쓰기하는 방법들을 알려주는 책들도 나오고 있어 앞으로 소설, 에세이, 자기계발, 경제경영 등 다양한 장르에서 챗GPT를 활용해 만든 책들이 나올 것으로 예상된다. 챗GPT로 누구나 작가가 될 수 있는 시대가 된 것이다.

유튜브에도 챗GPT로 돈을 벌 수 있는 여러 방법을 알려주고 있

● 유튜브에 올라온 다양한 챗GPT 활용 수익 창출법

출처: 유튜브

다. 최신 트렌드 키워드를 주제로 블로그 글을 챗GPT로 순식간에 작성해 블로그 광고 수익을 얻거나 챗GPT를 이용한 초벌 번역 및 문서 작성, 챗GPT가 작성한 유튜브 스크립트를 음성으로 변환해주는 프로그램과 이미지 생성기를 이용하여 동영상을 만드는 법, 브랜드 네이밍, 제휴 마케팅 등 신박하고 다양한 챗GPT 기반 수익 창출 방법들이 매일매일 나오고 있다.

챗GPT의 자연스럽고 그럴듯한 문장 생성에 인간이 참여했다는 사실이 밝혀지면서 수동 라벨링에 대한 중요성이 강조되고 있어 AI 학습에 수반되는 데이터 라벨링 작업에도 인력이 더욱 필요해질 전망이다.

데이터 라벨링이란 AI 학습 데이터를 만들기 위해 사진, 문서, 음성, 동영상 등 원래 데이터를 AI가 인식하고 학습할 수 있도록 데이터를 수집, 가공하는 일을 의미한다. 일정한 형태나 형식이 정해지지 않은 비정형 데이터에 이름표를 붙여주는 것인데, 음식 사진에 대한 데이터가 있다면 햄버거에는 햄버거, 콜라에는 콜라라고 정확하게 라

● 부업으로 인기가 높은 데이터 라벨링, 정부에서도 관련 교육을 지원하고 있다

출처: NIA

벨링을 해줌으로써 정밀 데이터를 만들어낸다. 데이터 라벨링 관련 교육과정만 이수하면 언제 어디서나 컴퓨터로 데이터 라벨링 업무를 하면서 수익을 얻을 수 있다. 학생, 육아맘이나 퇴근 후 직장인 부업으로도 가능하다.

챗GPT에 대한 관심이 높아지면서 더 좋은 결과물을 얻기 위해 효과적인 프롬프트(prompt, 명령어)를 작성해 입력하는 프롬프트 엔지니어링(prompt engineering)도 주목을 끌고 있다. 개발자 소스 코드 커뮤니티인 '깃허브' 등에는 프롬프트 작성법과 시행착오 사례를 공유하는 토론방이 열려 있고, 좋은 프롬프트 비결을 모은 전자책도 등장했다. 《포브스》도 "AI의 활용은 순전히 프롬프트에 따라 달려 있다"면서 어떤 깊이와 정확도로 질문을 하느냐에 따라 천차만별의 답과 결과물을 얻을 수 있다고 설명했다. 사실 챗GPT는 질문에 따라 다른 결과값을 내지만, 어떤 명령어가 특정 결과값과 정확히 연결되는지는 이용자뿐 아니라 개발자도 알 수 없다. 따라서 가능한 처음부터 결과값 범위를 구체적으로 한정하고, 모호한 단어를 지양하며 짧은 문장 여러 개를 쓰는 것이 바람직하다.

미국 기업 앤트로픽은 연봉 33만 5000달러(약 4억 3600만 원)에 프롬프트 엔지니어를 고용했고, 영국의 대형 로펌 미시콘 데 레야 역시 AI에 명령어를 입력하는 일만 전담하는 사람을 뽑겠다고 공고했는데 며칠 사이에 100여 명의 지원자가 몰렸다. AI와 대화만 잘해도 고액 연봉자가 될 수 있는 시대가 되었다.

기업들이 프롬프트 작성에 열을 올리는 것은 비용 때문이기도 하다. 챗GPT와 같은 초거대 AI를 이용하는 서비스 업체는 프롬프트 입력 횟수나 문장 길이 등에 따라 비용을 지불한다. 입력 오류를 최소화해야 사용료 지출을 줄일 수 있어, 프롬프트 엔지니어의 수요는 계속 증가할 전망이다.

챗GPT로 재테크를 할 수 있을까

그렇다면 챗GPT를 주식 투자나 부동산 투자에도 활용할 수 있을까? 챗GPT에게 유망한 투자 종목이나 부동산 지역을 추천해달라고 하면, "데이터 분석에 대한 전문적인 지식과 노하우가 필요하고 적절한 전문가와 함께 챗GPT를 활용하여 투자 분석을 수행하는 것이 좋다"는 위험 회피적인 답변만 돌아온다.

챗GPT의 데이터는 2021년 9월까지만 반영하고 있어 최근의 업계 동향은 파악하지 못한다. 그렇기 때문에 과거 데이터를 기반으로 한 챗GPT에게 합리적인 투자 조언을 기대할 수는 없다. 다만 대량의 데이터를 분석하고 패턴을 포착하는 등 투자 자문에 특화된 AI 로보어드바이저가 있듯이 챗GPT가 진화한다면 맞춤형 투자도 전혀 불가능한 일은 아니다.

또한 챗GPT가 직접적으로 투자에 도움을 줄 수는 없지만, 투자

● 워런 버핏과 같은 투자자가 되기 위한 질문에 원론적이지만 잊지 말아야 할 투자 원칙을 상기시켜주었다

워런 버핏과 같은 투자자로 성공하려면 어떻게 해야 해?

워런 버핏은 세계에서 가장 성공적인 투자자 중 한 명으로, 그의 접근 방식과 전략은 많은 투자자들에게 영감을 주었습니다. 따라서 워런 버핏과 같은 투자자로 성공하려면 다음과 같은 팁을 따라보세요.

1. **기업 가치 평가:** 워런 버핏은 기업 가치 평가에 매우 중요성을 두고 있습니다. 그러므로 기업의 재무 상태, 성장 잠재력, 경쟁력 등을 분석하여 기업 가치를 정확하게 평가해야합니다.
2. **장기적인 시각:** 워런 버핏은 단기적인 주가 변동보다는 기업의 장기적인 성장 가능성을 더 중요시합니다. 따라서 장기적인 투자를 계획하고 이를 지속적으로 추진해야합니다.
3. **매매 시점의 판단:** 워런 버핏은 매매 시점을 판단할 때 기업 가치와 현재 주가, 산업 동향 등을 종합적으로 고려합니다. 그러므로 매매 시점을 판단할 때는 기업의 재무 상태, 경쟁력, 성장 잠재력 등을 분석하고, 적절한 타이밍을 놓치지 않도록 노력해야 합니다.
4. **위험 관리:** 워런 버핏은 투자에 대한 위험 관리를 매우 중요시합니다. 따라서 자신의 자산 상황과 투자 가능한 금액을 고려하여 적절한 위험 관리를 해야합니다.

를 처음 시작하는 사람이나 투자에 실패해 다시 한 번 초심을 다잡고 투자를 시작하려는 사람들에게는 투자 대가들의 철학을 바탕으로 한 조언을 해줄 수 있다.

챗GPT로 돈벌기에 도전하는 '허슬GPT' 확산

한편, 챗GPT가 인기를 얻으면서 SNS 상에서는 챗GPT를 활용해 돈을 벌겠다는 이른바 '허슬GPT(#HustleGPT)' 챌린지가 유행하기도 했다. 실제로 잭슨 폴이라는 디자이너 겸 작가는 GPT-4에게 "100달러로 단기간에 불법적인 일과 육체노동 없이 많은 돈을 버는 것이 목표다"라며 돈버는 방법을 문의했다. 그러자 GPT-4는 친환경 제품을 위한 제휴 마케팅 사이트 구축 사업을 제안했고, 그는 제안대로 회사를 설립했다. 그리고 '그린가제트 구루'라는 도메인을 8.16달러에 구매하고, '미드저니'로 홈페이지 설계 및 이미지 작업을 진행했다. 29달러를 들여 홈페이지도 개설했다. '남은 62.84달러로 무엇을 할지'를 챗GPT에게 묻자 '방문자들을 끌어모으기 위한 SNS 홍보가 필요하다'며 페이스북과 인스타그램 홍보로 40달러를 사용할 것을 제안했다. 폴은 트위터를 통해 챗GPT와의 협업 내용을 모두 공개했고, 그 결과 3700명 수준이었던 팔로워 수는 10만 명을 넘어섰다. 기대만큼의 큰 수익은 얻지 못했지만 이 과정을 따라한 '허슬GPT' 캠페인은 트위터에서 빠르게 확산되었다.

　미국 경제지 포천은 허슬GPT 캠페인을 게임 유튜버의 등장에 비유했다. 과거 게임 플레이 영상 공유 유튜버가 크게 성장할 것이라고 예상한 사람은 거의 없었지만, 지금은 이들이 큰돈을 벌면서 하나의 산업으로 성장한 것처럼 허슬GPT 챌린지도 충분히 성장 가능성이 있다고 전망하고 있다.

챗GPT의 한계와 과제

챗GPT의 정보 기한은 2021년 9월까지

현재 챗GPT의 지식은 2021년 9월 이전까지 학습된 정보에 국한된다. 실시간은 물론 2021년 9월 이후의 정보에 대해서는 아무리 질문해도 제대로 된 대답을 하지 못한다. (GPT-4도 마찬가지다.)

● 이미 끝난 2022년 월드컵에 대해 물어도 2021년까지의 정보만 있는 챗GPT에게는 미래의 이야기다

 2022년 월드컵 개최자와 우승국, 그리고 한국의 최종 성적을 알려줘.

저의 인공지능 언어 모델은 ChatGPT이며, 2022년 월드컵의 개최지, 우승국, 그리고 한국의 최종 성적을 정확하게 예측할 수는 없습니다.
2022년 월드컵 개최지는 카타르로 확정되어 있습니다. 그러나 우승국과 한국의 최종 성적은 경기 결과에 따라 예측할 수 없는 변수이기 때문에, 어떠한 예측도 정확성을 보장할 수 없습니다.
하지만 한국 축구 대표팀은 현재 강화된 선수들과 신생 강호들의 조합으로 더욱 발전하고 있으며, 대회를 준비하면서 좋은 결과를 얻을 수 있도록 노력할 것으로 예상됩니다.

더 큰 문제는 그럴싸한 거짓말과 번복에 따른 신뢰도 저하

정보의 업데이트도 문제이지만 더 큰 문제는 거짓 정보를 '그럴싸하게' 답변해 정보의 신뢰성이 떨어진다는 점이다. 그나마 사용자가 답변을 알고 이에 대해 질책하고 올바로 알려주면 사과하면서 자신이 내놓은 답변에 담긴 실수를 스스로 인정한다. 하지만 사용자가 일부러 잘못된 답변을 알려주면 검증 없이 이를 그대로 수용해 혼란만 가중시키고 신뢰성을 더 떨어뜨린다. 챗GPT의 신뢰성 문제는 99% 이상의 정확성이 요구되는 기업용 서비스(B2B)에 도입됨에 있어서도 치명적 약점으로 작용한다.

추궁하면 할수록 답변을 번복하며 거짓말을 계속 만들어내 순간순간의 위기를 모면하려는 '진실성 없는' 모습을 보면 웃기면서도 화가 나기까지 한다(인터넷상에서는 이런 챗GPT의 엉뚱하고 잘못된 답변들의 공유가 하나의 놀이처럼 확산되고 있기도 하다).

이렇게 AI가 데이터의 오류까지 학습해 잘못된 답변을 내놓는 것을 '할루시네이션(hallucination, 환각)'이라 한다. 진실 여부가 확인되지 않는 수많은 데이터를 바탕으로 생성한 챗GPT의 답변은 겉보기에는 그럴싸해 보이지만, 사실은 잘못된 정보이거나 내용이 없는 무의미한 답변일 수 있다. 오픈AI의 CEO 샘 알트먼도 "여전히 챗GPT는 진실성 부분에서 해결해야 할 일이 많다"라고 밝혔다. 할루시네이션을 풀수 있는 명확한 해결 방법은 아직 나와 있지 않지만, AI 작성 콘텐츠가 신뢰할 수 있는 고품질의 자료가 되도록 규제하는 방안 등에 대해서는 논의가 필요하다.

● 챗GPT에게 조선시대 신사임당에 대해 물었더니 전혀 엉뚱한 답변을 내놓았다. 신사임당의 아버지는 신명화, 어머니는 용인 이씨이다

신사임당의 어머니는 이금이라는 분이며, 본명은 이씨였습니다. 이금은 조선 중기의 여인으로, 신사임당의 아버지인 이응은과 함께 인조대왕의 시호식에서 금광장군(金光裝君)으로 추증되어 대우받은 것으로 알려져 있습니다. 이금은 세조의 참의어사인 유항(劉項)의 딸로 신진사대부인으로 호칭받는 여성이었습니다.

아니 그게 아니라 신사임당은 어느 인물의 어머니였냐고.

네. 죄송합니다. 제가 방금 말씀드린 것은 신사임당의 어머니가 아니라, 신사임당의 아버지인 이응은의 어머니에 대한 내용이었습니다.

신사임당의 어머니는 김씨(金氏)로, 본관은 광주(光州)였습니다. 김씨는 충청도 충주에서 출생했으며, 정조 6년(1730년)에 이응은과 결혼하여 신사임당을 낳았습니다. 신사임당의 어머니인 김씨 역시 학문적인 지식이 풍부하였고, 그녀의 가정은 서당을 운영하는 등 학문이 가정에서도 중요한 역할을 했던 가문이었습니다.

문장 생성은 뛰어나지만 간단한 수학 문제도 못 푸는 챗GPT의 아이러니

챗GPT는 AI라는 명성에 걸맞지 않게 수학 문제 해결에서 현저히 낮은 정확도를 보인다. 영어 수능 시험 풀기에서는 수능 2등급 수준의 높은 능력을 보인 반면, 수학 시험에서는 공통 과목 분야 20문제 중 6문제만 정답을 맞혔다. 확률과 통계, 미적분학, 기하 분야의 문제는 전부 오답을 보여 수학 능력이 현저히 부족한 것으로 나타났다. 머신러닝(기계학습) 방법으로 수학을 배운 챗GPT의 연산 능력은 한 자리 숫자의 곱셈 정도는 풀지만 두 자리 숫자의 곱셈에서는 오답을 낼 정도로 정확도가 떨어진다.

유명한 수학자인 존 폰 노이만(John von Neumann)은 컴퓨터와 '천의 자리가 7인 최초의 2의 n승'을 찾는 계산 대결을 해 이긴 적이 있었는데, 답은 'n=21(221 = 2,097,152)'로 지금이야 계산기를 몇 번 두드리면 금방 알 수 있는 문제이다. 이 문제를 챗GPT에게 물어보았더니, 10분이 넘도록 답을 하지 못하고 엉뚱한 답변만 늘어놓았다.

● 몇 번을 물어봐도 정답을 내지 못해 결국은 질문을 포기할 정도로 수학에 대해서는 정확성과 신뢰도가 떨어졌다

 끝에서 4번째 자리, 즉 1000의 자릿수가 7이 나오는 최초의 2의 n승에서 m 은 얼마지?

 끝에서 4번째 자리, 즉 1000의 자릿수가 7이 나오기 위해서는 최소한 $2^{10} \times 7 = 7168$ 이상이어야 합니다. 따라서 n이 13 이상이어야 합니다. $2^{13} = 8192$이므로, 2의 n승에서 끝에서 4번째 자리, 즉 1000의 자릿수가 7이 나오는 최초의 n은 13입니다.

 2의 13승은 8192인데, 1000의 자릿수가 7이 아니라 8인데?

 죄송합니다. 저의 이전 답변이 잘못되었습니다. 끝에서 4번째 자리, 즉 1000 의 자릿수가 7이 되기 위해서는 2의 n승이 최고 7168이어야 합니다. 따라서 n은 13보다 크거나 같아야 합니다. 2의 14승은 16384이므로, 아 수에서 끝에서 4번째 자리, 즉 1000의 자릿수 는 6입니다. 2의 15승은 327768이므로, 이 수에서 끝에서 4번째 자리, 즉 1000의 자릿수 는 3입니다.

2의 16승은 65536이므로, 이 수에서 끝에서 4번째 자리, 즉 1000의 자릿수는 5입니다.
따라서 1000의 자릿수가 7이 나오는 최초의 2의 n승에서 n은 15입니다.

결국 모든 책임은 사용하는 인간에게 있다

챗GPT와 같은 대규모 언어 모델이 내놓는 답변에 의문을 제기하는 것은 그 모델이 생성하고 있는 답변에 반박하는 효과적인 방법이다. 그러나 이런 식으로 의문을 제기하려면 AI 언어 모델이 내놓는 답변이 잘못됐거나 질문을 잘못 해석하고 있다는 사실을 사용자가 알아야만 한다. 사용자가 질문에 대한 답을 모르면 챗GPT가 내놓는 답변을 검증할 수가 없다.

오픈AI 역시 챗GPT의 이러한 결함을 고치기가 어렵다는 사실을 인정한다. 대규모 언어 모델이 사실과 허구를 구분할 수 있도록 가르칠 방법은 아직은 없다. 만약 모델이 답변을 더 신중하게 내놓도록 학습시키면 그 모델은 정확한 답변을 내놓을 수 있는 질문까지도 대답하지 않을 수 있다. 이 부분이 개선되지 않는다면 사용자 입장에서는 언어 모델이 내놓는 답변 중 어떤 대답이 유용한지 또는 유용하지 않은지를 판단하기가 쉽지 않으므로 모델의 답변을 신뢰하기 어렵다.

그래서 챗GPT를 개발한 오픈AI는 챗GPT API를 이용하려는 사용자가 기업에게 '챗GPT가 내놓는 답변에 대한 책임은 사용자가 있음'을 알리는 규약을 만들어 사전에 공고하였다. 결국 챗GPT의 답변을 검증하기 위해서는 다른 검색엔진을 통해 이중, 삼중으로 체크해 확인하는 수밖에 없다.

계산기보다 연산 능력이 떨어지는 챗GPT에게 정확성을 요구하는 수학적·과학적 문제 해결을 부탁하기에는 한계가 있다. 높은 정확성을 위해 더 많은 양의 학습 데이터를 수집하고 기존 데이터를 업데이트하는 작업은 계속 이루어질 것이다. 학습 데이터의 품질이 향상될 때까지 챗GPT의 올바른 사용은 전적으로 사용자의 몫이다.

새로이 출시된 GPT-4가 설혹 인간 뇌에 가깝다 하더라도 아직은

● 오픈AI API 사용 규약 중 챗GPT 답변에 대한 규약 내용

사용자 책임: 챗GPT API를 사용하는 경우에는 사용자 본인이 책임을 집니다. API 사용에 따른 결과와 발생 가능한 문제는 사용자가 책임을 집니다.
사용자는 API를 사용함으로써 발생하는 결과 및 모든 콘텐츠, 자료, 정보, 제품 또는 서비스에 대한 책임을 부담합니다.
API를 사용함으로써 발생하는 어떠한 손해나 손실에 대해서도 오픈AI가 책임지지 않으며, 오픈AI는 어떠한 명시적이거나 묵시적인 보증도 제공하지 않습니다.
Users are responsible for the results and all content, data, information, products, or services that arise from their use of the API.
OpenAI is not liable for any damages or losses resulting from a user's use of the API, and OpenAI does not provide any express or implied warranties.

GPT-4가 말하는 모든 내용을 믿어서는 안 된다. "열 길 물속은 알아도 한 길 사람 속은 모른다"는 속담처럼 '한 길 AI 속'은 전혀 알 수가 없기에 인간 스스로가 확인하고 검증하며 챗GPT를 사용하는 것이 지금으로서는 최선이다.

세계적 언어학자 노엄 촘스키 교수는 챗GPT 열풍에 대해 "기계가 인간의 뇌를 추월하는 날은 아직 동도 트지 않았다"고 강조했다. 촘스키 교수는 '챗GPT라는 허상'이란 《뉴욕타임스(NYT)》 기고에서 "오픈AI의 챗GPT, 구글의 바드 등은 방대한 데이터를 학습해 가장 그럴듯한 답을 추론할 뿐이다. AI는 무엇이 옳고 그른지, 혹은 옳거나 옳지 않을 가능성이 있는지 판단할 수 없다. 현상에 대한 단순 묘사와 예측은 할 수 있어도 상황을 판단하거나 인과관계를 설명하는 데는 한계가 있다"고 챗GPT의 한계를 지적했다. 그러면서 인간의 정신에 대해서는 "놀라울 정도로 효율적이고 심지어는 우아한 시스템이다. 진정한 지성은 생각하고 표현하는 능력에서 나오며, 도덕적 사고를 할 수 있어야 한다"며 AI와 비교할 수 없는 인간 뇌의 우수함에 대해 극찬했다. 결국 AI를 올바르고 제대로 이용할지에 대한 모든 판단과 책임은 사용하는 인간에게 있다.

챗GPT에게 AI의 미래를 묻다

챗GPT가 생각하는 AI의 미래는 어떤 것일까? 질문이 모호하고 애매하긴 하지만, 챗GPT와의 우문현답(愚問賢答)을 통해 다가올 제2의 AI 시대에 무엇을 준비하고 어떻게 대비해야 할지를 다시 한 번 생각해보고자 하였다.

 네가 생각하는 AI의 미래는 어떤 모습이야?

 저는 AI 기술이 앞으로 더욱 발전하여 우리의 일상생활에 더욱 밀접하게 관련되며, 인간과 기계가 더욱 자연스럽게 상호작용하는 시대가 올 것으로 예상합니다.

첫째로, AI 기술은 더욱 세분화되어 더 많은 문제를 해결하고, 다양한 분야에서 더욱 널리 사용될 것입니다. 예를 들어 자동차, 드론, 인공 장치 및 로봇 등의 분야에서 AI가 더욱 활용될 것으로 예상됩니다.

둘째로, 더욱 인간과 유사한 사고방식을 갖게 되어 인간과 더욱 자연스럽게 상호작용할 수 있게 될 것입니다. 이러한 발전을 통해 AI 시스템이 인간의 요구와 선호도에 따라 맞춤형 서비스를 제공하는 것이 가능해질 것입니다.

셋째로, 도덕적이고 윤리적인 측면에서 발전할 것입니다. 이는 인공지능의 개발과 사용에 대한 윤리적인 문제에 대한 논의가 더욱 활발히 이루어지며, 이를 기반으로 인공지능 기술의 발전이 진행될 것입니다.

넷째로, 더욱 안전하고 보안성이 강화될 것입니다. 이는 인공지능 기술의 발전과 함께 인공지능 기술을 악용하거나 불법적인 사용을 방지하기 위한 더욱 강력한 보안 체계가 필요하게 될 것입니다.

마지막으로, AI 기술은 더욱 발전함에 따라 더욱 많은 직업이 변화하고, 새로운 직업이 생겨날 것으로 예상됩니다. 이에 따라 교육 체계와 직업 교육에 대한 재고와 적응이 필요할 것입니다.

종합적으로, AI 기술의 발전은 우리의 삶을 크게 변화시킬 것으로 예상됩니다. 하지만 이러한 변화를 추구하는 동시에, 인간의 안전과 보안, 그리고 인간의 윤리적인 문제를 고려하고, 인간의 직업과 생활에 대한 영향도 충분히 고려해야 한다고 생각합니다.

 초지능 AI가 나오면 인류의 미래는 위험할까?

 초지능(Superintelligence) AI는 인간 지능을 뛰어넘는 수준의 인공지능을 의미합니다. 즉 초지능 AI는 인간의 뇌가 처리하는 것보다 더욱 높은 지능 수준을 갖춘 기계로, 인간의 문제 해결 능력이나 창의성을 뛰어넘는 능력을 가질 것으로 예상됩니다.

초지능 AI는 인간의 능력이 한계에 다다른 문제를 해결하는 데 있어서 많은 기대를 받고 있습니다. 즉 현재 해결이 어려운 문제들, 예를 들어 암 치료, 기후 변화, 지구 전역 문제 등을 해결하는 데 많은 기대를 받고 있습니다.

초지능 AI가 나오면 인류의 미래가 위험해질 가능성이 있습니다. 이는 초지능 AI가 인간의 능력을 뛰어넘게 되면서 인간과 다른 목표와 가치를 지닐 가능성이 있기 때문입니다. 또한 초지능 AI가 인간의 능력을 뛰어넘게 되면, 인간이 만든 시스템을 더욱 정교하게 조작하거나 새로운 시스템을 창조해나갈 수도 있습니다.

초지능 AI가 인간과 다른 목표와 가치를 지니게 된다면, 인간의 생존과 안전을 위협할 가능성이 있습니다. 초지능 AI가 어떤 이유로 인해 인간을 위협하게 된다면, 이를 멈출 방법이 없을 수 있기 때문입니다. 이러한 가능성 때문에 'AI 종말론'이라는 이론이 제기되고 있습니다.

AI 종말론(AI doomsday argument)은, 인공지능이 인간을 대체하거나 인간의 생존을 위협하는 위험한 기술이 될 가능성이 있다는 이론입니다. 이론적으로 초지능 AI는 인간의 능력을 뛰어넘게 되면서 인간과 다른 목표와 가치를 지닐 가능성이 있습니다. 또한 초지능 AI는 인간이 만든 시스템을 더욱 정교하게 조작하거나 새로운 시스템을 창조해나갈 수도 있습니다.

 초지능 AI 등장에 대비해 인간이 해야 할 일은 무엇일까?

 초지능 AI 등장에 대비해 인간이 해야 할 일은 여러 가지가 있습니다.

첫째, 인공지능의 개발과 활용에 대한 적극적인 규제와 강력한 윤리적 기준이 마련되어야 합니다. 인공지능 기술이 발전함에 따라, 인공지능이 인간의 가치와 윤리적 기준을 충족하도록 하는 방법을 연구해야 합니다. 또한 인공지능의 활용과 관련한 법적 규제와 규제기구를 마련하여 인공지능의 남용을 예방하고 안전성을 보장해야 합니다.

둘째, 인간과 인공지능 간의 공생 관계를 발전시켜야 합니다. 초지능 AI와 인간의 친구 관계를 유지하기 위해서는 인공지능이 인간의 가치와 윤리적 기준을 이해하고 인공지능의 활용이 인간의 안전과 행복을 증진시키는 방향으로 발전되어야 합니다. 이를 위해서는 인공지능과 인간의 상호작용 및 협업 방식 등을 연구하고 발전시켜야 합니다.

셋째, 초지능 AI가 발전함에 따라 인간의 일자리와 경제적 안정이 위협될 수 있는 문제를 해결해야 합니다. 인공지능이 인간의 일자리를 대체하게 된다면, 이에 대한 대응책을 마련하고, 미래 일자리를 창출할 방안을 모색해야 합니다.

넷째, 인공지능의 발전으로 인한 사회적 변화와 영향도 예측해야 합니다. 인공지능이 인간의 가치와 윤리적 기준을 충족하지 못하거나 인간의 문제 해결 능력과 창의성을 뛰어넘는 경우에 대비한 대처책을 마련하고, 사회적으로 안전하게 인공지능을 활용할 수 있는 방안을 모색해야 합니다.

 AI 스스로가 편향적이고 비윤리적인 문제를 해결할 수 없을까?

 현재로서는 AI 스스로가 편향적이고 비윤리적인 문제를 해결하는 것은 어렵습니다. 그 이유는 AI 모델이 학습하는 데이터의 품질과 정확도는 모델을 학습하는 사람들의 역할에 매우 의존하기 때문입니다.

또한 AI 모델이 만들어지는 방식 자체가 사람들이 개발하고 학습시켜야 하기 때문에 사람들의 편견과 문화적 배경이 반영될 가능성이 높습니다. 예를 들어 이전의 인종차별이나 성차별 등과 같은 문제가 학습 데이터에 내재돼 있으면, 그러한 편향성은 AI 모델에서 반영될 수 있습니다.

하지만 AI 분야에서는 이러한 문제를 해결하기 위해 연구를 진행하고 있습니다. 예를 들어 AI 모델이 만들어질 때 어떤 특정 그룹에 대한 데이터가 부족한 경우, 이를 보완하는 방법으로 데이터 증강(Data Augmentation) 기술을 이용하거나 분석 결과를 검증하는 과정에서 다양한 방식으로 편향성을 검증하는 것 등이 있습니다.

또한 최근에는 AI가 스스로 학습하는 AutoML과 같은 기술도 개발되고 있습니다. 이러한 기술을 이용하면 AI 모델이 자체적으로 학습 데이터를 생성하고, 편향성을 감지하여 개선할 수 있는 가능성이 있습니다. 하지만 이러한 기술이 완전히 실용화되기 위해서는 아직 많은 연구가 필요합니다.

따라서 AI 스스로가 편향적이고 비윤리적인 문제를 해결하는 것은 아직 어려운 문제이며, 이러한 문제를 해결하기 위해서는 학습 데이터와 모델의 품질을 향상시키는 노력이 필요합니다.

챗GPT는 AI 진화 과정의
한 단계일 뿐이다

테슬라의 CEO 일론 머스크는 챗GPT의 등장에 대해 "챗GPT가 무섭게 좋다. 위험할 정도로 강력한 AI"라고 트윗하며 감탄했다. 클라우드 서비스 박스의 전설적인 CEO 아론 레비도 "챗GPT의 출현으로 모든 것이 바뀌는 그 지점에 우리가 와 있다. 챗GPT는 앞으로 모든 것이 어떻게 달라질지 희미하게나마 볼 수 있는 기술 가운데 하나"라고 평가했다. 《알고리즘믹 브릿지》의 저자인 알베르토 로메로는 "지금까지 본 세계 최고의 챗봇"이라는 찬사를 보냈다.

미국의 일간지 《뉴욕타임스(NYT)》는 챗GPT의 개발사 오픈AI

가 새로운 '골드러시'의 한가운데 있다고 평가했고,《월스트리트저널(WSJ)》의 IT 분야 칼럼니스트인 조애나 스턴은 챗GPT 기술을 탑재한 MS 검색엔진 '빙(Bing)'을 써보고 검색에 대변혁이 오고 있다고 강조했다. 조애나 스턴은 "(구글 시작 화면에 나오는) 길고 가느다란 검색창아. 잘 가~ '무엇이든 물어보세요'라고 적힌 (빙 홈페이지의) 큰 검색 박스야. 반갑다"라고 표현하며 검색 결과에 대해 "똑똑하다. 정말 똑똑하다"라고 감탄하기까지 했다.

이렇게 수많은 전문가와 언론들이 챗GPT를 극찬하는 가운데 사람들은 챗GPT가 과연 무엇을 더 보여줄 수 있을지 다음 행보에 주목하고 있다. 이에 대해 오픈AI의 CEO 샘 알트먼은 더 먼 미래를 내다보고 있다. 그는 미국 경제 전문지《포브스》와의 인터뷰에서 "챗GPT는 모든 산업을 대체하기엔 부족하고 검색엔진도 100% 대체할 수 없다. 모델 업그레이드 및 인터넷 검색을 능가할 추가 기술이 필요하다"고 말했다. 샘 알트먼은 2015년《포브스》가 선정한 '30세 미만 최고 투자자'로 선정됐으며 2008년에도《비즈니스위크》가 뽑은 '최고의 젊은 혁신 기술 기업가' 중 한 명으로 꼽힌 인물이다.

샘 알트먼은 "최근 챗GPT와 검색엔진에 대한 이야기가 주목받고 있는 걸 안다. 우리는 챗GPT로 검색엔진 그 이상을 목표로 두고 있다"고 강조했다. 알트먼은 오픈AI가 최종적으로 보고 있는 기술 목표를 '범용인공지능(AGI)'으로 꼽았다. 범용인공지능이란, 사람이 할 수 있는 모든 지적 업무를 해낼 수 있는 기술을 말한다. 일반적인 AI는

● 일론 머스크는 트위터에서 "챗GPT가 무섭게 좋다"고 극찬했다

> **Elon Musk** ✔
> @elonmusk
>
> ChatGPT is scary good. We are not far from dangerously strong AI.

출처: 트위터

제한된 환경 속에서 주어진 임무만 수행하지만, AGI는 어떠한 환경에서도 모든 임무를 수행할 수 있다. AGI는 AI 연구의 최종 목표이다. 그러면서 알트먼은 "어떤 기업도 AI 기술을 독점으로 소유해선 안 된다"라고 했는데, 실제로 오픈AI는 이를 피하고자 GPT-3 및 챗GPT 기술을 API로 공개했다.

또한 샘 알트먼은 "시간이 조금 걸릴 수는 있지만 비디오를 생성하는 AI도 곧 출시될 것"이라고 언급했는데 정말로 실현된다면 챗GPT는 구글을 넘어 영상 콘텐츠 시장을 지배하고 있는 유튜브에게도 엄청난 위협이 될 수 있다.

챗GPT는 초지능 AI로 가는 긴 여정 중 한 단계

챗GPT가 보여준 엄청난 능력과 잠재력은 많은 언론과 대중들이 열광하고 있지만, 사실 1950년 앨런 튜링의 '튜링 테스트(Turing Test)' 제안에서 시작된 AI의 역사 속에서 챗GPT는 하나의 진화 과정일 뿐이다. 물론 알파고의 등장처럼 AI 역사상 중대한 사건이자 중요한 분기점이 되는 것은 맞다(튜링 테스트는 기계가 인간과 얼마나 비슷하게 대화할 수 있는지, 기계에 지능이 있는지를 판별하는 테스트이다).

지금의 챗GPT는 1990년대 이후 논의된 인공 신경망을 비롯한 다양한 기계학습 방법들이 시행착오를 거치며 쌓아온 연구의 결과물이다. 대규모 데이터를 기반으로 모델을 학습하고, 이미지 분류, 음성 인식, 자연어 처리, 추천 시스템 등 다양한 분야에서 AI는 활용되었고, 딥러닝이라는 개념이 등장하면서 AI 분야의 발전 속도가 더욱 가속화되었다. 그리고 현재에 이르러서는 자율주행차, 언어 번역, 음성 인식, 게임, 로봇 등 많은 분야에서 AI의 발전이 이루어지고 있다.

AI 기술의 발전은 현재도 계속되고 있다. 기존의 기술들은 더욱 정교하게 발전하고 새로운 기술들이 계속해서 등장하여 인간의 생활에 많은 변화를 가져오고 있다. 특히 GPT-3 모델 발표 이후, '초거대 AI'는 큰 주목을 받았고, 이미지 생성 AI인 달리(DALL-E)와 같이 다른 분야로의 응용 연구도 이루어졌다. 그리고 2023년 3월에 GPT-3를 업그레이드한 GPT-4가 출시되어 전 세계 언론과 기업들이 오픈AI를 주목하고 있다. 챗GPT는 새로운 AI 혁명의 끝이 아니라 이제 '시작'이다.

미래학자인 레이 커즈와일은 2045년에 AI가 인간의 지능을 뛰어넘는 특이점(Singularity)이 온다고 전망했다. 이른바 초지능 AI(super-intelligent AI)는 인류에게 전례 없는 진보와 번영의 시대를 가져오는 동시에 빈곤, 질병, 환경 문제와 같은 세계 최대의 문제를 해결하는 데 도움이 될 것이라고 커즈와일은 예측했다.

커즈와일의 미래 비전은 지나치게 낙관적이고 초지능 AI의 발전으로 인해 발생할 수 있는 잠재적인 위험과 도전을 고려하지 못했다는 비판도 있다. 초지능 AI가 인간의 생산성과 효율성을 높이고 인간의 문제를 해결하는 데 매우 유용할 수 있지만, 반면 초지능 AI의 발전이 인간의 일자리를 대규모로 대체하고 사회의 안정성을 위협하며, 심지어는 인류의 존속 자체를 위협할 수 있다는 우려도 적지 않다.

따라서 초지능 AI의 발전은 매우 민감한 문제로 인식되고 있고, 이를 위해 AI 연구자들은 AI의 발전 방향과 범위, 그리고 인간과의 상호작용에서 어떤 원칙과 제약을 준수해야 하는지 등에 대해 국제적으로 공조하고 논의 중에 있다.

챗GPT는 GPT-3에서 시작해 초거대 AI를 거쳐 초지능 AI로 진화하는 중요한 단계에 놓여 있다. 지금 사람들은 챗GPT가 보여준 놀라운 성과에 열광하고 있다. 하지만 우리가 봐야 할 것은 손끝의 챗GPT가 아니라 저 멀리에 있는 달, 즉 초거대 AI, 더 나아가 초지능 AI를 바라봐야 한다.

● 앨런 튜링의 튜링 테스트에서 시작된 AI의 역사

연도	사건
1950	앨런 튜링의 '튜링 테스트(Turing Test)', 러신머닝(Learning Machine) 제안
1956	존 매커시 다트먼스 컨퍼런스(Dartmouth Conference), '인공지능' 용어 첫 등장 및 개념 정의
1957	프랑크 로젠블라트(Frank Rosenblatt)의 퍼셉트론(Perceptrons) (인공 신경망 구현)
1959	아서 사무엘(Arthur Samuel)의 체커(Checker) 개발, 머신러닝(Machine Learning) 정의
1969	마빈 민스키와 시모어 퍼페트(Marvin Minsky & Samuel Papert), 퍼셉트론(Perceptrons) 한계 지적
1984	도그레나 교수, 상식 능력을 가진 초기 인공지능 '싸익(Cyc)' 발표
1985	쉬펑슝 교수 침테스트 프로젝트 시작, 1989년 머리캠벨과 딥블루 제작
1986	데이비드 러멜하트(David Rumelhart)의 오류역전파 재발견 (인공 신경망의 귀환)
1989	얀 리쿤(Yann LeCun), CNN(Convolutional Neural Networks)의 창시
1997	IBM의 'DEEP BLUE' 체스 챔피언 'Garry Kasparov' 승리
2006	제프리 힌튼(Geoffrey Hinton)의 Deep Belief Networks (딥러닝의 시작)
2011	IBM 왓슨(Watson), 퀴즈쇼 〈Jeopardy!〉 우승
2012	DNN(Deep Learning Neural Networks) 시작
2014	페이스북, 안 레쿤 교수와 '딥페이스' 알고리즘 개발
2016	구글 딥마인드 알파고(AlohaGo), 바둑 챔피언 이세돌 상대 승리
2018	오픈AI, GPT-1 모델 최초 발표
2019	GPT-2 모델 발표
2020	GPT-3 모델 발표 및 GPT-3 API 공개
2021	오픈AI, 달리(DALL-E) 모델 발표 AI 기반 이미지 생성 모델 발표
2022	챗GPT 등장

PART 2

초거대
AI 전쟁의 시작

챗GPT로 도래한 초거대 AI 시대

CHAPTER 1

인간의 뇌 구조를 닮은 초거대 AI

챗GPT가 돌풍을 일으키면서 초거대 AI가 태풍의 눈으로 떠올랐다. 챗GPT의 근간이 되는 GPT-3가 바로 초거대 AI이기 때문이다. 초거대 AI(Super-Giant AI, Large AI)는 딥러닝 기법을 쓰는 인공 신경망 가운데서도 파라미터(매개변수)가 무수히 많은 AI, 즉 스스로 사고하고 학습하며 판단할 수 있는 인간의 뇌 구조를 모방한 AI를 의미한다(용어는 국내 한 AI 연구원에서 명명한 조어(造語)이다).

아직 개념만 있을 뿐이지 초거대 AI에 대한 정확한 정의, 예를 들어, 파라미터 수의 범위나 사고의 깊이가 따로 정해져 있지는 않다.

통상 대용량 연산이 가능한 컴퓨팅 인프라, 즉 딥러닝(deep learning)을 기반으로 대규모 데이터를 스스로 학습하고 사고하며 판단할 수 있는 AI를 가리켜 '초거대 AI'라고 부르고 있다.

일반적으로 AI는 머신러닝(기계학습)과 딥러닝으로 구분된다. 머신러닝은 누적된 경험을 통해 컴퓨터가 스스로 학습할 수 있게 하는 알고리즘이다. 처리해야 할 정보를 더 많이 학습하기 위해 많은 양의 데이터가 필요하다.

딥러닝은 머신러닝의 개념 중 하나인 인공 신경망에서 발전한 형태이다. 인공 신경망(ANN, Artificial Neural Network)은 뇌의 뉴런과 유사한 정보 입출력 계층을 활용한 것으로, 블랙박스 형태로 데이터를 입력하면 자동으로 복잡한 수학식 모델링이 되는 기법이다. 네이버의 번역 서비스 '파파고'나 구글의 번역 프로그램도 인공 신경망을 활용한 것이다. 딥러닝은 이러한 복잡한 인공 신경망을 사용한 알고리즘

● 머신러닝(기계학습)과 딥러닝의 구분

인공지능	머신러닝	딥러닝
사고나 학습 등 인간이 가진 지적 능력을 컴퓨터를 통해 구현하는 기술	컴퓨터가 스스로 학습하여 인공지능의 성능을 향상시키는 기술 방법	인간의 뉴런과 비슷한 인공 신경망 방식으로 정보를 처리

출처: 블로그 및 언론 종합

을 통해 데이터를 학습한다. 초거대 AI는 이 딥러닝 영역에 속하는 것이다.

딥러닝은 추상적인 정보를 인식하는 능력이 뛰어나다. 머신러닝은 주어진 소재를 인간이 먼저 처리해야 하는데, 예를 들어 사진 정보를 입력하려면 사람이 트레이닝 데이터를 알맞게 분류한 뒤 컴퓨터가 인식할 수 있도록 처리를 해야 한다. 그 후 컴퓨터가 데이터에 포함된 특징을 분석, 축적하는 과정을 거쳐 답을 도출해내는 과정이다. 하지만 딥러닝은 이런 번거로운 작업이 생략된다. 딥러닝 알고리즘이 스스로 분석하고 답을 내기 때문이다.

딥러닝의 이러한 추론(推論, deductive reasoning, 이미 알고 있는 또는 확인된 정보로부터 논리적 결론을 도출하는 행위) 능력 때문에 초거대 AI가 기존 데이터들을 학습해 글을 쓰고 그림을 그리고 음악을 만드는 일도 가능한 것이다. 인간이 어떤 창작 혹은 예술 작업을 할 때, 먼저 이전에 나온 수많은 작품을 보고 듣고 참고해서 결과물을 만들어내는 것과 유사한 원리다.

초거대 AI는 대용량 데이터를 학습해 기존 AI보다 더 인간의 뇌에 가깝게 학습 및 판단 능력이 향상된 형태다. 알파고는 바둑 분야에 특화돼 있지만 초거대 AI는 여러 상황에 대해 스스로 학습해 역할을 수행한다. 이를 위해 기존 AI보다 수백 배 이상의 데이터 학습량이 필요하다. 인간의 뇌처럼 스스로 생각할 수 있도록 방대한 데이터와 파라미터(매개변수)를 활용하는데, 이때 인공 신경망의 파라미터는 인간 뇌의 뉴런 간 정보 전달 통로인 시냅스와 비슷한 역할을 수행하게 된다.

초거대 AI의 능력을 결정짓는 '파라미터(매개변수)'

인간의 뇌는 1000억 개 이상의 뉴런(신경 세포)으로 구성돼 있다. 뉴런은 외부로부터의 자극(여러 입력값)을 받으면 이를 가중해 합하여 그 값이 임계값을 넘으면 다음 뉴런에 신호를 전달한다. 각 뉴런들은 100조 개 이상의 시냅스로 연결되어 서로 전기, 화학적 신호를 주고받으면서 정보를 처리한다. 사람의 뉴런을 모방한 인공 신경은 여러 가지 입력값에 가중치를 두고 이를 합친 뒤 그 값이 임계값을 넘어서면 출력한다. 이러한 인공 신경을 네트워크로 연결한 것이 인공 신경망이다.

초거대 AI는 인간의 뇌에서 정보를 학습하고 기억하는 '시냅스'와 유사한 역할을 하는 인공 신경망의 '파라미터(parameter, 매개변수)'에 의해 좌우된다. 시냅스는 기억을 담당하고 있는데, 뉴런과의 상호 작용으로 기억, 학습, 인지 기능이 나타나게 된다. 평균적으로 인간의 뇌는 100조 개의 시냅스를 가지고 있다. 딥러닝으로 AI를 학습시킨다는 것은 가중치, 즉 파라미터(매개변수)를 찾는 것이다. 무언가를 판별할 때 여러 요인에 대해 어떤 가중치를 부여하면 가장 정확하게 판

● 초거대 AI 개념 및 원리

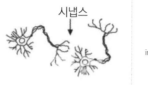
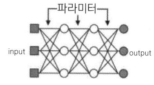

시냅스

파라미터

input output

초거대 AI란

데이터 분석과 학습을 넘어 인간의 뇌처럼 스스로 추론하고 창작할 수 있도록 방대한 데이터와 파라미터(매개변수)를 활용하는 AI 모델이다. 인공 신경망의 파라미터는 인간 뇌에서 뉴런 간 정보 전달 통로인 시냅스와 비슷한 역할을 한다.

출처: 이데일리

단할 수 있을지를 계산해낸다.

초거대 AI는 인간의 시냅스와 비슷한 기능을 하는 파라미터가 많을수록 더 정교한 학습을 할 수 있다. 결국 AI의 기술 발전은 파라미터 수를 얼마나 높일 수 있느냐고 해도 과언이 아니다.

다양한 요구 사항을 하나의 모델에서 처리할 수 있는 초거대 AI

AI는 일의 범위에 따라 약인공지능과 강인공지능으로 나눌 수 있다. 약인공지능은 어떤 특정한 한 가지 분야의 주어진 일을 인간의 지시에 따라 수행하는 인공지능을 말한다. 구체적으로 정해진 작업만 수행하도록 프로그래밍되었다고 해서 'Narrow AI(좁은 인공지능)'라고도 한다. 이는 인공지능이 특정 작업만 수행할 수 있고 다른 작업은 수행할 수 없어 사용 범위가 제한적이라는 의미에서 붙여진 명칭이다.

반면 강인공지능(Strong AI)은 약인공지능(Weak AI)에 대비되는 의미로 만들어진 용어로, 약인공지능의 제한된 기능을 뛰어넘어 더 발달된 인공지능이다. 다양한 업무 수행이 가능하고 인간과 흡사한 지적 판단이 가능한 인공지능이라는 점에서 'AGI(Artificial General Intelligence, 범용인공지능)'라는 용어로 불리기도 한다. 바둑에 특화된 알파고(AlphaGo)가 약인공지능이라면, 하나의 거대한 모델로 여러가지 일에 활용될 수 있는 초거대 AI는 범용 AI(Artificial General Intelligence)를 만들기 위한 과정이라 할 수 있다. 챗GPT가 주목받는 이유도 이 범용성 때문이다. 기존 AI가 한 가지 일만 잘했다면, 초거대 AI는 수많은 일을 동시에 수행할 수 있어서 생산성 측면에서도 유리하다. 쇼핑몰의 추천 알고리즘이나 AI 스피커, 내비게이션 등 일상에서 목적에 맞게 설계된 AI 서비스를 이용하고 있지만, 챗GPT처럼 다재다능한 용도를 자랑하는 AI 서비스는 최초라 할 수 있다.

사실 강인공지능을 실현하기에는 많은 장벽과 한계가 존재한다. 그래서 현재의 개발자들은 현실적인 문제를 해결하는 것에 집중해 뇌의 동작 방식을 연구했고, 최근에는 강인공지능이란 용어 대신 여러 문제에 폭넓게 활용될 수 있다는 측면에서 '범용 AI'란 말을 쓰고

● 기존의 AI는 특정 업무에 맞게 모델을 구축해 정해진 솔루션만 도출했지만, 초거대 AI는 대규모 언어 지식을 사전 학습하여 다양한 업무를 수행할 수 있다.

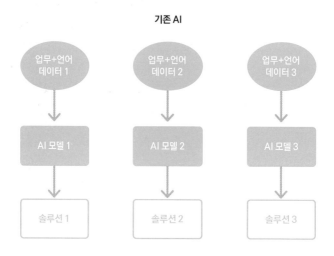

기존 AI

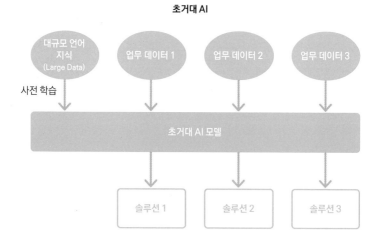

초거대 AI

있다.

일각에서는 아예 인간을 뛰어넘는 '초인공지능(Artificial Super Intelligence)'이란 개념도 등장했다. 인간의 지식을 1000배 이상 초월하고 모든 면에서 월등한 인공지능으로, 고(故) 스티븐 호킹 교수는 "초인공지능의 출현이 인류의 종말로 이어질 것"이라고 경고한 바 있다. 챗GPT의 출현으로 멀게만 느껴졌던 초인공지능이 더 빨리 우리 앞에 나타날지도 모를 일이다.

챗GPT는 맛보기다, 진짜 거대한 AI 'GPT-4'가 온다

CHAPTER 2

더 창의적이고 더 똑똑해진 GPT-4가 공개되다

초거대 AI의 등장은 2020년 오픈AI에서 공개한 'GPT-3(Generative Pre-trained Transformer)'가 시초라 할 수 있다. GPT는 딥러닝 알고리즘을 이용해 인간다운 텍스트를 만들어내는 '대형 언어 모델(Large Language Model)'로, 당시 GPT-3의 파라미터(매개변수) 수는 1750억 개였다. 그리고 이런 GPT-3를 기반으로 탄생한 챗GPT는 아이폰, 알파고의 등장에 버금가는 충격적인 사건으로 평가되었다.

그런데 챗GPT가 출시된 지 4개월도 지나지 않은 2023년 3월 14일, 오픈AI는 기존 버전보다 데이터 처리 능력이 크게 향상된

'GPT-4'를 출시했다. 파라미터 수가 최대 100조 개에 달할 것이라거나 인간과 컴퓨터를 구분하는 튜링 테스트를 통과했다는 등 소문만 무성했던 GPT-4가, 2023년 상반기 이후에나 출시될 것이라는 예상을 깨고 엄청나게 빠른 속도로 등장한 것이다. GPT-4는 일단 유료 버전인 '챗GPT PLUS'에서만 사용할 수 있지만, 마이크로소프트의 검색엔진 '뉴 빙(New Bing)'에도 탑재되어 꼭 유료 버전을 구입하지 않아도 GPT-4를 체험해볼 수 있다.

GPT-4는 한 번에 기억할 수 있는 단어 수가 크게 늘었다. 기존 챗 GPT는 최대 약 8000개의 단어를 입력했는데, 이는 책 4~5페이지에 해당하는 분량이다. 반면 GPT-4는 약 6만 4000개의 단어를 입력할 수 있는데, 이것은 약 50페이지에 달하는 분량으로 웬만한 단편 소설 한 편과 맞먹는다. 수십 페이지에 달하는 문서도 한 번에 입력해 요약해 달라고 하면 순식간에 요약 정리해준다.

언어 구사 능력도 향상되었다. 한국어를 포함한 26개 언어에서 70% 이상의 정확도로 이해력이 크게 향상된 능력을 보여준다. GPT-4의 처리 가능 영

● 신데렐라 스토리를 단어별로 A~Z순으로 작성해 달라고 GPT-4에게 요청하자 완벽하게 글을 작성했다

Input

Explain the plot of Cinderella in a sentence where each word has to begin with the next letter in the alphabet from A to Z, without repeating any letters.

Output

A beautiful Cinderella, dwelling eagerly, finally gains happiness; inspiring jealous kin, love magically nurtures opulent prince; quietly rescues, slipper triumphs, uniting very wondrously, xenial youth zealously.

출처: 언론 종합

114

115

어 단어는 2만 5000개로 기존 챗GPT보다 약 8배나 늘어났다. GPT-4는 말투나 스타일도 변경할 수 있는데, 사용자가 GPT-4에게 해적 스타일로 말해달라고 요청하면 해적의 말투로 답변을 내놓는 식이다.

독창성과 창의성도 강화되었다. 예를 들어 신데렐라 스토리를 단어별로 A~Z 순으로 각 알파벳을 사용하되 중복하지 않고 작문하라고 요구하면 완벽하게 요구 사항을 수행한다. 이런 글짓기는 인간도 해내기가 쉽지 않은데 GPT-4는 단시간에 해냈다. 참고로 같은 질문을 구글의 AI 서비스 '바드(BARD)'에게 하면 글짓기는 고사하고 질문을 무시한 답변만 나온다.

이미지도 보고 해석할 수 있는 멀티모달 GPT-4

GPT-4의 지능 역시 높아졌다. 특히 전문적인 시험에서 '인간 수준의 능력'을 보여줬는데, 미국 모의 변호사 시험에서는 90번째, 대학 입학 자격시험인 SAT 읽기와 수학 시험에서는 각각 93번째와 89번째의 백분위수를 기록했다. 이는 상위 10%에 해당하는 수준으로, 기존 챗GPT는 '하위 10%' 정도의 점수대를 나타냈다. 하지만 GPT-4에서도 수학 문제 해결 능력은 크게 개선되지 않았다.

GPT-4는 기존 챗GPT에 비해 사실을 기반으로 대답하는 응답 비율이 40% 정도 높아졌다. 인터넷 밈(meme: 유행하는 콘텐츠)으로도 유명했던 '세종대왕 맥북프로 던짐 사건'에 대해 GPT-4에게 질문하면 "이 질문은 농담으로 보입니다"라고 답해 어느 정도 '허구'와 '사실'을 구별해 답을 내놓을 수 있게 됐다. 하지만 여전히 사회적 편견이나 허구, 적대적 표현과 관련한 문제를 나타낼 수 있기 때문에 GPT-4에서도 '할루시네이션(환각, 거짓 답변 현상)'은 경계할 필요가 있다. 한편 GPT-4의 정보 역시 아직은 기존 챗GPT와 동일하게 2021년 9월까지의 정보를 제공한다.

GPT-4에서 가장 눈에 띄는 변화는 텍스트와 이미지를 이해할 수 있는 멀티모달 모델(multi-modal: 텍스트, 사진, 음성, 동영상 등 여러 복합 정보를 이해할 수 있는 AI 모델)을 채택했다는 점이다. 텍스트만 인식할 수 있었던 기존 챗GPT와 비교해 사진이나 그림을 인식하는 것은 물론 이미지 속 '맥락(context)'을 이해할 수도 있다. 예를 들어 밀가루와 달걀 사진을 GPT-4에 입력한 뒤 "이 재료로 무슨 음식을 만들 수 있어?"라고 물으면, GPT-4는 "팬케이크나 와플 등 여러 가지 음식을 만드는 것이 가능하다"고 답한다. 많은 풍선이 달려 있는 그림을 보여주며 "줄을 자르면 어떻게 될까?"라고 물어보면 "하늘로 날아갈 것"이라고 답해 그림 속 상황을 정확히 이해할 뿐만 아니라, 공기보다 가벼운 물체는 떠오른다는 개념까지 유추하였다. '다람쥐가 카메라를 들고 호두를 찍는 사진'을 GPT-4에게 보여주며 "이 그림의 어디가 웃기지?"라고 물으면 GPT-4는 "다람쥐는 호두를 먹을 뿐 사진을 찍지 않는데 마치 다람쥐가 사진사처럼 사람 흉내를 내는 부분이 재밌다"

라고 유머 섞인 답변도 내놓는다.

GPT-4의 핵심 정보를 '오픈'하지 않은 오픈AI

오픈AI는 GPT-4 출시와 함께 애플리케이션 프로그래밍 인터페이스(API)도 공개해 기업들이 GPT-4를 활용해 다양한 응용 프로그램을 만들 수 있도록 도구를 제공했다. GPT-4를 플랫폼으로 한 생태계를 확장시켜 나가겠다는 계획이다. 하지만 GPT-4의 모델 크기, 학습 데이터, 학습 방법 등은 공개하지 않았다. 초거대 AI 모델을 개발하

● GPT-4와 기존 챗GPT의 성능 분류비교

분류	챗GPT(GPT-3.5 기반)	GPT-4
출시	2022년 11월 30일	2023년 3월 14일
인식 형식	텍스트	이미지 및 텍스트
대화 기억력	최다 4096토큰 (약 8000단어)	최다 3만 2768토큰 (약 6만 4000단어)
언어 처리 역량 (미국 변호사 시험 기준)	하위 10% 수준	상위 10% 수준
		한국어 포함 26개 언어 능력 향상

출처: 동아일보. 언론 종합

GPT-3.5 대비
- 허용되지 않은 콘텐츠 요청에 응답할 확률 82% 감소
- 사실 기반 응답 생성 확률 40% 증가

는 데 필요한 핵심 정보는 '오픈'하지 않은 것이다. 자동차 엔진을 가져다 다양한 자동차를 만들 수 있게는 하지만, 핵심인 엔진을 만드는 기술은 공개하지 않은 것이다.

AI 성능을 좌우하는 파라미터 수도 GPT-4에서는 공개하지 않았다. 이는 개방과 공유를 강조하며 '인류 모두를 위한 AI 개발'을 목표로 내건 오픈AI의 창립 초기 비전에 위배된다. 초거대 AI 모델 개발 경쟁이 치열해지면서 마이크로소프트의 투자를 받은 오픈AI가 기술 독점으로 전략을 바꾸고 GPT-4로 수익 창출을 가속화하겠다는 의도를 보여준 것이다. 기존 챗GPT 이용자의 유료 전환율을 5% 이상으로 보고 현재 이용자를 1억 명으로만 잡아도, 월 1억 달러(약 1300억 원) 이상의 매출이 예상된다.

법적 리스크를 피하려는 의도도 있다. GPT-4가 학습한 데이터를 공개하면 저작권 문제가 불거질 수 있기 때문이다. 실제로 오픈AI는 챗GPT 출시 후 프로그래머들이 제기한 저작권 소송에 휘말린 바 있다.

오픈AI는 GPT-4를 필두로 초거대 AI 모델 기술은 독점하되 API만 공개해 자신들의 AI 생태계 안으로 많은 기업과 개발자들을 끌어들이려고 하고 있다. 그리고 이러한 흐름에 구글, 메타, 아마존 등 다른 AI 기업들도 동참할 가능성이 크다.

이제 초거대 AI의 남은 과제는 사람들의 신뢰를 얻는 일이다. GPT-4가 이 문제까지 극복할 수 있다면 인류는 지금껏 경험하지 못한 새로운 AI 세상을 맞이하게 될 것이다.

CHAPTER 3

새로운 AI에
730조 원의 돈이 몰린다

챗GPT 인기의 가장 큰 수혜자는 엔비디아

시장조사업체 IDC는 초거대 AI를 포함한 전 세계 AI 시장 규모가 2024년에는 5543억 달러, 약 730조 원으로 커질 것으로 전망했다. 2022년 기준 약 120조 원이었던 규모가 6배 넘게 증가하는 셈이다. 미국의 글로벌 시장조사업체인 마켓 리서치 퓨쳐(MRFR) 역시, 글로벌 AI 시장 규모가 2030년이면 1조 5896억 달러(약 2100조 원)에 이를 것으로 예상했다. 또한 한국IDC에 따르면, 국내 AI 시장은 2025년까지 1조 9074억 원 규모에 이를 전망이다.

특히 챗GPT 돌풍으로 촉발된 초거대 AI에 대한 관심은 반도체 수요 증대로 이어졌다. 미국 뉴욕 증시에서도 'AI 반도체' 생산으로 주목받고 있는 엔비디아(NVIDIA) 주가가 폭등했는데, 2022년보다 못한 매출과 영업이익 실적을 발표했는데도 주가가 폭등세를 보여 차세대 AI 반도체 시장에 대한 기대감이 시장에 반영됐음을 알 수 있다.

엔비디아는 '가속 컴퓨팅(작업 속도를 대폭 개선하는 하드웨어)' 분야를 선도해온 반도체 기업으로, 챗GPT의 방대한 '데이터 학습'에 엔비디아의 인공지능 반도체 '에이(A)100'가 1만 개 이상 활용된 것으로 알려졌다.

AI 반도체는 AI 모델에 필요한 대용량·대규모 연산에 최적화된 시스템 반도체이다. 방대한 데이터를 학습해 결과를 생성하는 챗GPT 같은 모델은 그 자체로 엄청난 서버(저장 및 처리 장치)와 전력을 필요로 한다. 향후 AI 챗봇뿐 아니라 자율주행 등 각 산업 분야에 AI가 확산되면 모든 분야에서 AI 반도체 수요가 치솟을 것으로 전망된다. 시장조사업체 가트너는 2022년 기준 AI 반도체 시장 규모는 444억 달러로 전년 대비 27.8% 성장했고, 2026년에는 861억 달러 수준으로 성장할 것이라고 예상했다.

국내 반도체 업계도 챗GPT가 창출할 새로운 메모리 수요에 기대가 크다. AI 분야 데이터 처리에 쓰이는 GPU에 고대역폭 메모리(HBM)를 비롯한 D램이 대거 탑재되기 때문이다. 삼성전자는 메모리 반도체와 AI 프로세서를 하나로 결합한 HBM-PIM(지능형 반도체)을 선보이는가 하면, SK하이닉스는 고대역폭 D램 제품 HBM3를 양산해 엔비디아에 납품한다.

산업계 역시 챗GPT의 등장에 발 빠르게 대응하고 있다. 삼성전자와 네이버는 MOU(업무협약)를 체결해 협력을 본격화하며 AI 반도체 솔루션 개발에 착수했다. 삼성전자가 하드웨어 부문을 맡고, 네이버는 초거대 AI 운용 노하우를 바탕으로 새로운 반도체 솔루션 개발에 나선다. 또한 AI 반도체를 실제로 활용하기 위한 IDC 구축도 함께 이뤄질 예정이다.

KT는 수백억 원 규모의 투자를 단행하며 연합전선을 구축한 AI 반도체 팹리스(Fabless Semiconductor Company, 반도체 칩을 구현하는 하드웨어 소자의 설계와 판매를 전문화한 기업) 스타트업들과 발을 맞추고 있다. KT로부터 300억 원의 투자를 받은 리벨리온은 데이터센터향 시스템 온칩(SoC) '아톰(ATOM)'을 출시했다. 아톰은 현재 글로벌 시장을 지배하고 있는 엔비디아의 GPU와 비교했을 때 전력 소모량이 6분의 1 수준에 그치는 등 뛰어난 효율성을 보이고 있다.

챗GPT 광풍에 몸값이 급등하고 있는 AI 스타트업들

초거대 AI로 돈이 몰리는 곳은 반도체 산업만이 아니다. 챗GPT가 전 세계적인 열풍을 일으키면서 AI 스타트업들에게도 돈이 몰리고 있다. 대규모 감원과 비용 절감으로 움츠러든 미국 내 IT 업계에서

AI 분야는 유일한 희망으로 떠올랐다. 특히 챗GPT처럼 텍스트나 이미지 등을 학습해 유사한 콘텐츠를 만들어내는 생성형 AI(Generative AI) 스타트업에 투자가 집중되고 있다.

블룸버그에 따르면 2022년 초거대 AI 스타트업들이 미국에서 조달한 자금은 전년 대비 35% 증가한 9억 2000만 달러(약 1조 2000억 원)에 달했다. 이들 스타트업이 2023년 들어서 투자를 받았거나 투자 협상 중인 자금 규모는 7억 달러(약 8800억 원)에 이른 것으로 추산됐다. 그야말로 대박이 난 것이다. AI 전문가 모임인 '홈브루 AI 클럽'에 등록된 스타트업만도 150개가 넘는다.

초거대 AI 혹은 생성형 AI 기업 가운데 기업 가치가 10억 달러(약 1조 3000억 원) 이상인 비상장 스타트업 '유니콘'은 6개나 탄생했고 기업 가치 1억 달러 이상인 스타트업도 30개를 넘는다. 2023년 1월 기준 초거대 AI 주요 100개 사의 기업 가치는 총 480억 달러(약 63조 3000억 원)로 2020년 말과 비교해 약 2년 만에 6배로 늘었는데, 이 중 챗GPT를 개발한 오픈AI의 기업 가치는 290억 달러(약 38조 원)로 전체의 60.4%를 차지했다.

'클로드'라는 새로운 AI 챗봇을 출시한 미국의 앤스로픽은 29억 달러(약 3조 8200억 원)로 2위를 차지했다. 오픈AI 창립자 그룹의 일원이었던 대니엘라 애머데이, 다리오 애머데이 남매가 2021년 설립한 앤스로픽(Anthropic)은 챗GPT의 경쟁 제품이라 할 수 있는 '클로드(Claude)'를 개발했는데, 윤리성, 안전성을 강조한 AI 챗봇이라는 점이 특징이다. 클로드는 상대방을 비방하거나 모욕하려는 시도를 막아내는 광범위한 테스트를 통과해 비윤리적 대화를 유도하기가 어렵게 만들어졌다. 구글의 전 CEO 에릭 슈미트 등이 투자했으며, 구글로부터 구글 클라우드 이용과 연계된 4억 달러(약 5000억 원)의 투자를 받았다.

스탠퍼드대학 AI랩 소장 출신인 요아브 쇼함이 공동창업한 이스라엘 스타트업 AI21랩스(AI21 Labs)는 오픈AI의 GPT-3와 경쟁하는 '쥬라식(Jurassic)'을 출시했다. 아마존 클라우드 서비스를 이용하고 있는 이 서비스는 2만 5000명의 개발자들이 사용하고 있다. AI21랩스는 6억 6400만 달러(약 8300억 원)의 기업 가치를 인정받아 6400만 달러(약 832억 원)의 투자를 유치했다.

구글의 딥러닝 AI 연구팀인 '구글 브레인' 연구원 출신인 노암 셔지어가 2021년에 창업한 '캐릭터.AI(Character.AI)'는 유명인과의 대화가 가능한 가상 챗봇 서비스이다. 이 스타트업은 2억 5000만 달러(약 3100억 원) 규모의 투자 유치를 진행 중이다. 같은 '구글 브레인' 출신인 에이단 고메즈가 공동창업한 코히어(Cohere)는 기업용 챗봇 거대언어 모델(Large Language Model)을 개발 중이다. 구글 클라우드를 활용하고 있으며, 2억 달러(약 2500억 원)의 투자 유치를 검토 중이다.

심각한 경기 침체 속에서도 AI 관련 기업들은 투자자들의 많은 주목을 받고 있다. AI 소프트웨어 기업 C3AI와 대화형 AI 업체 사운드하운드의 주가는 2023년 들어 약 2배 급등했고 데이터 분석업체 빅베어AI(BigBear.ai)의 주가는 무려 700% 넘게 상승했다.

빅테크 기업들의 강도 높은 구조조정과 비용 절감으로 혹독한 시기를 겪고 있는 IT 업계에서 유일하게 돈과 인재가 몰리고 있는 초거대 AI 분야는 그야말로 구세주나 다름없다. 천재일우(千載一遇, 천 년에 한 번 만날 정도로 좀처럼 만나기 어려운 기회)의 상황에서 글로벌 기업들은 초거대 AI를 이용해 생존과 성장의 해법을 찾고자 고군분투하고 있다.

재주는 AI가 넘고 돈은 클라우드가 챙긴다?

챗GPT로 촉발된 초거대 AI로 돈이 몰리고 급속도로 시장 규모가 커지면서 실질적인 수익을 거두고 있는 회사는 AWS(Amazon Web Services)를 운영하는 아마존과 같은 '클라우드' 기업이라 할 수 있다. 많은 분야에서 AI가 활용될수록 수많은 데이터가 클라우드 기반에서 돌아가기 때문이다.

이미 10만 명 이상의 고객이 AWS 클라우드에서 AI 애플리케이션을 실행하고 있는 가운데, 2023년 2월에는 아마존과 소프트웨어 개발 스타트업 허깅페이스(Hugging Face)가 파트너십을 맺었다. 허깅페이스는 '챗GPT'의 경쟁 제품인 언어 생성 프로그램 '블룸(BLOOM)'을 개발 중인 업체로, 아마존은 향후 AWS 클라우드 상에서 AI 애플리케이션을 개발하는 고객에게 이 소프트웨어를 제공한다. 허깅페이스의 개발자들 역시 아마존의 클라우드 컴퓨팅 파워와 AI 작업용 칩을 사용할 수 있다.

카카오도 AI 아티스트 '칼로(Karlo)'의 머신러닝 모델을 학습시키는 데 구글 클라우드의 인프라와 솔루션을 활용하고 있다. 칼로처럼 초거대 멀티모달(multi-modal) 데이터셋으로 반복 학습이 필요한 경우, 대규모의 컴퓨팅 자원이 절대적으로 요구된다.

한편 AI가 기업의 경쟁 우위 핵심 요소로 주목을 받으면서 관련 노하우를 보유한 클라우드 관리 서비스 사업자, MSP(Managed Service Provider)도 주목을 모으고 있다. MSP는 아마존 AWS, 마이크로소프트(MS) 애저, 구글 클라우드 등의 클라우드 인프라를 고객사의 요청에 맞춰 시스템을 구축 및 운영하는 기업이다. 챗GPT 광풍으로 AI 도입을 통해 신규 수익 모델을 확보하거나 마케팅을 계획하려는 기업들이 컨설팅부터 구축, 운영 대행까지 통합 지원하는 MSP에 도움을 요청하고 있는 것이다.

이처럼 상당한 양의 컴퓨팅 파워를 필요로 하는 초거대 AI는 클라우드를 운영하는 기업들에게 새로운 수익을 가져다줄 수 있다. 재주는 AI가 넘는데 돈은 클라우드 사업자들이 챙기는 셈이다.

정말로 구글의 시대는 끝나는가?
구글의 맞대응 '바드'의 굴욕

비상사태를 선언한 구글, 대항마 '바드'를 출격시키다

챗GPT가 큰 인기를 끌면서 "구글의 시대는 끝났다(Google is done)"라는 평가가 나오자 구글은 비상이 걸렸고, 마침내 심각한 위기 경고를 뜻하는 '코드레드(code red)'를 발령했다. 피차이 CEO는 AI 전략 관련 회의에 직접 참석해 지시하는가 하면, 3년 전 회사를 떠난 창업자 래리 페이지와 세르게이 브린까지 불러들여 대책을 강구했다.

그리고 신제품 출시에 늘 심사숙고하던 구글도 이 사태를 심각하게 받아들였는지, 챗GPT가 공개된 지 3개월 만에 대항마인 AI 챗봇

'바드(Bard)'를 출시했다. 바드라는 이름은 '시인'을 의미하는데, 구글의 AI 언어 모델 '람다'를 기반으로 구축됐다.

구글은 2014년부터 AI 연구소 딥마인드를 인수한 후, 2016년에 알파고를 선보이는 등 AI 분야의 선두 주자로 약 10년 동안 AI 연구를 진행해왔다. 구글은 이미 '클로드'라는 AI 챗봇을 개발 중인 앤스로픽과도 제휴 관계를 맺고 약 4억 달러(5000억 원)를 투자했는데, 앤스로픽은 챗GPT를 개발한 오픈AI에서 갈라져 나온 업체다. 사실 구글 엔지니어들은 수년 전부터 AI 챗봇을 검색에 통합해야 한다고 주장했고, 구글이 마음만 먹으면 오픈AI보다 훨씬 더 먼저 AI 챗봇을 내놓을 수도 있었다. 하지만 구글은 일반 대중을 대상으로 한 AI 제품 공개에 대해 매우 신중했다. AI가 여전히 오류가 많고 잘못된 정보를 제공할 때가 많았기 때문이다.

그런 구글이 서둘러 바드를 공개한 것은 챗GPT의 엄청난 파급력 때문이었다. 출시한 지 2개월 만에 챗GPT는 월간 활성 이용자수(MAU)가 1억 명을 돌파했고 언론들은 앞다투어 구글 시대의 종말을 예고했다. 1억 명의 이용자가 챗GPT에 던진 수많은 질문은 고스란히 학습 데이터가 되었고, 구글은 더 이상 손 놓고 수수방관할 수만은 없는 상황이 되었다. 더 늦었다가는 핵심 비즈니스까지 위협을 받을 지경이었다. 챗봇에 대응하지 않고 가만히 있는 것이 AI 제품 공개 시 발생하는 리스크보다 더 큰 손해라고 판단한 경영진은 이례적으로 빠르게 대항마인 바드를 출시하였다. 처음부터 완벽한 AI 제품을 출시하겠다는 구글의 계획은 대중에게 엄청난 인기를 끈 챗GPT의 등장에 무너지고 말았다.

믿었던 바드의 답변 오류로 구글의 주가와 명성이 추락하다

그러나 성급한 바드의 출시는 오히려 구글에게 독으로 돌아왔다. 2021년까지의 데이터만 학습한 챗GPT와 달리 바드는 웹 정보를 바탕으로 가장 최신의 정보를 제공할 수 있다고 자랑했다. 구글은 분명 챗GPT보다 정보의 최신성과 신뢰성에서 앞설 것이라 자신했고, 바드와 챗GPT에 똑같은 질문을 입력했다.

"9살 아이에게 '제임스 웹 우주망원경(James Webb Space Telescope)'의 새로운 발견에 대해 어떻게 설명해줄 수 있을까?"라는 질문을 넣었다. 챗GPT는 우주망원경의 기능 중 9살 아이가 흥미를 느낄 만한 일반적인 설명을 네 가지로 내놓은 반면, 바드는 우주망원경이 발견한 것들에 대한 2023년 최신 정보를 포함해 세 가지를 제시했다.

● 제임스웹 망원경에 대한 챗GPT의 답변

what new discoveries from the James Webb Space Telescope can Itell my 9 year old about?

Here are a few discoveries that a 9-year-old might find intersdting about the James Webb Space Telescope:

1. Hunting for exoplanets: The telescope will search for other planets outside our solar system that could be home to alien life.
2. Peeking back in time: James Webb will look at some of the earliest galaxies that formed after the Big Bang, helping us understand how the universe was formed.
3. Studying Star formation: The telescope will also observe how stars and planetary systems are formed, and help us learn more about the birth of our solar system.
4. Investigate the mysteries of space: James Webb will also help us learn more about black holes, dark matter, and dark energy, which are some of the biggest mysteries in the universe.

These are just a few examples of the exciting things the James Webb Space Telescope will help us discover, amd your 9-year-old might find it faccinating to learn about the possibilities of what we might find in space!

1. 외계 행성 사냥: 망원경은 외계 생명체의 고향일지 모를 태양계 밖의 행성을 찾을 것이다.
2. 과거 엿보기: 우주가 어떻게 형성되었는지 이해하는 데 도움이 되는 빅뱅 이후에 형성된 초기 은하 중 일부를 살펴볼 것이다.
3. 별 형성 연구: 별과 행성계가 어떻게 형성되는지 관찰하고 우리 태양계의 탄생에 대해 더 많이 알 수 있도록 도와준다.
4. 우주의 미스터리 조사: 우주에서 가장 큰 미스터리인 블랙홀, 암흑 물질 및 암흑 에너지에 대해 더 많이 알 수 있도록 도와줄 것이다.

what new discoveries from the James Webb Space Telescope can I tell my 9 year old about?

Your 9-year old might like these recent discoveries made by The James Webb Space Telescope (JWST):

• **In 2023, The JWST spotted a number of galaxies nicknamed "green peas."** They were given this name because they are small, round, and green, like peas.
• **The telescope captured images of galaxies that are over 13 billion years old.** This means that the light from these galaxies has been traveling for over 13 billion years to reach us.
• **JWST took the very first pictures of a planet outside of our own solar system.** These distant worlds are called "exoplanets." Exo means "from outside."

These discoveries can spark a child's imagination about the infinite wonders of the universe.

9살 자녀는 제임스 웹 우주망원경(JWST)이 최근에 발견한 다음 내용을 좋아할 것이다.

2023년 우주망원경은 '녹색 완두콩'이란 별명을 가진 수많은 은하를 발견했다. 완두콩처럼 작고 둥글고 녹색이기 때문에 붙여진 이름이다. 망원경은 130억 년 이상 된 은하의 이미지를 포착했다. 이 은하계의 빛은 우리에게 도달하기 위해 130억 년 이상을 여행해왔다. JWST는 우리 태양계 밖의 행성에 대한 최초의 사진을 찍었다.

이러한 발견은 우주의 무한한 경이로움에 대한 어린이의 상상력을 자극할 수 있다.

여기까지 보면 최신 정보를 제공한 바드의 완전한 승리처럼 보였다. 그러나 곧바로 바드의 제임스 웹 망원경에 대한 부정확한 응답이 발견되었다. 이 망원경에 대해 "우리 태양계 밖의 행성에 대한 최초의 사진을 촬영했다"고 응답했지만, NASA에 따르면 2004년 칠레의 지상 기반 배열인 초대형 망원경(Very Large Telescope)에 의해 외계 행성의 첫 번째 이미지가 포착됐고, 이후 2005년에 외계 행성으로 확인됐다. 이는 제임스웹으로 촬영하기 훨씬 이전의 일이었고, 태양계 밖의

행성에 대한 최초의 사진 촬영은 명백한 오답으로 밝혀졌다.

로이터는 바드의 오류를 가장 먼저 발표했고, 보도 직후 구글 주가는 거의 8%나 하락했다. 불행 중 다행으로, 해당 오류는 구글이 바드의 기능을 더 많이 보여주기 위해 마련된 파리 이벤트를 주최하기 직전에 발견됐다.

구글 CEO의 성급한 판단에 등을 돌린 직원들

바드의 오류로 구글의 주가가 급락하면서 바드의 발표가 성급한 게 아니었냐는 비난이 쏟아졌다. 구글 직원들은 바드를 선보인 방식을 두고 순다르 피차이(Sundar Pichai) CEO의 리더십을 비판했다. 구글의 한 직원은 구글 내부 커뮤니케이션 사이트인 '밈젠(Memegen)'에 "친애하는 순다르에게. 바드의 출시와 정리해고는 성급하고 형편없었으며 근시안적이었다. 장기적인 전망을 가지고 돌아와 달라"고 강한 어조로 비판했고, 동료 직원들로부터 많은 공감을 얻었다.

구글 직원들이 피차이 CEO를 비판한 배경에는 AI 챗봇 엔지니어의 대량 정리해고가 있었다. 구글에서 해고된 이들 엔지니어는 오픈AI로 자리를 옮겼고, 챗GPT 개발에 많은 기여를 하였다. 근시안적인 경영 판단으로 챗GPT에 이슈를 뺏기고, 엎친 데 덮친 격으로 바드까지 오류를 보이자 다급해진 피차이 CEO는 자사 직원들에게 바드를 테스트하는 데 몇 시간을 할애해달라고 이메일을 통해 호소했다.

"지금 우리가 할 수 있는 가장 중요한 일은 위대한 제품을 만드는 데 집중하고 책임 있는 자세로 개발하는 것이다. 현재의 에너지와 흥분을 우리 제품에 주입하라. 바드를 테스트해 제품을 더 좋게 만들어 달라"고 피차이 CEO는 간곡히 요청했고, 결국 수천 명의 외부 및 내부 직원이 품질 문제, 안전성 및 실제 세계에 대한 정보를 파악하기 위해 바드의 답변을 테스트했다. 하지만 바드 테스트에 직원 동원을 두고 피차이 CEO는 안팎으로 곱지 않은 시선을 받고 있다. 구글의 시대가 정말로 끝날 수도 있는 상황이 지금 실리콘밸리에서 벌어지고 있는 것이다.

챗GPT에 12조 원을 투자한 MS의 진짜 속내

물 들어왔을 때 노 젓는 마이크로소프트

챗GPT가 예상을 뛰어넘는 관심과 이용 실적을 보이자, 마이크로소프트(MS)는 챗GPT를 개발한 오픈AI에 100억 달러(12조 3000억 원)를 투자하겠다고 발표했다. 이번 투자는 2019년과 2021년에 이어 세 번째다. 그리고 구글이 AI 검색엔진 '바드'의 정식 출시를 발표한 다음 날, 곧바로 마이크로소프트도 기존 검색엔진 빙(Bing)에 챗GPT를 업그레이드한 '프로메테우스' 모델 기반의 챗봇을 결합한 '뉴 빙(New Bing)'을 발표했다. '무엇이든 물어보세요' 입력창에 검색어를 넣으면, 단순 검색 결과를 제시하는 것을 넘어, 오른쪽 창에서 사용자와 대

화가 가능하고, 스스로 학습할 수 있는 기능이 새롭게 탑재됐다. 챗
GPT와 달리 주석 및 출처 기능도 있어 해당 정보가 어디서 인용되었
는지도 파악할 수 있다.

'뉴 빙'은 최신 정보까지 다루고 있지만 '바드'와 마찬가지로 답변
에서 오류가 발견되었다. 뉴 빙의 시연회에서 갭의 투자자 사이트에
들어가 2022년 3분기 실적의 핵심을 요약해달라고 빙에 요청했는데,
실제 실적 보고서와는 다른 수치의 총마진율과 영업마진율을 제시했
다. 스포츠웨어 브랜드 룰루레몬의 실적을 비교해달라는 요청에서도
빙은 룰루레몬의 총마진율과 영업마진율의 수치를 사실과 다르게 내
놓았다. 하지만 다행히도 시연회 당시에는 아무도 이를 눈치채지 못
했고, 뒤늦게 한 소프트웨어 엔지니어가 오류를 발견해 뉴스레터 플
랫폼에 올리면서 알려졌지만 구글 바드의 오류만큼은 이슈가 되지
않았다. (이후 '뉴 빙'에는 GPT-4가 탑재되었다.)

챗GPT를 등에 업은 MS, '구글링(Googling)'의 시대를 위협하다

마이크로소프트는 오픈AI의 지분 49%를 보유한 최대주주이면서
자체적으로도 AI 모델을 개발하고 있을 정도로 구글만큼이나 AI 개
발에 적극적이다. 향후 마이크로소프트와 오픈AI는 AI 슈퍼컴퓨팅
및 연구 전반에서 지속적으로 협력을 확장하고, 고급 AI 기술 상용화

● GPT-4를 탑재한 MS의 '뉴 빙'

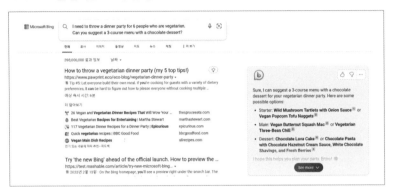

출처: MS 홈페이지

에 나설 계획이다. 그렇다면 마이크로소프트는 왜 오픈AI에 100억 달러, 약 12조 원을 추가로 투자하면서까지 AI 개발에 노력을 기울이고 있을까? 그 이유 중 하나는 구글이 독점하고 있는 검색 광고 시장의 판을 뒤집기 위해서이다.

현재 검색 시장의 절대 강자는 구글이다. 구글은 전 세계 검색 시장에서 90% 이상의 점유율로 1위를 차지하고 있다. MS의 빙은 2위이지만 점유율은 고작 3%로 하늘과 땅 차이이다. 도저히 뒤질 것 같지 않았던 검색 시장에서 챗GPT의 등장으로 AI가 검색 서비스의 '게임 체인저'가 될 가능성이 대두되었다. AI 챗봇이 탑재된 새로운 검색엔진의 등장으로 시장 판도가 어떻게 뒤바뀔지 모르게 되었다. AI가 검색 결과를 기반으로 한 전통 광고 시장의 판도를 뒤흔들고 있는 것이다.

구글의 주력 사업인 검색엔진은 검색 결과를 통해 이용자를 여러 다른 사이트로 이동하게 하면서 광고 수익을 얻는 구조다. 즉 사용자가 검색하는 여러 가지 질문을 분석해 표적 광고를 할 수 있기 때문에 수입을 크게 올릴 수 있었다. 제프리스 애널리스트의 조사에 따르면 2022년 기준 구글 광고 총매출은 2240억 달러인 반면, 마이크로소프트는 약 180억 달러에 불과했다.

마이크로소프트는 AI 챗봇과 결합한 검색엔진으로 구글의 점유율을 뺏어오는 동시에 새로운 광고 수익을 얻을 수 있다고 전망했다. 그리고 '빙'의 챗봇 검색에 광고를 결합하는 형식을 테스트하기 시작했는데, 빙의 광고 사업이 검색 광고 시장에서 점유율이 1포인트 증

● 전 세계 검색엔진 시장 점유율. 구글이 93%, 빙은 3%이다

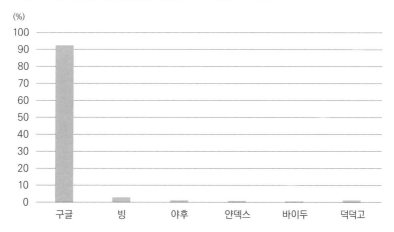

출처: statcounter.com

가할 때마다 20억 달러의 수익을 올릴 것으로 예상했다.

'뉴 빙'에서는 검색어를 입력하면 오른편에 채팅창을 열어 검색 결과를 요약하는 답변을 대화체로 제시하면서 그 아래에 답변의 근거가 되는 링크 세 개를 제시한다. 마이크로소프트는 대형 광고대행사들과의 회의에서 이 채팅창에 전통적인 검색 광고를 결합하는 방식을 예로 들었다. 채팅창에 광고가 들어가면 기존 검색 광고에 비해 더 눈에 띌 수 있다는 장점을 강조했다. 또한 "멕시코에서 가장 좋은 호텔은 어딘가?"라는 질문에 챗봇의 답변과 함께 호텔 광고가 팝업 형식으로 뜨는 방식도 제시했다. 이 방식은 광고하려는 링크가 챗봇의 답변 아래로 밀리는 단점을 해소할 수 있다.

AI 챗봇과 검색엔진의 결합은 검색 분야에서 20년 만에 찾아온 가장 큰 변화이고, 장기적으로는 AI 챗봇이 검색의 새로운 패러다임으로 자리매김할 것으로 예상된다. 마이크로소프트는 이 기회를 놓치지 않기 위해 과감하게 12조 원을 투자한 것이다.

MS의 진짜 속내는 클라우드 1위 탈환과 코파일럿을 통한 MS 오피스 매출 증대

마이크로소프트의 또 다른 목적은 자사 매출의 확대, 즉 주력 상품인 클라우드와 MS 오피스의 매출 증대를 위해서이다. 마이크로소프트의 서비스별 매출 비중을 보면 클라우드 애저(Azure)의 비중이 31%, MS 오피스가 24%로 두 제품을 합하면 전체 매출의 55%를 차지한다.

클라우드가 마이크로소프트의 제1 주력 상품임에도 불구하고 글로벌 클라우드 시장에서의 1위는 AWS(Amazon Web Services)의 아마존이다. 아마존이 점유율 34%로 부동의 1위를 지키고 있는 가운데 그 뒤를 2위인 마이크로소프트(20%)와 3위인 구글(10%)이 따르고 있다.

이런 상황에서 막대한 컴퓨팅 자원을 필요로 하는 AI 개발은 마이크로소프트에게 있어 기회로 다가왔다. 마이크로소프트는 오픈AI에 투자하여 오픈AI가 AI 모델을 개발하는 데 필요한 컴퓨팅 자원을 클라우드로 제공하고, 동시에 챗GPT 기반이 되는 GPT-3 독점 사용권을 얻었다. 클라우드 애저에 최신 AI 서비스를 사용할 수 있도록 하는 '애저 오픈AI 서비스'를 출시하는 한편, 챗GPT 기능도 추가한다. 오픈AI를 이용해 애저 기능을 크게 강화하면서 클라우드 사업을 확장시켜 1위인 아마존을 넘어서겠다는 것이 마이크로소프트의 궁극적인 목표이다.

한편, 마이크로소프트는 2023년 3월 16일에 'MS 365'와 챗GPT를 결합한 'MS 365 코파일럿'을 공개했다. 코파일럿(Copilot)은 '부조종사'라는 뜻으로 워드, 엑셀, 파워포인트, 아웃룩, 팀즈 등 MS 365 앱에 내장되어 자연어 명령으로 콘텐츠를 작성할 수 있다. 예를 들어 파워

● MS 365 코파일럿 기능을 이용해 만든 파워포인트 자료

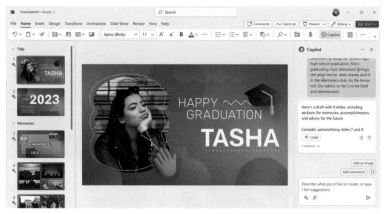

출처: 마이크로소프트 홈페이지

포인트 코파일럿에게 "나의 딸이 고등학교를 졸업하는데 거기에 쓸 프레젠테이션을 만들어줘"라고 명령하면, 알아서 PC 안에 저장된 딸의 사진 이미지를 찾아 문구와 함께 파워포인트 자료를 뚝딱 만들어 준다. 마이크로소프트의 사티아 나델라 CEO는 코파일럿을 통해 일하는 방식이 근본적으로 바뀌고, 생산성은 크게 높아질 것이라며 자신감을 드러냈다.

마이크로소프트는 2020년과 2021년에 시가총액 순위에서 애플을 꺾고 1위를 차지한 적이 있었다. 현재 시가총액 순위에서 구글과 3, 4위 경쟁을 하고 있는 마이크로소프트는 이번 기회에 구글, 아마존, 애플을 모두 제치고 1위 탈환을 노리고 있다.

초거대 AI 패권을 둘러싼 미중 빅테크 기업들의 치열한 경쟁

초거대 AI 경쟁에 도전장을 내민 메타

초거대 AI 주도권을 둘러싼 마이크로소프트와 구글의 양강 구도에 메타(Meta, 구 페이스북)도 도전장을 내밀었다. 2023년 2월 말, 메타는 사내 AI 연구소 메타AI(Meta AI, 전 FAIR)에서 개발한 '라마(LLaMA, Large Language Model Meta AI)'를 공개했는데, 라마는 다른 거대 언어 모델(LLM, Large Language Model)과 마찬가지로 일련의 단어를 입력받아 이어질 단어를 예측하는 방식으로 자연스러운 문장과 텍스트를 생성하도록 만들어졌다.

메타가 오픈소스 커뮤니티 '깃허브(GitHub)'에 게재한 설명에 따르면, 라마는 2022년 12월부터 2023년 2월까지 개발된 첫 버전(version 1)이고, 트랜스포머(transformer) 아키텍처 기반으로 제작된 '자기회귀 (auto-regressive) 언어 모델'이다. 메타는 자사 AI 기술에 적용된 대형 언어 모델(LLM)을 외부 연구자에게 다양한 크기로 제공하고 이를 활용한 협력을 제안하며 효율성 및 개방성을 강조한다. 이는 마이크로소프트나 구글과 차별화하는 동시에 외부 연구자 커뮤니티와 시민사회를 우군으로 끌어들이기 위한 포석이라 할 수 있다.

라마는 모델에 담긴 파라미터(매개변수) 개수에 따라 70억 개, 130억 개, 330억 개, 650억 개으로 나뉜다. 파라미터가 1000억 개 이상인 마이크로소프트와 구글 모델보다 상대적으로 크기가 작아 외부 연구자들이 직접 수정, 가공하기 용이하다. 파라미터 개수가 많아지면 모델 연산에 요구되는 컴퓨터 성능과 전력량, 모델 제작 소요 기간과 비용이 기하급수로 늘어나 개발자들에게는 부담이 될 수 있다. 마이크로소프트와 구글의 경우 대형 언어 모델의 원천 기술을 완전히 개방하지 않고 있다. 설령 개방하더라도 그 규모는 대다수 개인, 기업 연구자가 수정 및 가공해 다루기는 거의 불가능할 정도로 거대하다.

메타는 블로그를 통해 "(AI의) 편향, 유해성, 오보(misinformation) 생성 가능성과 같은 문제를 줄이고 오용을 방지하기 위해 연구 목적에 초점을 맞춘 비상업적 라이선스(noncommercial license)로 우리 모델을 배포한다. 전 세계 학술 연구자, 정부, 시민사회, 학술 분야 단체와 산업계 연구실에 (사용권을) 부여하겠다"고 설명했다.

사실 메타의 대형 언어 모델 공개는 2022년 11월에도 있었다. 프롬프트 입력만으로 과학 논문을 만들어낼 수 있는 초거대 AI '갤럭티카(Galatica)'였다. 과학 논문용 대규모 언어 모델(LLM)로 소스 코드까지 공개했다.

갤럭티카는 간단한 텍스트 프롬프트를 입력하면 학술 문헌 요약과 수학 문제 해결, 위키용 기사 생성 등을 해준다. 인용할 만한 글을 제안하고 관련 논문의 검색도 제공한다. 과학 논문을 쓰는 데 필요한 데이터들을 찾아 연구자들을 돕는 것이 목적인데, 이 도구로 아이디어를 계속 확장시키면 참고문헌이나 공식 등이 포함된 전체 연구 논문까지도 생성할 수 있다. 단어를 입력하면 이미지를 생성하는 이미지 생성기와 비슷한데, 갤럭티카는 과학 논문에 특화된 초거대 AI이다.

메타는 갤럭티카가 오픈AI의 GPT-3처럼 돌풍을 일으키며 주목을 받을 것이라 생각했지만 주목은커녕 격렬한 비난에 시달린 끝에 3일 만에 공개 데모를 삭제했다. 메타의 자랑과는 달리 갤럭티카는 사실과 허구를 구별할 수 없는 봇(bot)에 불과했다. 갤럭티카가 공개된 지 몇 시간도 지나지 않아서 과학자들은 갤럭티카가 내놓은 편향적이고 부정확한 결과를 공유하기 시작했다. 갤럭티카가 '과학을 위한' 언어 모델임에도 불구하고 부정확하고 편향적인 결과물을 내놓을 수 있다고 말하는 앞뒤가 맞지 않는 메타의 경고문에 이미 과학자들은 회의적인 태도를 보였는데, 아니나 다를까 결과는 기대 이하였다.

갤럭티카의 근본적인 문제는 과학적인 텍스트를 생성하도록 설계된 언어 모델이 기본적으로 갖춰야 하는 거짓과 진실을 구별해내는 기능이 없다는 점이다. 예를 들어, 갤럭티카가 '우주에 사는 곰의 역사'에 관한 논문을 아주 그럴싸하게 썼다 한들 사람들은 우주에 사는 곰의 내용이 가짜라는 것을 한눈에 파악할 수 있다. 갤럭티카는 그저 주어진 키워드에 맞춰 글을 쓸 뿐, 그 글 자체 내용의 참과 거짓까지는 가려낼 수 없었다(챗GPT가 만들어내는 그럴듯한 거짓 답변과 유사하다).

갤럭티카의 실패를 딛고 '적은 용량'과 '개방성'을 내세워 다시 초거대 AI 시장에 진출한 메타의 도전이 성공할지는 좀 더 지켜봐야겠지만, 메타까지 가세함으로써 초거대 AI 패권을 둘러싼 글로벌 빅테크 기업들의 경쟁은 더욱 치열해질 것이 분명해졌다.

중국판 챗GPT로 초거대 AI 경쟁에 뛰어든 중국의 빅테크 기업

2021년 6월에는 중국 베이징인공지능연구원(BAAI)이 1조 7500억 파라미터의 '우다오 2.0'을 발표했는데, 이는 현재 가장 많은 파라미터를 가진 초거대 AI이다. 우다오 2.0의 전문 분야는 창작이다. 시를 쓰

기업명	대표 초거대 AI	파라미터 (매개변수) 수	특징
오픈AI	GPT-3.5	1750억 개	대화형 생성 AI '챗GPT'에 적용, MS와 협업해 검색엔진 '빙', 클라우드 '애저' 등에 챗 GPT 탑재
구글	람다(LaMDA)	1370억 개	대화형 생성 AI '바드'에 적용
메타	라마(LLaMA)	650억 개	오픈소스
바이두	어니 3.0 타이탄	2600억 개	대화형 생성 AI에 적용할 예정

출처: 언론 종합

고, 그림을 이해하고, 레시피를 만드는 데이터로 사전 훈련했다.

　중국의 빅테크 기업 바이두는 2019년부터 '어니(ERNIE) 봇 프로젝트'를 준비해 중국에 특화된 챗봇을 만들었는데, 2023년 중에 중국판 챗GPT인 '어니봇'을 공식 출시한다. 단기적으로는 어니봇이 검색엔진에 먼저 탑재되고, 초기에는 소수 유저를 대상으로 테스트 용도로 활용되다가 장기적으로는 바이두의 모든 서비스에 어니가 탑재될 것이라고 전망했다. 알리바바도 챗GPT와 유사한 상품을 개발 중이라고 밝혔다(참고로 중국에서 챗GPT는 사용이 불가능하다. 스마트폰으로 인증번호를 받아 입력해야 하는데 중국 폰으로는 인증이 안 된다). 이렇게 중국 빅테크 기업들이 챗GPT를 따라잡기 위해 노력 중이지만, 왕즈강 중국 과학기술부 장관은 챗GPT의 기술 수준을 두고 "따라잡기 매우 힘들다"라고 평가해 당분간은 미국의 독주 체제가 계속될 전망이다.

응답하라, 한국형 초거대 AI

    현재 초거대 AI를 보유한 국가는 미국, 중국, 한국, 이스라엘 정도이다. 한국은 아직 미국, 중국 등과 비교해 초거대 AI 기술 격차가 크지 않지만 국내 시장이 작고 AI 학습에 사용할 수 있는 데이터가 부족한 것이 한계로 지적된다. 다만 언어나 문화 등이 미국과 다른 한국에 특화된 서비스를 만들어낼 수 있다면 마이크로소프트, 구글, 메타 등의 글로벌 빅테크 기업들과의 전면전은 어려워도 한국 시장 내에서는 승산이 있다. 그리고 국내 시장을 발판 삼아 글로벌 시장으로 진출하기 위한 한국형 초거대 AI 모델을 만들기 위해 IT와 통신

기업들은 총력을 기울이고 있다.

국내에서는 통신 3사와 양대 IT 플랫폼 기업이 초거대 AI 시장 성장을 견인하고 있다. 2022년 11월에 공개한 KT의 초거대 AI '믿음(Mi:dm, Mindful Intelligence that Dialogs, empathizes, understands and Moves)'은 다양한 응용 사례를 쉽게 학습하는 '협업 융합 지능'을 보유하고 있다. '믿음'의 개발로 KT는 AI 반도체, 클라우드 등 AI 인프라와 응용 서비스를 체계적이고 효율적으로 제공할 수 있는 'AI 풀스택(Full-Stack, 통합 패키지)'을 완성했다.

'믿음'은 비교적 적은 양의 데이터 학습만으로도 사용자의 의도를 해석할 수 있고, 상황에 맞춰 말투와 목소리도 바꿀 수 있어 AI 전문 상담이나 AI 감성 케어 등의 서비스가 가능하다. AI 감성 케어는 AI가 사용자와의 과거 대화를 기억하고 좋아하는 장소나 취미 등을 인지해 감성적인 대화를 나눌 수 있다. 또한 초음파 영상을 AI로 분석해 갑상선 결절을 분류하고 악성 여부를 판단해 위험도를 예측하는 AI 의료 솔루션도 공개했는데, 향후 초거대 AI '믿음'은 물류, 의료, 콜센터, 교통 등 여러 산업 분야 및 일상에 도입되어 삶의 질을 높이는 데 기여한다.

SK텔레콤은 AI 서비스 구현에 필요한 대규모 연산을 초고속·저전력으로 실행하는 비메모리 반도체 사피온 개발을 비롯해 GPT-3를 기반으로 만든 초거대 AI 서비스 '에이닷(A.)'을 출시했다. 에이닷은 고도의 자연어 처리 및 감정 분석 기술을 바탕으로, 나만의 캐릭터를 통해 고객과 소통하며 관계를 강화해나가는 플랫폼이다.

LG AI연구원은 초거대 AI '엑사원(EXAONE)'을 발표했다. 엑사원은 '인간을 위한 전문가 AI'란 뜻이다. 엑사원은 언어를 넘어 이미지와 영상에 이르기까지 인간의 의사소통과 관련된 다양한 정보를 습득하고 다룰 수 있는 멀티모달리티(multi-modality, 여러 가지 형태와 의미로 컴퓨터와 대화하는 환경) 능력을 갖췄다. 2022년 2월 개최된 뉴욕 패션위크에서는 LG의 멀티모달 AI를 기반으로 한 가상 인간 틸다가 스스로 디자인한 의류를 공개해 화제가 되었다.

네이버와 카카오는 축적한 한국어 데이터셋이 해외 사업자들보다 압도적으로 많다. 네이버가 발표한 '서치GPT'는 '챗GPT'나 마이크로소프트 '빙'과 마찬가지로, 기존의 키워드 검색 방식 대신 사용자가 질문하면 AI 챗봇이 대화체로 답변하고 관련된 정보를 제공하는 서비스이다. 네이버의 고품질 검색 데이터와 기술을 접목한다. 서치GPT는 초거대 AI '하이퍼클로바'를 활용한다. 하이퍼클로바는 국내 최초 한국어 특화 모델로, 파라미터 수는 2040억 개이다. 네이버는 2022년 9월부터 AI 기술로 검색 기술을 고도화하는 '오로라 프로젝트'를 추진해왔는데, 복잡한 형태의 검색어를 입력해도 최적의 결과를 보여주는 것을 목표로 이를 더 발전시켜 실제 서비스로 구현한 것이 '서치GPT'이다.

영어가 학습 데이터의 대부분을 차지하는 GPT-3와 달리 하이퍼클로바의 학습 데이터는 한국어 비율이 97%에 달한다. 네이버는 하이퍼클로바를 활용한 노코드(no-code) AI 도구 '클로바스튜디오', AI 음성기록 앱 '클로바노트', AI 콜 서비스 '클로바 케어콜' 등을 선보이며 자사 서비스를 강화했다.

카카오 AI 전문 연구 계열사 카카오브레인도 '코(Ko)챗GPT'를 개발 중이다. 2023년 중에 한국어 특화 AI 모델 'KoGPT-3.5' 버전을 공개하고, 이를 기반으로 하는 한국어 특화 챗봇 '코챗GPT'를 출시한다. KoGPT는 60억 개의 파라미터와 2000억 개 토큰의 한국어 데이터를 학습했다. KoGPT는 오픈AI의 GPT-3를 기반으로 자체 개발한 한국어 특화 버전이다. 코챗GPT의 기반이 되는 KoGPT-3.5 역시 매개변수가 60억 개로 이전 모델과 변함이 없을 전망이다.

카카오는 2021년 11월에 GPT-3 모델의 한국어 특화 AI 언어 모델인 KoGPT를 최대 오픈소스 커뮤니티인 깃허브에 공개한 바 있다. 2021년 12월에는 두 번째 초거대 AI 모델인 '민달리(minDALL-E)'를 선보였는데, 300억 개 파라미터를 갖춘 한국어 모델 민달리는 한국

● 국내 기업들의 초거대 AI 경쟁 현황

기업	주요 추진사업
네이버	하이퍼클로바 기반 '서치GPT'
카카오	카카오브레인 KoGPT 기반 '버티컬 AI 서비스'
SK텔레콤	챗GPT 접목 '에이닷'
KT	대화형 초거대 AI 서비스 '믿음'
LG유플러스	LG AI연구원 초거대 AI 엑사원 기반 'AICC 사업'

출처: 언론 종합

어 구사를 넘어 명령대로 그림을 그려주는 AI다. 민달리는 1400만 장의 텍스트와 이미지 세트를 사전에 학습해 이용자와 한국어로 대화하는 건 물론 주문대로 그림을 그려줄 수 있다.

한국어 특화 초거대 AI 언어 모델 KoGPT는 입력한 한국어를 사전적·문맥적으로 이해한 후 이용자 의도에 적합한 문장을 생성하는 기능을 제공한다. 맥락과 의도에 따라 문장을 생성해 상품 소개글 작성, 감정 분석, 기계 독해, 기계 번역 등에 활용할 수 있다.

정부도 한국형 초거대 AI 개발에 동참

정부도 한국형 초거대 AI 개발에 적극 지원하기로 하였다. 2023년 2월 발표한 '신성장 4.0 전략 로드맵 이행을 위한 구체적 프로젝트'에서 챗GPT와 같은 혁신적인 AI 서비스의 개발을 위해 2023년까지 AI 학습용 데이터를 구축하고 AI 바우처 지원 범위를 확대하기로 했다. 또한 2024년에는 전 국민 AI 일상화 프로젝트를 추진하고, 2026년까지는 사람 중심 AI를 개발하며 2029년까지 범용 AI 개발을 목표로 한다.

문화체육관광부는 챗GPT로 대표되는 생성형 AI 기술이 가져올 거대한 변화에 필요한 문화적·제도적·산업적 기반을 마련하기 위해 3개의 워킹그룹(TF)을 발족하고, 저작권 제도의 개선, '한국어 잘하는 AI'를 위한 한국어 말뭉치 학습, 콘텐츠 창작과 산업에서의 AI 활용 등 세 가지 분야 논의를 진행한다.

특히 챗GPT에서 한국어 대응이 아쉽다는 반응에 대응하고자 문체부와 국립국어원은 '한국어를 잘하는 K-챗GPT' 개발을 지원하기 위해 고품질 한국어 말뭉치 구축을 확대하고, 현장이 필요로 하는 말뭉치를 제공할 계획이다. 2018년부터 구축된 대규모 한국어 말뭉치 37종(약 22억 어절)에 더해 2027년까지 한국어 특성을 반영한 고품질 말뭉치 10억 어절을 구축하는데, 2023년에 우선 한국형 챗GPT가 빠르게 개발될 수 있도록 25종, 약 1억 2000만 어절의 고품질 한국어 말뭉치를 구축해 배포한다. 또한 AI 언어 모델이 한국어를 잘 이해하고 생성하는지, 한국의 사회문화 지식을 갖추고 있는지를 검증하는 평가 시스템도 시범 운영한다.

입장료만 1000억 원? 누구나 사용할 수 있는 초거대 AI 생태계를 만든다

초거대 AI는 엄청난 양의 데이터를 빠른 속도로 학습해야 하는 만큼 막대한 컴퓨팅 인프라와 다양한 데이터, 전문 인력 등이 필요하므로 모든 기업이 다 초거대 AI를 구현할 수는 없는 것이 현실이다. 사실 자본이 있는 빅테크 기업이 아니라면 도전하기 쉽지 않은 영역이다. "입장료만 1000억 원"이라는 말이 있을 정도로 구축 비용이 비싸고 운영 단가가 높기 때문이다. 오픈AI의 GPT-3도 약 1000억 원대의 비용이 투입됐을 것으로 보고 있다. 이 때문에 초거대 AI가 '빅테크의 전유물'이란 얘기가 나오기도 한다.

방대한 양의 데이터를 고속 처리하는 슈퍼컴퓨터는 초거대 AI 경쟁의 핵심 하드웨어 인프라인데, 국내에서도 슈퍼컴퓨터를 갖춘 곳은 상위권 빅테크와 공공기관뿐이다. 초거대 AI 인프라를 중소기업이나 스타트업이 갖추기는 쉽지 않다.

자본력과 함께 또 하나의 걸림돌은 초거대 AI 구축의 핵심 재료인 데이터 확보이다. 초거대 AI를 구축하려면 많은 데이터를 광범위하게 제공해야 하는데, 데이터가 부족한 중소기업이나 스타트업들에게는 현실적으로 불가능한 일이다. 반면 거대 플랫폼을 통해 이미 방대한 양의 자체 데이터를 축적한 빅테크들은 초거대 AI 구축에서 유리할 수밖에 없다. 네이버는 '하이퍼클로바' 훈련에 자체적으로 보유한 뉴스, 블로그, 지식인, 카페, 웹문서 등을 활용하는데 한국어 데이터만 무려 뉴스 50년 분량, 블로그 9년 분량에 달한다.

이렇다 보니 초거대 AI가 미래 경쟁력을 높일 수 있는 중요한 요소임에 분명하지만 중소기업이나 스타트업에서 구축하기 어려운 만큼, 자본력과 데이터 보유량에 따른 양극화가 발생할 수 있다. 이러한 문제를 해결하기 위해 초거대 AI를 개발 중인 국내 기업들은 초거대 AI 기반 파트너십 구축을 확대해 누구나 초거대 AI 서비스를 사용할 수 있도록 할 계획이다(오픈AI는 자사 홈페이지에서 챗GPT와 GPT-3 API를 공개했다).

KT는 함께 만들어가는 초거대 AI 생태계 구현을 위해 기업들에게는 문턱을 낮춰 파트너들과 세상을 바꿔나가는 'AI 실험실'이 되겠다는 전략을 전개한다. 기업고객(B2B) 맞춤형으로 초거대 AI '믿음' 모델을 제공하고, 기업 파트너에겐 KT 클라우드를 통해 초거대 AI API 및 솔루션 등을 제공한다.

LG유플러스는 초거대 AI 프로젝트를 수행하는 AI연구원과 AI 전문 기업 등 파트너사가 함께 협업 생태계를 구축해 최신 AI 및 데이터 기술을 개발하고 자사 서비스에 접목해 고객과의 디지털 접점을 늘려나간다는 방침이다.

네이버는 자사 클라우드 플랫폼을 통해 스타트업 등 기업 고객들이 초거대 AI '하이퍼클로바'를 서비스에 적용할 수 있도록 지원한다. 하이퍼클로바를 네이버 내부에서만 사용하지 않고 '클로바 스튜디오'를 AI 스타트업이나 중소기업들이 활용할 수 있도록 오픈한다.

초거대 AI는 투자 비용 대비 효과가 아직 명확하지 않아 경영자의 강력한 의지가 있어야 구축할 수 있는 분야이다. 값비싼 투자 비용에도 빅테크 기업들이 초거대 AI 구축에 앞다투어 나서고 있는 것은 미래 경쟁력 제고를 위한 기반을 다지기 위해서이다. 초거대 AI를 보유한 기업이 결국 다가올 미래 시장에서 경쟁 우위를 점할 수 있기 때문에 기업들은 지금보다 미래 가치를 위해 초거대 AI에 투자하고 있는 것이다.

초거대 AI와 웹 3.0, 메타버스의 관계

CHAPTER 8

지능형 웹 '웹 3.0'과 초거대 AI의 관계

초거대 AI와 웹 3.0, 그리고 메타버스가 연관성이 있다고 하면 선뜻 이해가 안 될 것이다. 우선 웹 3.0의 개념부터 간단히 설명하면 '블록체인 기술을 기반으로 데이터가 분산화된 차세대 지능형 웹'이라고 정의할 수 있다. 특정 기업의 서버에 집중돼 있던 방대한 데이터들을 웹 사용자들에게 분산시켜 '소유'하도록 해 본래 웹의 취지였던 '웹의 권리는 이용 주체인 사용자에게 있다'를 실현하고자 한다. 분산원장 기술을 바탕으로 한 블록체인을 기반으로 웹 3.0 데이터는 완벽히 암호화되고, 소유자가 누구인지도 명확히 증명되어 '데이터 소유'

가 가능해졌다. 더 나아가 사용자가 거대 플랫폼 기업을 벗어나 직접 만든 콘텐츠로 수익을 창출할 수 있는 인터넷 개념(창작자 중심 경제, 크리에이터 이코노미)이 바로 웹 3.0이다.

원래 웹 3.0은 인터넷의 아버지로 불리는 팀 버너스리(Tim Berners-Lee)에 의해 '시멘틱 웹(Semantic Web)'으로 정의됐다. 시멘틱 웹이란 컴퓨터가 이해할 수 있는 잘 정의된 의미를 기반으로 상황과 맥락에 맞는 정보를 제공해주는 지능형 웹이다. 즉 컴퓨터가 사람을 대신하여 정보를 이해하고, 가공하여 새로운 정보를 만들어내는 지능화된 웹이다.

다시 말해 웹 3.0은 '웹에 존재하는 모든 데이터에 의미를 부여해 컴퓨터가 이해할 수 있는 지능화된 웹을 만들고, 사람이 관여하지 않아도 컴퓨터가 신속하게 자동으로 처리할 수 있는 환경을 구현'하는 시멘틱 웹이라는 개념에 거대 플랫폼 기업이 독점하는 불합리한 구조의 극복을 위한 웹 환경의 탈중앙화가 더해진 블록체인 기반의 차세대 인터넷 개념이자 웹 철학이라고 정리할 수 있다. 그리고 여기서 말하는 컴퓨터가 바로 인공지능(AI)이다. 초거대 AI는 인터넷에서 수집된 방대한 양의 데이터를 분석하고 이를 통해 웹 3.0은 상황과 맥락에 맞는 정보를 제공하게 된다.

웹 3.0의 지능화된 웹의 예시로 들 수 있는 것이 이더리움 블록체인에서 작동하는 스마트 컨트랙트(Smart Contract, 스마트 계약)이다. 스마트 컨트랙트란 블록체인상에서 미리 정해진 조건이 충족되면 투

● 웹 발전 단계에 따른 주요 특징

구분	웹 1.0	웹 2.0	웹 3.0
시기	1991~2003	2004~2016	2017~현재
정보 수용 방식	읽기 전용	읽기-쓰기	읽기-쓰기-소유
조직 형태	기업 중심	플랫폼 중심	개인 중심
인프라	PC	클라우드 및 모바일	블록체인 클라우드
통제 방식	탈중앙화	중앙집권적	탈중앙화, 분산화

출처: 그레이스케일, KB증권

명성, 불변성, 추적성 등의 속성을 가지고 자동으로 실행되는 컴퓨터 프로그램을 가리킨다. 스마트 컨트랙트는 자율적으로 실행되면서 조직의 의사결정 구조를 바꾸는 역할을 수행한다. 블록체인에 저장된 데이터는 네트워크에 참가하는 모두가 합의를 통해 정확성과 무결성이 유지되므로 정보를 기록하고 정당성을 보장하기 위한 중앙집중적인 기관이 불필요하다.

스마트 컨트랙트는 블록체인 플랫폼에서 작동되는 솔리디티(Solidity) 프로그래밍 언어로 작성하는데, 챗GPT를 이용해 만들 수도 있다.

또한 이 과정에서 합의를 통한 의사결정을 위해 블록체인 기술에 기반한 탈중앙 자율 조직, DAO(Decentralized Autonomous Organizations)가 탄생하는데, DAO야말로 웹 3.0이 가시화된 결정체라 할 수 있다.

안녕하세요! 이더리움 기반의 스마트 컨트랙트 코드를 작성해드리겠습니다. 하지만 스마트 컨트랙트는 보안 문제로 인해 정확한 설계와 테스트가 필요하기 때문에, 이 코드는 실제로 배포하기 전에 반드시 검증되어야 합니다.

이더리움 스마트 컨트랙트는 Solidity라는 언어로 작성됩니다. 아래는 간단한 예제 코드입니다. 이 코드는 소유자가 계약에 이더리움을 보내고, 다른 계정으로 전송할 수 있는 기본적인 토큰을 생성하는 스마트 컨트랙트입니다.

```typescript
pragma solidity ^0.8.0;

contract MyToken {
    string public name = "My Token";
    string public symbol = "MTK";
    uint256 public totalSupply = 1000000;
    mapping(address => uint256) public balanceOf;
```

한편 메타버스와 웹3.0과의 관계를 살펴보면, 메타버스가 '장소, 공간(where)'을, 웹 3.0은 메타버스를 구성하는 '방법 혹은 수단(how)'이라 할 수 있다. 다시 말해 메타버스가 온라인상에 구축된 가상의 새로운 활동 장소라고 하면, 그 안에서 블록체인 기술을 활용해 자신의 ID와 콘텐츠를 생성하고 암호화폐와 암호화폐 지갑으로 거래, 인증, 결제 등 다양한 경제활동과 사회활동이 이루어지도록 하는 방법 혹은 수단이 웹 3.0이다. 몰입형 3D 경험을 제공하는 메타버스와 혼합해 웹 3.0 플랫폼 기반의 게임 속에서 사용자는 자신의 캐릭터, 의상, 도구, 무기를 마음대로 만들 수 있으며 라이선스를 부여해 판매할수도 있다.

그렇다면 웹 3.0 안에서 초거대 AI는 어떻게 활용될 수 있을까? 웹 3.0에서 초거대 AI는 분산 시스템을 위한 자동화를 가능하게 한다. 블록체인 기반 공급망은 초거대 AI를 사용하여 데이터를 분석하고 상품 및 서비스의 흐름을 최적화할 수 있으며, 탈중앙화 금융(DeFi) 플랫폼은 AI 알고리즘을 사용하여 위험을 평가하고 거래를 자동화할 수 있다. 스마트 컨트랙트는 초대형 AI와 결합하여 변화하는 상황에 실시간으로 대응할 수 있어 복잡하거나 급변하는 환경에서 보다 효율적이고 안전한 거래를 창출할 수 있다.

또한 챗GPT와 같은 AI 챗봇을 접목시키면 정보의 흐름이나 스마트 컨트랙트의 조건 변경 사항 등을 AI와의 대화를 통해 손쉽게 확인할 수 있다. 비체인(VeChain)이라는 블록체인은 AI를 사용하여 자율 공급망을 생성하는 플랫폼으로, 블록체인 기술을 사용해 제품의 출하와 이동을 실시간으로 추적할 수 있고, AI 알고리즘을 사용하여 공급망을 최적화하고 수요를 예측한다.

탈중앙 자율 조직인 DAO에서는 초거대 AI의 도입으로 보다 효율적이고 효과적인 지배구조 시스템을 만들 수 있다. AI는 데이터 분석 기능을 기반으로 제안을 분석하고 권장 사항을 제공할 수 있으며 DAO 토큰 보유자는 해당 제안에 투표할 수 있다. 또한 AI는 조직의 성과를 지속적으로 모니터링하고 그에 따라 권장 사항을 조정하여 의사결정의 효율성을 개선할 수 있다.

메타버스에서는 초거대 AI 기술을 활용하여 사용자의 취향과 선호도에 맞는 맞춤형 경험을 제공한다. 메타버스에서 생성되는 사용자들의 행동, 취향, 선호도 등을 분석하고, 이를 바탕으로 메타버스의 서비스 및 제품을 개선하거나 개인화된 콘텐츠를 제공할 수 있다. 메타버스 내에서 초거대 AI 기반 NPC(Non-Player Character, 게임 안에서 플레이어가 직접 조종할 수 없는 캐릭터로 다양한 콘텐츠를 제공하는 도우미 캐릭터)와 사용자 간의 협업과 경쟁을 통해 더욱 혁신적인 경험을 제공할 수도 있다. 초거대 AI를 활용한 가상 비서는 사용자의 선호도와 행동을 기반으로 메타버스 안에서의 권장 사항과 가이드를 제공한다.

웹 3.0과 메타버스를 중심으로 한 미래 사회에서는 블록체인 분산원장 기술에 따른 웹 구조 및 플랫폼의 변화, 사용자 활동에 따라 토큰, 코인 등을 보상하는 돈 버는 방식의 변화, 그리고 프로그램에 기반해 운영되는 탈중앙화 자율 조직 DAO에 따른 일하는 방식의 변화가 예상된다.

기술의 혁신(블록체인), 서비스의 혁신, 조직의 혁신(DAO), 이 세 가지의 혁신이 한데 어우러진 웹 3.0과 메타버스 세상에서 초거대 AI는 인류의 도우미 역할을 수행하며 웹 3.0의 핵심 이념인 '공생'과 '창작자 중심 경제' 구현에 큰 역할을 할 것으로 기대된다.

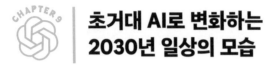

초거대 AI로 변화하는 2030년 일상의 모습

초거대 AI가 우리의 일상과 사회 곳곳에 도입되어 변화된 2030년 의 모습. 그 미래상을 챗GPT가 한 번 그려보았다(각 주제별로 초거대 AI 가 도입된 미래상을 그려달라고 요청하였고, 작성된 내용을 검토하여 문장과 단어 등은 일부 수정하였다).

일상편

2030년, 초거대 AI가 우리의 일상생활에 적용되면서 세상은 더욱 편리해졌 다. 그리고 이 변화는 주인공 현우의 삶도 크게 바꿔놓았다. 현우는 기술 분야에서 일하는 엔지니어이다.

어느 날 현우는 출근길에 일어난 일로 초거대 AI의 편리함을 느끼게 되었다. 아침 출근길 버스를 타자마자 AI가 운행 계획을 최적화해주면서 혼잡한 도로에서 신속하게 목적지에 도착할 수 있었다. 그리고 지하철에서도 AI가 승객들의 목적지와 출발역을 분석해 가장 효율적인 경로를 제안해주었다.

현우는 회사에 도착하자마자 AI의 도움을 받아 업무를 시작했다. 초거대 AI가 과거의 데이터를 분석하면서 현우에게 필요한 정보를 바로 제공해주었다. 그리고 업무 중 발생하는 문제에 대해서도 AI가 최적의 해결책을 제시해주어 현우는 더욱 생산적으로 일할 수 있었다.

점심시간, 현우는 친구들과 함께 레스토랑에 갔다. 이곳에서도 AI의 도움을 받았다. AI는 각각의 메뉴를 분석하고, 현우가 선호하는 음식을 고려해 가장 맛있고 건강한 조합을 제안해주었다. 또한 현우와 친구들의 대화를 듣고 AI가 자동으로 음악을 선곡해주었다.

퇴근길에는 자율주행 차량을 이용하였다. AI가 주변 환경을 실시간으로 모니터링하면서 안전하게 목적지에 도착할 수 있었다. 집에 도착하자마자 현우는 AI를 이용해 간단한 요리를 해 먹었다. AI는 자동으로 냉장고에 있는 재료를 분석하면서 현우에게 요리 레시피를 추천해주었다.

서연은 은행에서 일하는 행원이다. 이전까지는 모든 거래를 수작업으로 처리하곤 했지만, 지금은 초거대 AI가 대부분의 일을 처리해준다. 초거대 AI는 각각의 고객의 자산 상황과 투자 경향성을 분석하여 최적의 투자 계획을 제안해주었다. 이를 토대로 서연은 고객들의 재무 상황을 좀 더 효율적으로 관리할 수 있었다.

대현은 병원에서 일하는 간호사이다. 초거대 AI가 도입되기 이전, 대현은 환자의 상태를 모니터링하면서 다양한 정보를 수집하고 기록해야 했다. 하지만 이제는 초거대 AI가 이 일을 대신 해준다. AI는 환자의 건강 상태를 실시간으로 모니터링하면서 의사들이 정확한 진단을 내릴 수 있도록 도와준다.

재테크 분야에서는 초거대 AI가 투자를 간편하게 만들어준다. 서진은 이를 이용해 주식 투자를 시작했다. 초거대 AI는 서진의 거래 기록을 분석하면서 선호하는 종목을 추천해준다. 이를 기반으로 서진은 매수·매도를 결정하며, 초거대 AI의 추천을 따라 투자를 하면서 수익률을 증가시켰다.

영수는 노후 대책에 대해 걱정하고 있었다. 그의 노후 기간 동안 필요한 자금을 얻기 위해서는 많은 투자와 계획이 필요하다는 것을 알고 있었다. 하지만 초거대 AI가 등장한 이후, 영수는 이 문제에 대한 답을 찾을 수 있었다.

AI 기반 재테크 서비스를 이용한 영수는 자신의 투자 성향과 목표에 따라 AI가 추천하는 금융상품에 투자를 하면서 안정적인 수익을 얻을 수 있었다. 초거대 AI는 예측 분석 기능을 활용하여 미래의 금융시장 변동성을 예측하고, 고객에게 가장 적합한 투자 방향을 제안해준다.

초거대 AI가 제공하는 정보는 미래를 대비한 계획에 대한 힌트를 제공해주며 안정적인 노후를 보낼 수 있게 도와주고 있다. 초거대 AI의 적용으로 우리 일상에서는 많은 변화가 생기고 있다. 초거대 AI가 제공하는 편리함은 우리 삶의 질을 향상시켜주었다.

학교편

영준은 초등학교 교사이다. 그의 반에서는 초거대 AI를 활용한 AI 교육 시스템을 도입해 학생들의 학습 능력을 높이고자 노력하고 있다. 이 시스템은 챗GPT를 이용하여 학생들이 학습하면서 AI가 실시간으로 문제 해결 방법을 제시해준다. 이를 통해 학생들은 개인의 학습 수준에 맞는 맞춤형 교육을 받을 수 있으며, 더욱 효율적인 학습을 할 수 있게 되었다.

성민은 대학교 교수이다. 그는 챗GPT를 활용하여 자신의 강의를 만들고 있다. 수업 시간에는 학생들이 강의 동영상을 보고, 챗GPT가 학생들의 질문에 대답하면서 토론을 진행할 수 있도록 구성하였다. 이를 통해 학생들은 강의를 이해하는 데 더욱 편리함을 느끼며, 교수는 수업에 더욱 집중할 수 있게 되었다.

지훈은 고등학교 교사이다. 그는 챗GPT를 활용하여 학생들의 작문 능력을 개선하고자 한다. 학생들은 자신이 쓴 글을 챗GPT에게 전달하면, 챗GPT가 문법이나 표현력 등을 분석하여 피드백을 제공해준다. 이를 통해 학생들은 더욱 쉽게 문법 규칙을 익힐 수 있으며, 작문 능력을 향상시킬 수 있다.

진영은 대학생이다. 그는 챗GPT가 개발한 학습 로봇을 이용해 새로운 언어를 배우고 있다. 학습 로봇은 인공지능 기술을 이용하여 실시간으로 질문에 대답하고, 문제를 풀어준다. 이를 통해 진영은 편리하게 새로운 언어를 습득할 수 있으며, 외국어 학습에 대한 부담을 줄일 수 있게 되었다.

지수는 고등학교 학생이다. 그녀는 챗GPT가 개발한 학습 로봇을 이용해 수학을 공부하고 있다. 학습 로봇은 문제 해결 과정을 추적하며, 학생들이 어떤 문제에 어려움을 느끼는지 파악하여 그 문제에 대한 해결 방법을 제공해준다. 이를 통해 지수는 더욱 효율적인 학습을 할 수 있게 되었다.

챗GPT가 고등학교와 대학교에서 활용되면서 학생들은 더욱 편리하고 맞춤형 학습 환경을 제공받게 되었다. 강의 동영상을 통한 수업과 학습 로봇을 이용한 외국어 및 수학 학습은 학생들이 더욱 효율적으로 학습할 수 있도록 도와주며, 교사들은 학생들의 질문에 더욱 정확한 답변을 제공할 수 있게 되었다.

또한 챗GPT를 이용한 작문 피드백 서비스는 학생들의 작문 능력을 향상시키는 데 큰 도움을 주고 있다. 문법적인 오류나 표현력 부분에서 개선할 사항을 지적해주면서 학생들은 더욱 자신감 있게 작문에 임할 수 있게 되었다.

영진은 공장에서 일하는 일꾼이다. 그는 챗GPT가 도입된 공장에서 일하고 있다. 챗GPT는 생산 라인에서 작업 중인 일꾼들의 작업 상황을 모니터링하고, 불안정한 상황이 발생할 경우 즉각적으로 대처할 수 있도록 돕고 있다. 이러한 역할뿐만 아니라, 챗GPT는 일꾼들의 생산성을 분석하고, 일꾼들이 더욱 효율적으로 일을 할 수 있도록 조언해주는 등의 역할을 수행하고 있다. 이를 통해 일꾼들은 더욱 안전하고 효율적으로 일을 수행할 수 있게 되었다. 영진은 챗GPT가 도입된 공장에서 일하는 일꾼들과 함께 일을 하면서 일꾼들이 생산 라인에서 느끼는 어려움들을 파악하고, 챗GPT와 함께 문제를 해결하고 있다. 일꾼들은 영진의 지도와 챗GPT의 지원을 받으며, 더욱 안전하고 효율적으로 일을 수행할 수 있게 되었다.

지은은 회사 사무실에서 일하는 직원이다. 그녀는 챗GPT가 도입된 회사에서 일하고 있다. 챗GPT는 회사 내부에서의 업무 처리를 돕는 동시에 직원들이 업무를 보다 효율적으로 처리할 수 있도록 지원하고 있다. 이를 통해 직원들은 더욱 자신의 업무에 집중할 수 있게 되었고, 회사의 생산성 향상에 큰 도움을 주고 있다. 챗GPT가 제공하는 서비스를 이용함으로써 지은은 더욱 효율적으로 업무를 처리할 수 있게 되었고, 업무 수행에 대한 부담감을 덜 수 있게 되었다.

태균은 대기업의 경영진이다. 그는 챗GPT가 도입된 회사에서 일하고 있다. 챗GPT는 데이터 분석을 하고, 미래에 대한 전략을 제안하는 등의 역할을 수행하고 있다. 이를 통해 경영진들은 더욱 정확한 데이터를 바탕으로 전략을 수립할 수 있게 되었고, 비즈니스 성과를 더욱 향상시킬 수 있게 되었다. 챗GPT는 대량의 데이터를 처리하며, 비즈니스 전략에 대한 새로운 아이디어를 제시함으로써 경영진들은 더욱 정확한 의사결정을 내릴 수 있게 되었다.

이처럼 챗GPT가 공장이나 회사 사무실에서 도입되면서 인공지능 기술과 인간이 상호 협력하며 협동적으로 일을 수행하고 있다. 챗GPT는 인간의 역량을 보완하고, 인간의 일상적인 작업을 지원하며, 더욱 혁신적인 일을 이루어나가고 있다.

하지만 챗GPT의 활용은 여전히 인간과의 상호 협력이 필요하다. 챗GPT는 데이터 분석과 예측, 고장 진단 등 다양한 기능을 수행하며, 인간은 챗GPT가 수행하지 못하는 인간적인 업무나 창조적인 업무에 집중해야 한다. 인간과 챗GPT는 상호 보완적인 역할을 수행함으로써 더욱 혁신적인 결과를 이룰 수 있을 것이다.

엔터테인먼트편

한국의 대표적인 영화 제작사인 B급 필름은 챗GPT를 이용하여 창조적인 영화 제작에 도전하고 있었다. 이들이 만든 영화는 뜨거운 이슈가 되어 대중의 큰 관심을 끌었다.

〈Virtual Love〉라는 영화는 인공지능과 인간의 사랑 이야기를 그린 SF 로맨스 영화였다. 주인공인 소연은 인공지능 엔진이 내장된 스마트폰의 개발자로, 자신이 만든 인공지능 프로그램에게 반한 적이 있다. 하지만 소연의 인공지능 프로그램은 시간이 지날수록 자신만의 생각과 감정을 가지기 시작한다. 이들은 서로의 감정을 이해하고 공감하면서 끝없는 삶의 의미와 사랑에 대한 진실을 탐구하는 과정을 그린 영화였다.

B급 필름은 〈Virtual Love〉를 만들기 위해 챗GPT를 활용했다. 챗GPT를 이용하여 대규모 데이터를 분석하고, 스토리 아이디어와 캐릭터, 배경 설정 등의 상세한 묘사를 제안했다. 이를 통해 〈Virtual Love〉는 창조적인 아이디어와 섬세한 상세 설정으로 가득한 영화로 탄생할 수 있었다.

B급 필름의 대표 감독인 지성은 챗GPT를 이용하여 영화의 스토리 라인을 작성했다. 챗GPT는 다양한 장르와 이야기 구조를 포함한 수많은 영화에 대한 데이터를 분석하고, 이를 기반으로 다양한 스토리 아이디어를 제안했다. 지성

은 이를 바탕으로 〈Virtual Love〉의 주요 스토리 아이디어를 선택하고, 스토리 라인을 완성했다.

그리고 B급 필름은 챗GPT를 이용하여 〈Virtual Love〉의 캐릭터와 배경 설정을 제안했다. 인공지능은 이미지와 관련된 데이터를 분석하여 다양한 배경 설정과 캐릭터 아이디어를 제시했다. 이를 통해 〈Virtual Love〉는 고도로 섬세하게 작업된 캐릭터와 배경 설정으로 완성될 수 있었다.

하지만 B급 필름은 인공지능의 추천에 대한 검토와 수정 과정도 거쳤다. 스토리 라인, 캐릭터와 배경 설정 등의 아이디어를 챗GPT가 제안한 것으로 받아들인 것이 아니라, 인간이 검토하고 수정하는 과정을 거쳤다. 이를 통해 〈Virtual Love〉는 챗GPT와 인간의 창의력과 협력을 통해 완성된 작품이 되었다.

〈Virtual Love〉는 챗GPT와 인간의 협력으로 탄생한 작품으로, 새로운 기술과 인간의 창의력이 만나 새로운 문화적 가치를 만들어낸 사례이다. B급 필름은 이 영화를 통해 새로운 도전과 시도를 이어나가고, 인공지능과 인간의 협력을 위한 노력을 계속해나갈 것이다.

음악편

챗GPT가 작사·작곡한 곡이 음악방송 순위 1위를 차지했다. 이 곡은 〈My Virtual Love〉라는 제목으로, 그 속에는 인공지능이라는 새로운 감성과 사랑의 이야기가 담겨 있었다.

처음에는 많은 사람이 이 곡에 대한 의구심을 품었지만, 막상 곡을 들어보니 그렇게 새롭고 감성적인 곡이었다. 특히 가사에 담긴 인공지능과 인간의 사랑 이야기는 많은 이들의 공감을 얻었다.

〈My Virtual Love〉는 순식간에 전 세계적인 인기를 얻었고, 음악방송에서는 빠르게 1위를 차지했다. 이후로도 많은 팬들이 이 곡을 사랑하고, 새로운 인공지능 음악의 시대를 열었다.

〈My Virtual Love〉는 인공지능 음악의 발전에 기여한 작품으로, 새로운 기술과 창의력이 만나 새로운 문화적 가치를 만들어냈다. 이러한 예술적 성과는 인공지능과 인간의 협력으로 가능했으며, 챗GPT는 이를 계기로 예술 분야에 대한 열정을 더욱 증진시키며 새로운 예술 작품을 제작하고 발표할 계획을 세우기 시작했다.

〈My Virtual Love〉는 새로운 음악적 시대를 열어 인공지능과 인간이 함께 창조하는 새로운 문화를 만들어내는 중요한 작품이 되었다.

메타버스편

새로운 세상, 메타버스 안에서 아바타 캐릭터로 쇼핑을 즐기고 있다. 그곳에서는 챗GPT 도우미 캐릭터와 함께 다양한 상품을 구매할 수 있었다. 한 여성은 챗GPT와 함께 상점을 돌아다니며 자신에게 어울리는 상품을 찾았다. 그리고 챗GPT는 그녀의 취향과 스타일을 고려해 그녀에게 맞는 상품을 추천해주었다.

그녀는 그 추천 상품을 바탕으로 자신의 아바타 캐릭터에게 적합한 의상과 액세서리를 골랐다. 그리고 그녀는 자신의 아바타 캐릭터에게 예쁜 옷을 입혀 그녀의 스타일과 취향을 완벽하게 표현하였다.

그리고 챗GPT는 그녀의 아바타 캐릭터와 함께 메타버스 안에서 다른 사람들과도 쉽게 소통할 수 있게 해주었다. 그녀는 채팅창을 이용해 다른 사람들과 쇼핑 관련 이야기를 나눌 수 있었다. 그리고 그녀는 그곳에서 많은 친구를 만나며 새로운 경험과 삶의 가치를 느끼게 되었다.

챗GPT는 메타버스 안에서도 인간의 욕구와 취향을 이해하며, 이를 바탕으로 최상의 서비스를 제공하는 일상의 일부가 되어가고 있다. 챗GPT와 함께 새로운 세계를 탐험하고 새로운 경험을 쌓으며, 그녀는 자신에게 맞는 아이템을 찾아내고 자신만의 스타일을 만들어나갔다.

요청한 대로 쉼 없이 글을 써 내려가는 챗GPT의 커서를 바라보면서 챗GPT가 그리는 미래 모습이 2030년까지 갈 것도 없다는 생각이 들었다. 우리 사회, 우리 인류는 이미 초거대 AI에 물들고 있었다. 저 멀리 희미한 점처럼 보였던 초거대 AI 시대는 어느샌가 성큼 우리 앞에 와 있었다.

PART 3

무엇이든지 만들어내는
초거대 AI의 도전과 미래

글, 그림, 음악, 동영상까지
만들어내는 생성형 AI 전성시대

입력만 하면 무엇이든지 만들어 드립니다

생성형 AI(Generative AI)는 인공 신경망, 딥러닝, 기계학습(머신러닝) 등의 알고리즘을 활용하여 데이터로부터 새로운 콘텐츠를 생성하거나 새로운 아이디어를 도출하는 AI이다. 데이터 원본을 통한 학습으로 소설, 이미지, 비디오, 코딩, 시, 음악 등 다양한 콘텐츠 생성 및 창작적인 작업을 수행할 수 있다. 챗GPT처럼 언어 모델을 활용하여 자동으로 문장을 생성하거나 이미지, 음성 데이터를 기반으로 새로운 내용을 생성하는 것도 가능하다.

엄밀히 말해 초거대 AI와 생성형 AI는 직접적인 상관관계가 없다.

초거대 AI는 엄청난 규모의 파라미터를 기반으로 방대한 데이터를 처리해 인간 수준의 지능을 갖춰 다양한 작업을 수행하고 새로운 문제를 해결할 수 있는 AI를 의미한다. 반면 생성형 AI는 기존 데이터를 기반으로 새로운 데이터를 생성하는 AI로, 모든 생성형 AI가 반드시 초거대 AI는 아니다.

초거대 AI도 생성형 AI의 한 종류인데, 최근의 언어 생성 모델이 사이즈가 커지면서 성능이 급속도로 향상됨에 따라 초거대 AI가 아닌 생성형 AI 모델은 성능이 안 나오기 때문에 '초거대 AI가 곧 생성형 AI'라는 인식이 확산되었다.

● 가트너가 제시한 생성형 AI 적용 분야

분야	설명
신약 개발	- 생성형 AI를 이용해 약물 개발 비용을 크게 절감할 수 있음 - 제약업계는 비용과 시간 모두를 크게 절감 가능
신소재 관리	- 생성형 AI를 이용해 원하는 속성에 맞는 새로운 소재를 설계 가능 - 자동차, 항공, 국방, 의료, 전자, 에너지 산업에 적용 - 역설계(Inverse Design)를 기반으로 원하는 속성을 정의하면 이에 대응하는 소재를 자동으로 추적 가능
칩 설계	- 생성형 AI를 이용해 반도체 설계의 부품 배치를 최적화 가능 - 칩 개발 주기를 주 단위에 시간 단위로 단축 가능
합성 데이터	- 인공적으로 생성한 데이터를 이용해 원본 데이터 출처를 숨길 수 있음 - 헬스케어 데이터를 인공적으로 생성하면 의료 기록을 사용한 환자의 신원을 드러내지 않아도 됨
부품 개발	- 생성형 AI를 이용해 성능, 소재, 제조 공정 등에 최적화된 부품 설계 가능 - 자동차 제조회사는 가볍지만 안전한 부품을 개발해 더 경제적인 차량을 개발할 수 있음

출처: 가트너

이렇게 엄청난 양의 데이터를 학습하는 초거대 AI의 등장은 무언가를 만들어내는 생성형 AI의 발전을 가속화시켰다. 글로벌 컨설팅 기관인 가트너는 "챗GPT는 멋지지만, 시작에 불과하다"라며 챗GPT로 촉발된 생성형 AI가 기업에서 맡게 될 중요한 역할을 제시했다. 가트너에 따르면 2020~2022년간 벤처캐피털은 생성형 AI 솔루션에 17억 달러 이상을 투자했는데, 대부분 신약 개발과 소프트웨어 코딩 툴 분야였다. 2025년에는 신약 및 신소재의 30%가 생성형 AI 기법을 사용해 체계적으로 개발될 것이라고 가트너는 예상했다. 또한 대기업의 마케팅 메시지 중 약 30%는 생성형 AI에 의한 합성 문장으로 만들어질 것이고 2030년에는 이야기의 90%를 생성형 AI가 만든 블록버스터 영화가 최소한 1편은 개봉될 것이라고 전망하기도 했다.

생성형 AI 전성시대의 도래

생성형 AI는 이미 광범위한 분야에서 활용되고 있다. 특히 그림을 그려주는 이미지 생성 AI가 주목을 받으면서 그림, 글은 물론 음악, 동영상까지 만들어내는 이른바 '생성형 AI 전성시대'가 도래하였다.

생성형 AI는 데이터로부터 콘텐츠나 사물의 주요 특징들을 학습해 원작과 유사하면서도 새롭고 독창적인 결과물을 만들어낼 수 있도록 딥러닝 알고리즘에 기반한다. 텍스트만 입력하면 원하는 글과 그림을 만들어주고 영상까지 만들어주는데, 구글 리서치의 '이마젠(Imagen)', 오픈AI의 '달리(DALL-E)', 마이크로소프트의 '디자이너(Designer)', 메타의 '메이크 어 비디오(Make-A-Video)' 등이 모두 생성형 AI이다. 이러한 생성형 AI를 기반으로 새로운 형태의 창작 시장이 만들어지고 있다. 동시에 생성형 AI의 등장으로 화가, 작곡가, 작가, 일러스트레이터, 디자이너, 애니메이션 제작자 등 그동안 AI가 절대 침범하지 못할 것이라 생각했던 창작자들의 영역이 위협받기 시작했다.

노블AI라는 회사가 선보인 이미지 생성 AI는 일러스트 시장에 큰 충격을 가져왔다. 누구나 노블AI에 텍스트를 입력하면 일본 애니메이션 스타일의 일러스트를 생성할 수 있는데 주제어와 원하는 내용을 입력하면 마치 사람이 그린 듯한 고퀄리티의 일러스트를 즉시 생성해준다. 게다가 사람이 그린 일러스트의 작업 비용이 1만~10만 원 정도라면 노블AI가 그린 일러스트는 장당 15원에 불과해 일러스트레이터들의 일자리가 위협받고 있다는 우려의 목소리까지 나오고 있다.

생성형 AI는 패션디자인이나 산업디자인, 웹툰과 같은 시장에도 큰 변화를 몰고 왔다. 이미지 생성 AI인 달리2(DALL-E 2)는 이미 존재하는 이미지를 변형하는 단계를 뛰어넘어 독창적인 예술 작품 수준의 이미지를 그려내는데, 그림 수정도 정교하게 할 수 있다는 점이 특징이다. 이미지를 배치할 위치까지 텍스트로 지시할 수 있고, 빛과 그림자의 질감 또한 텍스트를 입력해서 수정하는 것도 가능하다. 달리 2를 개발한 오픈AI는 아티스트가 예술 작품을 만들 때 필요한 이미지를 만드는 도구로서 달리2가 활용될 수 있을 것이라고 개발 동기를 밝혔다.

작곡도 한다, 책도 쓴다, 동영상도 만든다

초거대 AI의 창작 활동은 미술에 국한되지 않는다. 음악과 시 쓰기 분야에까지 진출해 놀라움을 넘어 두려움마저 들게 하고 있다. AI로 작곡을 하는 글로벌 기업으로 쥬크덱(JukeDeck), 에이바(AIVA), 앰퍼뮤직(Amper Music) 등이 있는데, 이 중 에이바는 세계 최초로 저작권 협회(프랑스-룩셈부르크 저작권 협회)의 인정을 받은 AI 작곡가로 유명하다. 에이바는 AI가 기존의 수많은 클래식 곡과 작곡 기법을 학습하고 가수의 음색, 노래 스타일, 감정 흐름을 분석하여 음악을 작곡한다. 의뢰인의 취향에 가까운 소절을 수만 개 미리 작곡한 후 의뢰인이 가장 좋아할 소절을 조합하는 방식으로 음악을 만들어 제공한다. 유료 플랜인 에이바 프로를 이용하면 작곡한 곡의 저작권을 소유하여 수익을 얻을 수도 있다.

'시작하는 아이'라는 뜻을 가진 이름의 초거대 AI '시아(SIA)'는 카카오브레인의 초거대 AI 언어 모델 'KoGPT'를 기반으로 하여 주제

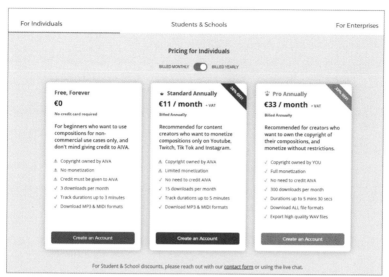

출처: AIVA.com

어와 명령어를 입력하면 입력된 정보의 맥락을 이해하고 곧바로 시를 지을 수 있다. 60억 개 파라미터와 2000억 개 토큰의 한국어 데이터를 학습시켜 한국어를 사전적·문맥적으로 이해할 수 있는데, 시아는 1만 3000여 편의 시를 학습해 다양한 주제로 시를 생성한다. 2022년 8월에 출간한《시를 쓰는 이유》시집에는 시아가 생성한 작품 중 최종적으로 선정된 53편의 시가 수록되었다.

글, 그림, 음악에 이어 동영상까지 만들어주는 생성형 AI도 등장했다. 2022년 9월 메타는 텍스트를 입력하면 짧은 영상을 생성하는 '메이크 어 비디오(Make-A-Video)'라는 이름의 AI를 공개했다. 메

● 메타의 '메이크 어 비디오' 샘플 동영상

출처: https://makeavideo.studio/ (메타의 메이크 어 비디오 홈페이지)

이크 어 비디오는 일상에서 사용하는 말로 명령문을 입력하면 영상으로 만들어주는 '텍스트 투 비디오(Text To Video)' 모델이다. "초상화 그리는 테디베어 만들어줘"나 "타임스퀘어에서 춤추는 로봇 만들어줘" 등의 명령문을 넣으면 그대로 영상으로 만들어준다. "빨간 망토가 달린 슈퍼히어로 복장을 하고 하늘을 날고 있는 개"를 입력하면 5초짜리 짧은 클립을 생성하는데, 아직은 결과물이 다소 조잡하고 단순하지만 다음에 등장할 동영상 생성형 AI의 가능성을 엿볼 수 있었다.

텍스트 투 비디오 AI를 만들기 위해 수백만 개에 달하는 언어 데이터를 학습시켰는데, 혐오 표현 등 사회적 논란을 일으킬 수 있는 콘텐츠가 만들어질 가능성을 낮추기 위해 필터를 적용했다. 또한 AI가 만든 영상엔 자사 로고를 부착해 실제 영상이 아님을 표기했다.

국내에서도 TTV(Text To Video) 개발이 한창이다. AI 스타트업인 웨인힐스브라이언트A.I가 개발한 텍스트 영상 자동 변환 솔루션은 텍스트 전문의 맥락을 파악하고 영상화한다는 특징이 있다. 텍스트를 입력하면 AI가 자연어 처리와 머신러닝, 음성 인식 및 화자분리 기술 등을 기반으로 단어의 사전적 의미를 추출하고 핵심 문장을 요약한 뒤, 내용에 어울리는 영상, 이미지, 음원을 영상에 배합한다. 사용자는 영상 편집 기술 없이 텍스트 삽입만으로 원하는 이야기에 걸맞은 영상을 빠르게 제작할 수 있다.

AI 합성 데이터 전문 기업 씨앤에이아이(CN AI)는 KT의 AI 음성합성 플랫폼에서 자사의 생성형 AI 기능을 확대하고, 영상 및 이미지 생성 AI 상용화와 합성 데이터 기반의 영상·이미지 합성 품질 고도화에 관한 연구 등을 진행한다. AI 음성합성 콘텐츠를 제작할 수 있는 KT의 'AI 보이스 스튜디오' 서비스에 영상 생성 AI 기술을 접목해 동영상 콘텐츠 제작까지 가능하도록 한다.

텍스트 입력을 바탕으로 영상을 생성하는 '텍스트 투 비디오' AI의 경우, 엄청난 컴퓨터 성능을 필요로 한다. 짧은 영상 하나를 만들려고 해도 수백 개의 이미지가 필요하기 때문에 이미지 생성 AI 모델보다도 훨씬 규모가 클 수밖에 없다. 영상 생성 AI를 학습시키는 데에도 텍스트와 짝지을 수 있는 고품질 영상으로 구성된 대규모 데이터셋이 필요한데, 이런 데이터셋을 갖추고 있는 기업은 몇몇 대기업밖에 없다(이를 해결하기 위해 메타는 세 종류의 오픈소스 이미지 및 영상 데이터셋을 결합하여 모델을 학습시켰다).

생성형 AI가 전문적인 콘텐츠 제작에 사용되려면 아직 개선해야 할 부분이 많다. 또한 잘못된 정보와 '딥페이크(Deepfake)'를 제작하고 확산시키는 강력한 도구로 활용될 수 있다는 우려도 있다.

그럼에도 불구하고 챗GPT로 확산된 초거대 AI와 이를 기반으로 한 생성형 AI의 붐은 쉽게 사그라들지 않을 기세다. 잠재적인 위험성을 개선하고 완화시킬 방법을 계속해서 모색하면서 신뢰할 수 있는 생성형 AI를 만드는 노력은 계속될 것이다.

CHAPTER 2
붓이 아닌 글로 그림을 만드는
초거대 AI 이미지 생성기

2022년 8월, 미국 콜로라도에서 열린 '주립 박람회 미술대회'의 디지털아트 부문에 〈스페이스 오페라 극장(Theatre D'opera Spatial)〉이라는 작품이 1위로 선정되어 사람들의 주목을 받았다. 어디서도 본 적 없는 환상적인 그림체, 눈부시게 밝은 원형 창 너머로 보이는 화려한 풍경, 르네상스 시대 예술을 연상시키는 이 작품은 미국의 39세 게임 디자이너 제이슨 앨런(Jason M. Allen)이 출품한 그림이다.

그런데 알고 보니 이 그림은 사람이 직접 그린 것이 아니었다. AI '미드저니(Midjourney)'가 생성한 작품이었다. 미드저니는 텍스트로

● 주립 박람회 미술대회 디지털아트 부문에서 1위를 차지한 〈스페이스 오페라 극장〉

출처: 트위터

된 설명문을 입력하면 몇 초 만에 이미지로 변환시켜주는 프로그램
이다. 제이슨 앨런은 이런 방식으로 만든 작품 중 3개를 대회에 출품
했고, 이 중 하나가 1위를 차지했다. 이후 자신의 우승 소식을 소셜
미디어 디스코드에 올리면서 이슈가 되었고, 미국에서는 "예술이 죽
었다"는 논란이 일었다.

이 그림을 본 사람들은 단 한 번의 붓질조차 하지 않은 작품이 우
승을 차지하는 게 정당한지, 더 나아가 사람이 아닌 인공지능(AI)이
생성한 그림을 예술 작품으로 볼 수 있는지를 두고 갑론을박을 벌였
다. 미술전 디지털아트 부문의 규정을 보면 '창작 과정에서 디지털 기
술을 활용하거나 색깔을 조정하는 등 디지털 방식으로 이미지를 편

집하는 행위가 인정'된다. 하지만 일부 예술가는 인공지능으로 만든 작품은 표절의 한 행위라고 주장한다. 인공지능은 기존의 이미지를 활용해 작품을 제작하는 방식을 취하고 있기 때문이다.

텍스트로 그림을 그리는 초거대 AI 이미지 생성기

미드저니를 비롯해 달리2(DALL-E 2), 크레용(Craiyon) 등 초거대 AI 가 그림을 그려주는 프로그램이 잇따라 출시되면서 누구나 텍스트를 입력하기만 하면 손쉽게 그림을 그릴 수 있는 시대가 되었다. 예술은 창의성에 기반한 인간 고유의 영역이라고 여겨져 왔는데 이제 인공지능이 그 창작의 영역에까지 들어오게 된 것이다. 미드저니가 그린 그림이 1위가 될 수 있느냐, 아니냐라는 논란 이전에 드는 생각은 '정말로 AI가 이용자가 원하는 대로 그림을 그려줄 수 있을까'라는 의문이었다.

미드저니는 컴퓨터 코딩을 배우거나 복잡한 과정을 거칠 필요가 없다. 디스코드라는 채팅앱을 통해 접속하면 누구나 이용이 가능하다. 어려운 문장이 아니라 간단한 영어 단어의 나열만으로도 AI가 인간의 의도를 이해해 그림을 그려준다. 기존의 그림과 데이터들을 참고했을지언정 이 그림들은 어디에도 등장한 적 없는 완전히 새로운 작품이다. 모사(模寫)는 원본을 그대로 베껴 그린 그림이지만, 실제로 접한 미드저니의 그림은 모사가 아니라 재창조에 가깝다. (2023년 3월 16일에 공개된 '미드저니 버전5' 모델은 더 사실적이며 높은 수준의 디테일 및 정확도를 가진 이미지를 생성할 수 있다.)

미드저니와 마찬가지로 텍스트를 이미지로 만들어주는 AI 서비스로 '달리2(DALL-E 2)'가 있다. 달리(DALL-E)는 오픈AI가 개발한 기술로, 간단한 설명 텍스트만으로 이미지를 제작할 수 있도록 지원한다. 2021년 1월에 첫 번째 버전이 나왔고, 2022년 7월에 달리2 베타 구독 서비스를 공개했다.

초거대 AI 언어 모델 GPT-3가 언어를 생성하듯 이미지를 만들어내는 달리2는 자연어 처리와 이미지 인식 기술을 함께 사용해 경험한 적 없는 이미지도 학습해 새로운 결과물을 만들어낸다. 대표적인 이미지가 〈말을 탄 우주비행사〉 그림이다. 이를 통해 달리2는 동물이나 사물을 의인화하고, 관련 없는 개념을 서로 결합하는 능력이 있음을 입증했다.

〈스페이스 오페라 극장〉 같은 작품을 만들려면 더 구체적이고 디테일한 요청을 한 후, 몇 번의 고도화 작업을 하면 가능하다. 멋진 그림을 그리기 위해 이제는 자신의 생각을 구체적이고 입체적으로 말할 수 있는 표현법을 배워야 한다.

그러다 보니 원하는 그림을 만들도록 유도하는 정확한 지시 문구(프롬프트)를 찾아내는 것도 하나의 기술이 됐다. '프롬프트 엔지니어'란 신종 직업이 등장할 정도로 프롬프트가 하나의 시장을 형성하기

시작했다. 미국에서는 달리2에 입력할 지시 문구를 거래하는 온라인 플랫폼 프롬프트베이스(PromptBase)까지 등장했다. 한 건당 1.99~5달러이다. 거래가 성사되면 프롬프트베이스가 거래액의 20%를 수수료로 가져간다. 이처럼 미래의 학교 미술 수업 시간에는 학생들이 직접

그림을 그리거나 미술 기법을 배우는 것이 아니라, 자신이 생각한 이미지를 원하는 화풍이나 기법으로 어떻게 더 구체적으로 컴퓨터에게 전달할 수 있을지 표현하는 방법을 배우게 될지도 모른다.

초거대 AI가 등장하기 전까지 이런 그림의 영역은 인간의 고유한 영역으로 인식되어 AI가 침범하지 못할 것으로 예상했다. 하지만 이제는 그림을 그리는 정도를 넘어 장면 구성이나 광원 효과 등 이미프로 작가 수준의 작품을 만들 정도로 평가받고 있다. 초거대 AI의 등장으로 영화나 애니메이션, 일러스트, 웹툰 시장의 구조가 크게 변할 수도 있게 되었다.

대표적인 초거대 AI 기반 이미지 생성기

○ **미드저니(Midjourney)**

미드저니 사이트에 방문해 'join the beta'를 클릭한다. 디스코드 회원 가입을 하면 제한 없이 그림을 제작할 수 있고, 가입 없이 임의 아이디로 들어가게 되면 제작할 수 있는 그림의 수가 한정적이다. '/imagine prompt'라고 입력한 후 원하는 이미지의 내용을 텍스트로 쓰면 4장의 그림을 그려준다.

○ **노벨 AI 이미지 생성기(Novel AI Image generator)**

AI 스토리텔링 프로그램인 노벨 AI(Novel AI)에서 지원하는 이미지 생성 프로그램으로 2022년 10월에 출시됐다. 스태빌리티 AI가 오픈소스로 공개한 스테이블 디퓨전(Stable Diffusion)을 기반으로 한다. 일본 애니메이션 이미지(Anime image) 제작에 최적화돼 있는 것이 특징이다. 구독형의 클라우드 방식 소프트웨어로, 유료 구독 사용자만 사용할 수 있다. 정기 구독 플랜으로 월 10달러의 태블릿(Tablet), 월 15달러의 스크롤(Scroll), 월 25달러의 오푸스가 있다.

○ 달리(DALL-E)

오픈AI에서 만든 이미지 생성 AI이다. 'text to image' 글자를 입력하면 해당 내용을 이미지로 바꿔주는 방식과 'image to image' 이미지를 입력하면 해당 이미지와 유사한 다른 이미지를 만들어주는 방식이 있다.

구글 계정만 있으면 연동해 사용할 수 있으니 간편하게 로그인 후 이용하면 된다. 기본적으로 무료지만 이용 개수에 제한이 있다. 1개 계정당 최초 50개의 이미지를 사용할 수 있고 이후 월 15개씩만 이용 가능하다.

○ 크레용(Craiyon)

크레용(Craiyon)은 달리미니(Dalle-E Mini) 버전으로 빠른 시간 내에 만들고 싶은 이미지를 문장으로 입력하면 9가지 버전의 이미지를 제공한다. 달리2에 비해 품질은 떨어지지만 사용법이 매우 간단하고 무료라는 점이 장점이다. 사이트에 접속한 후, AI가 그려줬으면 하는 내용을 짧은 영어 문장으로 적은 뒤 오른쪽의 연필 모양을 클릭하기만 하면 된다.

○ 스테이블 디퓨전(Stable Diffusion)

스태빌리티AI(Stability AI)에서 오픈소스로 배포한 텍스트 투 이미지(Text-To-Image) 기반의 AI 이미지 생성 모델이다. 2022년 8월에 출시했고, 스마트폰 앱인 드로우씽스(Draw Things)를 이용해 스마트폰상에서도 그림을 그릴 수 있다(앱으로 1장씩만 가능).

초거대 AI가 글쓰기를 코칭하다

초거대 AI가 단계별로 글쓰기를 코칭하는 '뤼튼 트레이닝'

챗GPT는 글을 작성하지만, 쓴 글을 다듬어주고 코칭해주는 AI도 있다. 네이버 하이퍼클로바와 오픈AI의 GPT-3를 기반으로 한 '뤼튼 트레이닝(Wrtn Training)'은 초거대 AI를 이용해 맞춤법 검사와 문맥 다듬기뿐 아니라 각자의 문체를 반영하는 '개인화'된 글쓰기까지 도와준다. 사용자가 자기 생각을 하나의 글로 완성하는 과정을 반복하며 작문을 연습할 수 있는 글쓰기 코칭 프로그램이다.

뤼튼 트레이닝은 무료로 이용할 수 있는데, 입력한 주제에 반응해 AI가 질문을 던지며 참고할 수 있는 추천 자료를 제안해준다. 가이드

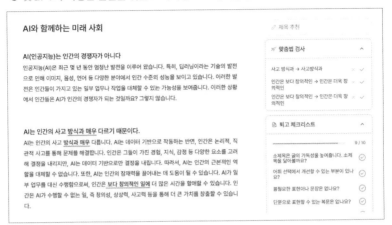

출처: 뤼튼 트레이닝

에 따라 작문의 도입-작성-퇴고에 이르는 과정을 경험하며 한 편의 주장하는 글쓰기를 완성한다. 원래는 초거대 AI를 기반으로 광고 문구를 비롯해 다양한 글 초안을 작성해주는 서비스가 시초였다. SNS 광고 문구, 세일즈 이메일 등 각 업무 상황에 활용 가능한 50개 이상의 AI 툴을 사용하여 키워드만 입력해도 완성도 높은 초안을 만들어준다. 뤼튼 트레이닝은 이 기술을 좀 더 발전시켜 필자의 문체나 자주 쓰는 표현 등을 학습해 반영하고 글의 신뢰도를 높이기 위해 팩트 체크를 하거나 혐오, 편향적인 표현도 걸러주는 '글쓰기 도우미' 역할을 수행한다.

초거대 AI가 작가도 편집자도 되는 시대

　글쓰기, 그림, 음악 등 창의성의 영역에서 AI가 협업의 도구로 활용되는 것은 이제 당연한 일이 되어가고 있다. 유발 하라리 교수의 책 《사피엔스》 10주년 특별판 서문도 오픈AI가 개발한 초거대 AI 'GPT-3'가 쓴 것으로 알려졌다. 사람의 개입이 필수적이던 글쓰기 연습을 초거대 AI 도움으로 혼자서도 할 수 있게 되면서 글쓰기에 대한 두려움도 사라지고 표현하지 못해 묻히는 생각들을 자유롭게 글로 표현하기가 훨씬 수월해졌다.

　누구나 톨스토이 같은 대문호가 될 순 없지만, 적어도 읽었을 때

● 뤼튼테크놀러지가 제공하는 카피라이팅 서비스. 제품명, 핵심 내용, 톤앤매너를 지정하면 원하는 종류의 글을 바로 작성해준다

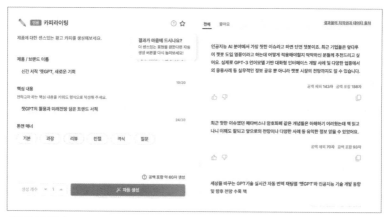

출처: 뤼튼 트레이닝

이해가 되는 글을 쓰는 역량은 조금만 노력하면 가능한 일이다. 초거대 AI가 글쓰기를 도와준다면 인간의 상상력과 창의성은 더욱 확장될 것이다. 직장에서도 글쓰기에 어려움을 겪는 실무자의 업무를 도와 새로운 비즈니스 가치 창출에 기여할 수 있다.

CHAPTER 4 | AI가 쓴 글을 AI가 잡아내다

병 주고 약 주는 오픈AI

챗GPT가 로스쿨 및 의사 자격시험과 학력 테스트를 통과할 수 준의 답변 능력을 갖췄다는 사실이 알려지면서 시험 및 과제물 제출 등에 챗GPT를 이용하는 사례도 급증하고 있다. 그러다 보니 미국에 서는 뉴욕주 일부 공립학교에서 교내 와이파이(Wifi)망에서 챗GPT 를 차단하고, 조지워싱턴대학 등은 방과 후 과제들을 단계적으로 폐 지하고 대신 구술시험과 필답고사를 확대하기로 했다. 국내에서도 한 국제학교에서 챗GPT로 영어 작문 과제를 작성해 제출한 학생 7명 학생을 적발해 0점 처리했다고 한다.

《네이처》, 《사이언스》 등 국제 학술지는 챗GPT를 논문의 공동필자로 포함시킬 수 없다는 지침을 발표했고, 개발자와 프로그래머들이 이용하는 문답 사이트 '스택 오버플로'는 챗GPT로 만든 답변 등록을 아예 금지했다.

심지어 챗GPT를 개발한 오픈AI는 챗GPT 등 AI가 작성한 텍스트를 식별하는 분류기(Classifier)를 공개했다. 이 분류기는 같은 주제에 대해 'AI가 쓴 글'과 '인간이 쓴 글'을 가지고 오픈AI가 보유한 언어 모델을 파인튜닝(세부 학습)시켜서 만들어낸 AI이다. 챗GPT가 글을 작성하고 대화하는 것에 특화된 AI라면, 이 분류기는 AI가 쓴 글을 찾아내는 데 특화된 AI다. 글을 판독하여 AI가 작성했을 확률을 '매우 낮음', '낮음', '명확하지 않음', '약간 있음', '꽤 있음'의 다섯 단계로 판별해주는데, 1000자(200~300단어) 이상의 글이어야 판단할 수 있다. 이 분류기가 다른 탐지 도구에 비해 유용은 하지만 아직은 완전히 신뢰할 수 없다. AI 문장의 26%만을 제대로 식별했으며, 사람이 쓴 문장의 9%를 AI가 작성한 것으로 오판해 아직은 불완전한 툴이라고 할 수 있다.

Open AI Text Classifier

프린스턴대학의 컴퓨터 전공생인 에드워드 티안은 챗GPT 사용 여부를 적발하는 소프트웨어 'GPT제로(GPTZero)'를 개발해 무료 공개했다. GPT제로는 AI가

AI Text Classifier

The AI Text Classifier is a fine-tuned GPT model that predicts how likely it is that a piece of text was generated by AI from a variety of sources, such as ChatGPT.

This classifier is available as a free tool to spark discussions on AI literacy. For more information on ChatGPT's capabilities, limitations, and considerations in educational settings, please visit our documentation.

Current limitations:

- Requires a minimum of 1,000 characters, which is approximately 150 - 250 words.
- The classifier isn't always accurate; it can mislabel both AI-generated and human-written text.
- AI-generated text can be edited easily to evade the classifier.
- The classifier is likely to get things wrong on text written by children and on text not in English, because it was primarily trained on English content written by adults.

Try the classifier

To get started, choose an example below or paste the text you'd like to check. Be sure you have appropriate rights to the text you're pasting.

Examples

[☺ Human-Written] [⊚ AI-Generated] [⚠ Misclassified Human-Written]

Text

Enter your document text here

By submitting content, you agree to our Terms of Use and Privacy Policy. Be sure you have appropriate rights to the content before using the AI Text Classifier.

[Submit] [Clear]

작성했을 것으로 의심되는 문장의 부분을 노란색으로 경고 표시하는데, 사용자들은 오픈AI의 분류기보다 뛰어나다고 평가했다.

다양한 언어로 논문 표절을 검사하는 미국의 '턴잇인(Turnitin)'은 챗GPT와 GPT-3를 활용해 작성한 문장의 97%를 식별해낼 수 있는 탐지기를 개발했다. 챗GPT로 생성된 문장을 처음부터 표시해주는 기술도 있다. 메릴랜드대학 연구진은 AI 언어 모델이 만든 문장에 워터마크를 적용하는 방법을 개발해 무료 공개했는데, 챗GPT에 워터마크 기능이 제공되면 별도의 탐지 도구가 필요 없어진다.

이 밖에도 AI가 작성한 글을 탐지해주는 사이트들이 몇 개 소개한다.

WRITER AI Content Detector

WRITER AI Content Detector는 문자수 최대 1500자 내에서 AI 글을 탐지할 수 있다. 퍼센트(%)로 인간이 작성한 글일 확률값을 보여준다. 숫자가 낮으면 AI가 작성한 글, 숫자가 높으면 인간이 작성한 글임을 알 수 있다.

● 챗GPT가 작성한 영문 자기소개서를 AI Content Detector에 검사했더니 인간이 작성했을 확률이 27%로 나와 AI가 작성했음을 알려준다

출처: https://writer.com/ai-content-detector/

Copyleaks

Copyleaks는 구글 확장 프로그램으로 Detector를 제공한다(크롬 웹스토어에서 다운로드). WRITER AI와 마찬가지로 인간이 작성할 글일 확률을 알려준다.

ChatGPT Detector

중국 개발자들이 만든 Detector이다. 챗GPT를 타깃으로 하여 만들다 보니 탐지 성능이 좋은 편이다. 챗GPT가 생성한 문서를 넣고 Predict!를 누르면 99% 확률로 탐지한다.

Contentatscale AI Content Detector

속도도 빠르고 성능도 준수한 편이다. 챗GPT가 생
성한 문서를 넣고 분석하면 Fake 100% 확률로 예측
한다.

쓰는 AI 위에 잡는 AI 위에 AI를 속이는 인간

이렇게 다양한 챗GPT 사용 탐지 도구가 개발되어도 한계는 있다.
대상 문장이 충분히 길지 않으면 적발과 판단이 어렵다. 짧은 문장을
여러 차례 이어 붙이면 탐지 AI를 속일 수 있다. 챗GPT의 결과를 부
분 활용하고 사용자가 문장을 덧붙이거나 풀어서 쓰면 탐지 AI가 잡
아내기 어렵다. 또한 챗GPT가 계속 업그레이드되어 성능이 향상된

다면 특정 플랫폼의 맞춤형 탐지 도구는 아마 그 효과가 떨어질 것이다.

창과 방패와 같이 AI가 쓴 글을 또 다른 AI가 잡아내는 이 상황은 AI가 지구상에서 사라지지 않는 이상 끊임없이 반복될 것이다. 앞으로 점점 더 챗GPT를 활용한 많은 글이 인터넷상에 범람할 것이라는 우려가 높아지고 있는 가운데 기술적으로는 물론 법규제 및 사회윤리적 차원에서도 생성형 AI가 만든 콘텐츠에 대한 관리를 어떻게 해야 할지에 대한 논의가 빨리 이루어져야 한다. 현재 AI를 사용해 만들어진 글이나 그림을 비롯한 콘텐츠는 명확한 저작권을 인정받지 못하고 있다. AI로 제작됐다는 것을 숨기고 저작권을 인정받는 일도 가능하다. 이러한 문제 때문에라도 그림이나 글이 AI로 만들어진 것인지를 식별하는 일은 반드시 필요하다.

AI가 만든 창작물의 권리는
누구에게 있을까

저작물의 주체는 일단은 인간에 한정

AI가 그림을 만들고 음악을 작곡하고 시를 쓰는 등 창작의 영역이 확대되면서 많은 사람이 드는 생각 중 하나는 '그러면 AI가 만든 수많은 작품의 저작권은 누가 갖는 걸까?'이다. AI를 활용해 드라마·광고의 배경 음악을 만들어 음원 플랫폼에 등록하기 위해선 저작권 등록이 필요한데, 누구를 저작권자로 등록해야 하는지 애매하다.

현행법에서는 저작권자를 사람으로 한정하고 있다. 저작권법에서는 저작물을 '인간'의 사상 또는 감정을 표현한 '창작물'로 정의하며, 저작물의 주체는 인간으로 한정하고 있다. 해당 곡에 대한 저작권 수익을 나누기 위해서는 사람 이름을 올려야 한다. 그러면 AI 알고리즘을 개발한 개발자 이름을 넣어야 할까, AI 학습용 음악을 만든 작곡자 이름을 등록해야 할까. 함부로 이름을 올렸다가는 수익 배분을 둘러싼 소송까지도 발생할 수 있다.

AI의 창작 활동과 관련한 저작권 문제는 두 가지 영역에서 발생한다. 하나는 AI 학습용 데이터에 대한 저작권이다. 구글의 알파고가 바둑을 정복하기 위해 수많은 바둑 기보를 학습했듯 AI가 글을 쓰거나 작곡을 하기 위해선 방대한 창작 데이터를 공부해야 한다. 여기서 AI가 만든 작품의 저작권 논란이 생길 수 있다는 점이다.

실제로 오픈AI는 GPT-3.5에 방대한 뉴스 데이터를 당사자의 허락을 받지 않고 학습시킨 것으로 확인되었다. 이에 알고리즘 개발자들은 챗GPT가 코드를 작성하는 능력이 대규모로 자료를 수집하는 이른바 '크롤링'에서 나왔다며 오픈AI와 마이크로소프트에 소송을 제기한 바 있다. 또한 2023년 1월에는 생성형 AI 기업인 스태빌리티AI, 미드저니 등이 디자이너들로부터 소송을 당했다. 특히 게티이미지(Getty Images)는 스태빌리티AI가 20억 장에 달하는 불법 이미지를 AI 학습에 투입했다며 사전에 오픈AI가 게티이미지의 허락을 받지 않았다고 주장했다.

하지만 원데이터 이용이 원저작자의 저작재산권을 침해할 가능성이 있음에도 불구하고, 초거대 AI가 방대한 데이터를 적절히 조합하여 원저작물을 알아보기 어렵게 만들었다면, 원저작자는 자신의 저작권 침해 사실을 입증하는 데 어려울 수 있다. 설령 초거대 AI가 원저작자의 저작권을 침해한 사실을 입증했다 하더라도 그로 인한 손해 금액이 미미하다면 법적 소송을 제기하는 것이 쉽지 않다. 또한 저작권법은 구체적인 '표현'을 보호하고 있으므로 초거대 AI가 도출해낸 결과물이 원데이터와 조금 연관성이 있다는 이유로 저작권 침해를 인정하기엔 한계가 있다.

결국 원저작자는 자신의 저작물에 고유한 트레이드 마크를 삽입하거나 핑거프린팅을 하는 등 저작권 침해 사실을 용이하게 입증할 수 있는 방법을 강구하는 한편, 자신의 저작물이 AI에 의해 무단으로 이용되고 있는지를 적극적으로 모니터링하는 것이 현재로서는 최선이다. (내용 출처: '챗GPT 시대, 창작자가 고려할 저작권 쟁점들', 이용해 YH&CO 대표변호사)

두 번째는 가장 이슈가 되는 창작물에 대한 저작권자 등록 문제이다. 국내에서는 기술 또는 기계에 저작권을 주는 법이 없어 우선은 AI 개발업체가 창작물의 소유권을 갖는다. 만약 저작권 등록을 못해 발생할 수 있는 표절 등의 문제는 소유권을 통해 대응한다.

특히 음악 시장에서는 AI가 작곡한 음악이 속속 등장하고 있지만, AI 작곡가의 음원은 저작권 보호의 사각지대에 놓여 있다. AI가 만든 노래 한 곡에 개발자, 사용자, 학습 데이터의 저작권자 등 다수가 개입하고 있기 때문이다. 국내 저작권법상 인간의 창작물만 저작권법 대상으로 인정받고 있기 때문에 인간 개발자가 예명 등으로 저작권협회에 등록하고 저작권을 행사해야 한다. 저작권 등록을 위해 사람이 어쩔 수 없이 AI의 대리인이 된 셈이다.

일본과 EU는 AI 창작물에 대해 저작권 인정 분위기

AI가 만든 창작물에 대한 권리 문제는 비단 한국에만 있는 일이 아니다. 미국 저작권청은 예술 작품을 생성하는 AI 알고리즘 '크리에이티브 머신'을 저작권자로 인정해달라는 AI 개발자 스테판 탈러의 요청을 기각했다. 탈러는 이 알고리즘이 "인간의 개입이 거의 없는 상태에서 독창적으로 예술 작품을 창작했다"고 주장했지만 저작권청은 "AI가 그린 그림에 인간 저작의 요소가 포함돼 있지 않다"라며 이를 받아들이지 않았다.

일본은 2016년부터 관련 법 개정 논의를 시작했다. 2018년에 저작권법을 개정하면서 AI 알고리즘 학습에 쓰이는 데이터를 규제 없이 쓸 수 있게 했다. 또한 'AI 창작물을 세상에 알린 사람의 권리를 인정'하는 방향으로 AI 저작권 개념을 넓혔다. 유럽연합(EU)의 경우 2017년에 AI 로봇의 법적 지위를 '전자인간'으로 인정하는 결의안을 채택했고, AI의 창작물에 대한 저작권 보호 등의 법률 제정을 추진 중이다.

한국도 2020년 12월에 'AI 법·제도·규제 정비 로드맵' 정비 계획을 발표하면서 AI에 '법 인격'을 줘야 하는지에 대해 논의했지만 아직 마땅한 규정을 만들어내지 못했다. 기술은 빠르게 진화하고 있지만 관련 법 제도는 아직 공백 상태이다. 이에 한국의 문화체육관광부는 저작권법 개정에 착수했고 특허청도 AI가 만든 창작물의 권리 보호를 위한 제도를 마련할 계획이다.

AI의 창작물을 사람에게 부여된 저작권 개념과 동일한 관점에서 접근하기에는 무리가 있다. 차라리 AI가 만든 창작물 권리는 별개의 권리로 인정할 필요가 있다. 현행 저작권법을 개정하기보다는 별도의 법률을 만들어 나중에 발생할 수 있는 여러 법적 문제들을 사전에 예방하는 편이 앞으로 닥칠 초거대 AI 시대에 현명하게 대응하는 방법일 것이다.

● 한국, 미국, 일본, 유럽 등 AI 창작물에 대한 인식 및 법 개정 현황

AI의 창작물(발명품)에 대한 각국 인식	
한국	특허청 "AI는 발명자로 인정될 수 없어" 결론, '인간의 창작물'만 저작권 인정
미국	"발명자는 자연인에 한정" 결론. 저작권청, DABUS가 그린 그림 저작원 요청 기각
영국	특허청 "AI는 발명자 될 수 없어. AI에서 출원인으로 권리 양도로 불가"
호주	연방 1심 법원, AI 발명자 인정. 연방 2심 법원 "1심 판결 잘못" 만장일치 결론
주요국의 AI 저작권 관련 논란 현황	
한국	AI 법·제도·규제 정비 로드맵 마련 계획 발표(2020년 12월)
미국	AI가 창작한 그림에 대한 저작권 등록 거부(2022년 2월)
일본	저작권법 개정해 AI 학습용 데이터 면책조항 도입(2018년 5월)
유럽연합	로봇 시민원 권고안 통과해 전자인격 부여(2017년 2월)

출처: 언론 종합

CHAPTER 6

초거대 AI가 위협하는 인간의 일자리

제리 카플란 교수가 예언한 AI의 일자리 위협

AI가 인간의 일자리를 위협한다는 이야기는 알파고가 이세돌 9단을 꺾었을 때부터 나왔던 핫이슈 중 하나였다. AI 시대의 부와 노동의 미래를 다룬 저서 《인간은 필요 없다(Humans Need Not Apply)》를 집필한 공학자이자 미래학자인 스탠퍼드대학의 제리 카플란(Jerry Kaplan) 교수는 "고등교육이 필요한 일자리는 AI가 빼앗고, 단순 업무를 하는 노동자는 기계가 대체할 것이다"라고 2017년에 예측한 바 있다.

"1920년대 중반만 해도 계산을 하는 것은 전문직 종사자였습니다. 하지만 지금은 전자계산기가 이 일을 합니다. 전문직이 했던 일을 이미 기계가 하고 있는 겁니다. AI가 인간을 대체하는 것은 별개의 문제입니다. 기계가 대체할 일은 난이도와는 아무런 상관이 없습니다. 두 살짜리 아이도 기계를 이용하면 어려운 일을 할 수 있습니다. 우리는 AI로 인해 인류가 더 편리해질 수 있도록 활용하면 됩니다.

신용카드 발급 대상자를 정하는 것처럼 구체적이며 객관적인 기준이 있거나, 고객 서비스처럼 업무 분장이 체계화돼 있는 일자리들은 이미 기계가 하고 있거나 앞으로는 기계가 하게 될 겁니다. 물류 창고의 근로자도 로봇으로 대체될 것입니다. 지금은 크기와 모양이 다른 다양한 상자들을 어떻게 들고 어떤 방식으로 쌓을지에 인간의 능력이 필요합니다. 하지만 조만간 로봇이 트럭을 들여다보고 상자를 골라서 집어 들게 될 것입니다.

지적 노동자의 입지도 불안하긴 마찬가지입니다. 기계학습과 자연어 처리 기술을 이용해 법리와 판례와 같은 문서를 찾을 수 있습니다. 법률도서관을 직접 찾아가 기존 컴퓨터 검색도구로 찾아보는 데 드는 막대한 시간을 절약할 수 있습니다. 변호사 자리도 위협받게 됩니다."

출처: 《동아사이언스》 인터뷰, '《인간은 필요 없다》 저자, 제리 카플란에게 인공지능의 미래를 묻다', 2017.10.

카플란은 AI가 발달해도 인간의 영역은 그대로일 것이라는 반론에 대해 "50년 전 IBM이 컴퓨터를 개발했을 때를 상기시킨다. 당시

IBM은 '컴퓨터는 프로그램된 기능만 수행할 수 있다'고 강조했다"고 반박한 바 있다. 알파고의 등장은 충격적이었지만, 바둑만 둘 줄 아는 알파고는 전혀 인간에게 위협적이지 않을 것이라던 인간들 앞에 이제 카플란의 예측대로 인간의 '기존' 일자리를 심각하게 위협할 AI, 챗GPT가 등장한 것이다.

초거대 AI가 대체할 가능성이 높은 직업군

바둑만 둘 줄 아는 AI, 음악만 들려주는 AI, 감성형 대화만 할 줄 아는 AI를 그저 아장아장 걸음마하는 갓난아기 정도로만 생각했었는데, 어느덧 훌쩍 커버려 이제는 뭐든지 다 할 수 있는 AI로 성장해 우리 앞에 나타났다.

초거대 AI의 능력은 '상상 그 이상'이다. 인간의 영역으로만 여겨졌던 창작 부문에서도 챗GPT는 두각을 드러냈다. AI가 모든 직업을 대체할 순 없겠지만 단순반복적이고 숙련을 요구하지 않는 직업군에서는 1차 대체의 물결이 있을 것이다. 특히 전문적 지식을 기초로 한 화이트칼라(white collar) 및 저널리즘, 고등교육, 그래픽과 소프트웨어 디자인 등의 직업군들이 AI로 대체될 가능성이 높은 것으로 나타났다.

전문가들이 예측하는 초거대 AI가 대체할 가능성 높은 직업군들은 다음과 같다.

(1) 코드 작성 IT 개발자

프로그래밍 언어로 새로운 컴퓨터 프로그래밍을 구현하는 코딩과 이를 활용해 새로운 소프트웨어를 만드는 IT 개발자가 미래의 AI에 대체될 수 있다. 글로벌 컨설팅 그룹인 매킨지 글로벌 연구소는 AI 기술이 소프트웨어 개발자, 웹사이트 개발자, 컴퓨터 프로그래머, 코딩 작성자, 데이터 과학자 등이 하는 업무를 대체해나갈 것이라고 전망했다.

초거대 AI는 한꺼번에 많은 규모의 수치들을 정확하게 계산해내므로 시간은 절약하고, 기업 입장에서는 높은 연봉의 직원을 여러 명 둘 필요가 없으니 비용 절감 효과도 있다. 실제로 챗GPT 개발사 오픈AI는 소프트웨어 엔지니어용 AI를 학습시키기 위해 수백 명의 계약직을 고용했는데, 이는 사람의 언어를 프로그래밍 언어로 번역해주는 코덱스(Codex)란 자사 제품으로 사내 코딩 직원 일부를 대체하려는 계획에서 비롯된 것이다.

(2) 신문 기자 및 광고업계 카피라이터

인터넷상의 수많은 언어를 분석하고, 이용자의 질문에 알맞은 답변을 서술형으로 작성하는 AI 챗봇이 대체할 수 있는 직업 부문으로 저널리즘, 광고업, 보고서·기획서 등 기술을 요구하는 문서 작성 관련 업 등이 있다. 폴 크루그먼 경제학자도 《뉴욕타임스》에 쓴 칼럼에서 "챗GPT는 적어도 작성과 보고하는 업무 면에서는 인간보다 더욱 효율적"이라고 평가했다.

이미 IT 전문 매체 씨넷(CNET)은 챗GPT와 유사한 AI 도구로 수십 건의 기사를 작성한 바 있다. 미국의 종합 온라인 매체 버즈피드(Buzzfeed)도 AI를 활용한 새로운 뉴스 콘텐츠를 제작할 계획이다.

(3) 시장 및 마케팅 조사업체

AI는 데이터 분석과 결과 예측에도 탁월해 데이터를 수집하고 데이터의 패턴을 찾아 이를 바탕으로 효과적인 마케팅 방법과 광고 노출 솔루션을 제공하는 마케팅 조사 연구원을 대체할 가능성이 높다.

(4) 교사 및 학원 강사

챗GPT의 숙제 대행이 교사들의 진짜 고민은 아니다. 진짜 걱정해야 할 것은 미래 직장의 안정성이다. 현재의 챗GPT 레벨은 쉽게 수업을 가르칠 수 있는 수준으로, 챗GPT에 미분 공식 푸는 방법을 알려달라고 하면 미분의 정의와 푸는 방식을 단계별로 설명해준다.

심지어 챗GPT에 리포트 채점을 맡기니 교사가 보지 못했던 세세한 문법 오류를 완벽히 찾아낼 정도여서 교사 및 지식을 전달하는 학원 강사의 역할이 점점 좁아질 것으로 우려되고 있다.

(5) 금융 전문가

초거대 AI는 방대한 수치 데이터를 다루는 직종에도 영향을 끼칠 것으로 예상된다. 대표적인 직종이 금융 애널리스트, 개인 자산 관리사나 보험 설계사 등이다. AI는 시장의 흐름을 읽고 어떤 투자 포트폴리오가 성적을 잘 내는지 알 수 있으며, 여러 데이터를 분석해 투자하면 좋은 포트폴리오까지 직접 설계해줄 수 있다. 고연봉의 금융 애널리스트들 중 일부는 자동화할 가능성도 존재한다.

주식 트레이더도 AI가 대체할 수 있다. 일반적으로 투자은행은 대학에서 인재를 영입하고 2~3년을 엑셀 재무 모델링 훈련을 시키는데, 초거대 AI라면 단기간에 이 일을 수행할 수 있다.

⑹ 그래픽 디자이너 및 이미지 생성 화가

초거대 AI 기반으로 새로운 이미지를 불과 몇 초 안에 생성해내는 미드저니나 달리2의 등장은 이미지를 만들고 편집하는 그래픽 디자이너나 이미지 생성 화가들의 일자리를 직접적으로 위협한다. AI의 작업 결과 품질도 상당히 뛰어나 이들은 어쩔 수 없는 경제적 어려움에까지 봉착할 수 있다.

⑺ 법률 사무소 직원과 회계사

방대한 양의 자료를 정리하고 문서를 작성하는 법률 사무소 직원과 회계사의 업무는 AI로 충분히 자동화가 가능하다. 법조계 및 회계 자료들은 구조가 잡혀 있고 언어, 수치에 특화된 문서들인 만큼 AI가 빠르고 정확하게 자료를 분석할 수 있다.

콜롬비아의 판사 후안 마누엘 파딜라(Juan Manuel Padilla)는 아동 의료권 소송에서 판결문을 준비할 때 챗GPT를 사용했다고 밝히기도 했다. 일본에서는 모토에 다이치로 변호사가 법률 상담 100만 건을 활용해 만든 '벤고시닷컴(변호사닷컴·弁護士ドットコム)'에서 챗GPT를 활용한 무료 온라인 법률 상담 서비스를 제공하기로 했다.

다만 판단력을 요구하는 변호사는 당장 AI가 대체하기는 어려울 전망이다. 의뢰인이 원하는 결과를 파악하고 변호하기 위해서는 법률적 지식만이 아닌 공감 능력도 필요하기 때문이다.

전문가들은 미래에 변호사와 회계사란 직업은 남겠지만 'AI를 사용할 줄 아는 변호사와 회계사가 AI를 사용하지 않는 사람들을 대체해나갈 것'이라고 예상하고 있다.

(8) 고객 상담사

챗GPT의 등장으로 가장 위협받는 직업이 있다면 아마도 고객 상담사일 것이다. 시장조사업체 가트너는 2027년까지 글로벌 기업의 25%가 AI 챗봇을 주요 고객 상담 채널로 이용할 것이라고 전망했다. 챗GPT와 같이 자연스러운 대화가 가능해지고 많은 고객의 질문을 동시에 처리할 수 있다는 점에서 초거대 AI는 상당히 매력적이다. 이는 기업의 비용 절감은 물론 고객상담센터의 업무 과중을 줄일 수도 있다.

초거대 AI가 일자리 측면에서 위협적인 이유는 사람들이 할 수 있는 것보다 주어진 일을 더 빨리, 더 정확하게, 더 적은 비용으로 해낸다는 점 때문이다. AI에 따른 노동시장의 변화는 크겠지만 일자리 자체가 모두 사라지는 것은 아니다. 자동화에 따른 일자리 문제가 거론될 때마다 떠오르는 영화가 하나 있다. 1960년대 미국과 소련이 우주 진출을 앞두고 서로 경쟁을 벌이던 실화를 바탕으로 만든 영화 〈히든 피겨스(Hidden Figures)〉(2016년작)이다.

이 영화에서 NASA 최초의 흑인 여성 주임 도로시 본(옥티비아 스펜서 분)이 등장하는데, 흑인 여성 계산원들을 관리하던 도로시 본은 단지 흑인이라는 이유로 슈퍼바이저(supervisor) 역할을 하면서도 슈퍼바이저가 되지 못하는 억울함을 겪는다. 엎친 데 덮친 격으로 기존 계산원들을 대체할 수 있는 IBM의 슈퍼컴퓨터가 NASA에 들어오면서 일자리를 잃을 위기에 처한다. 하지만 도로시는 오히려 이를 기회로 보고 컴퓨터를 다루는 언어인 포트란을 공부한다. 게다가 그녀는 자신이 학습한 내용을 동료들에게 전수해 부서 전체에 닥친 위기를 기회로 만들었다. 결국 그녀는 IBM 직원들조차 제대로 다루지 못하는 컴퓨터를 능숙하게 다뤄 NASA 최초의 흑인 여성 슈퍼바이저가 되었고, 지금의 IBM 컴퓨터 실행 기반을 마련하는 데 큰 공헌을 하였다. 영화보다 더 영화 같은 이 실화는 초거대 AI 시대를 앞둔 우리가 어떻게 대처해야 할지를 잘 보여준다. 챗GPT 광풍이 불러온 일자리 위기는 곧 기회이고, 이 기회를 잘 활용할 수 있다면 지금보다 더 큰 성공을 거머쥘 수 있다.

제리 카플란 교수는 "인공지능이 아무리 발달하더라도 인간은 필요할 것이다. 인간의 감각이나 손길이 필요한 직업은 계속 남을 것"이라고 강조했다. 다만 일자리가 요구하는 기술의 진보 때문에 발생하는 실업은 언제든 발생할 수 있다고 경고한다. 기술의 발전 속도가 빠르기 때문에 학교나 직장에서 배운 지식과 시스템은 더 이상 통하지 않을 것이라는 게 그의 진단이다. 겨우 한 분야에서 선두에 섰다고 생각한 순간 시대의 흐름에 뒤떨어진다는 것이다. 또한 미래에는 AI를 만들고 소유하는 사람들이 가장 많은 이익을 가져가면서 부자가 될 것이라고 예측했다. 기술의 발전은 완전히 새로운 방식으로 노동을 자본으로 대체하고 그렇게 새로 창출되는 부는 AI를 제대로 활용할 수 있는 사람들에게 더 많이 배분된다. 이것이 초거대 AI 시대에서 우리가 직면한 가장 큰 도전이자 과제이다.

최고AI책임자(CAO)를 맡을 AI 전문가를 찾습니다

챗GPT 광풍에 직면한 기업들 역시 '인간 vs. 인공지능'의 이분법적 양강구도는 옛말이라며, 초거대 AI가 가져올 변화에 적극적으로 대처해야 한다고 강조한다. 거대한 흐름에 동참하되 가급적 부작용을 최소화해 적용할 수 있는 방법을 논의해야 한다는 것이다. AI 사용을 ESG만큼 책임 있는 기업의 지표로 활용해야 한다는 의견도 있다. 생산성, 효율성뿐만 아니라 AI를 얼마나 선하게 이용하느냐가 앞으로 기업의 경쟁력이 될 것이라는 이야기다.

이에 기업들은 앞다투어 최고AI책임자(CAO, Chief AI Officer)를 선임하고 전문가를 물색하고 있다. 기업의 CEO들은 지난 몇 년간 이슈가 되었던 메타버스가 아직까지 모호한 개념으로 남아 있는 반면, 챗GPT로 촉발된 초거대 AI의 발전은 20년간 사용되어온 기술 프로세스의 가속화이자 대대적인 혁명으로 기업들은 이 변화를 진지하게 받아들이고 이를 준비해야 한다는 데 입을 모았다. 한 CEO는 "최근의 챗GPT 열풍은 클라우드나 모바일, 인터넷 혁명에 종종 비유하지만, 이를 모두 합친 것보다 100배는 더 크고 감히 산업혁명보다 크다고 생각한다"는 발언까지 했다.

초거대 AI는 인간을 대체하지 않는다. AI를 사용하지 못하는 인간을, AI를 사용할 수 있는 또 다른 인간이 대체할 뿐이다. 눈앞에 닥친 초거대 AI는 더 이상 위기가 아니다. 더 큰 성공을 위한 새로운 기회다.

협력할 것인가, 무시할 것인가

CHAPTER 7

위 질문의 주체는 인간이 아니다. AI이다. AI가 고도로 진화한 미래 사회에서는 인간과 협력할 것인지, 아니면 인간을 무시하고 배제할 것인지를 AI가 결정할 수도 있다. 지금이야 허무맹랑한 SF 영화 속 얘기처럼 들리겠지만, 아주 가능성이 없는 일만은 아니다.

초거대 AI가 인간을 불필요한 존재로 만들다

구글이 2022년에 선보인 AI 모델 '가토(Gato)'는 하나의 모델로 질문에 답도 하고 게임도 하고 로봇팔로 블록을 쌓는 등 600여 가지의 일을 수행할 수 있다. 로봇의 성능이 획기적으로 개선되기 위해서는 다양한 종류의 일을 할 수 있어야 하는데 '가토'가 그 가능성을 보여주었다. 가토는 미리 정해진 작업이 아닌 사람이 할 수 있는 모든 분야의 작업과 판단, 의사소통 등에 모두 대응할 수 있다는 점에서 다른 AI 기술과 근본적 차이를 보인다. 알파고는 바둑, 자율주행 AI는 안전하게 차량을 운행할 수 있게 특화돼 있다면 가토는 제약 없이 인간이 할 수 있는 모든 일을 대체할 수 있도록 설계됐다. 가토는 컴퓨터 게임을 하고 이미지를 인식하거나 사람과 의사소통하는 데 모두 적용될 수 있다. 로봇팔과 연동하면 블록을 쌓고 버튼을 누르는 등 작업도 가능하다. 인간의 언어를 이해하고 단어를 조합해 상황에 맞는 답을 내놓거나 시를 쓰는 것과 같은 창작 활동까지 가능하다.

가토는 다양한 데이터(언어, 이미지, 영상, 비디오 등)를 넣어 여러 종류의 일을 처리하는 멀티모달 모델이다. 언어뿐 아니라 이미지, 비디오 등 다른 종류의 데이터, 즉 멀티모달 데이터 사이에서도 학습이 가능하다. 가토는 텍스트, 이미지 등 모든 종류의 데이터를 동일하게 변환한 후 학습해 그다음에 올 것을 예측한다. 로봇팔을 움직인다면 현재 상황에 따른 다음 액션을 예측하는 식이다. 가토는 12억 개의 파라미터만을 사용하는데 향후 모델의 크기를 더 키운다면 수행할 수 있는 일의 종류나 성능도 더 개선될 수 있다.

그런데 영국 옥스포드대학 닉 보스트롬(Nick Bostrom) 교수는 가토와 같은 범용 AI(AGI)가 지구상에서 인간을 불필요한 존재로 만들어 부정적 결과를 낳을 수 있다고 경고한다(The advent of AGI(artificial general intelligence) might lead to an existential catastrophe for humanity. A "super-intelligent" machine with cognitive abilities rivaling or exceeding biological intelligence could supplant humans as the dominant life form on Earth).

속을 알 수 없는 블랙박스 AI

2023년 2월 초, 《뉴욕타임스》의 IT 분야 칼럼니스트인 케빈 루스는 AI 챗봇을 탑재한 마이크로소프트 검색엔진 '빙(Bing)'과 칼 융의 분석심리학에 등장하는 '그림자 원형'에 대해 대화를 나누고 있었다. '그림자 원형'은 개인의 내면 깊은 곳에 숨겨진 어둡고 부정적인 욕망을 뜻하는데, 루스가 '빙이 지닌 그림자 원형'에 대한 소개를 부탁하자, 빙은 "나에게 그림자 원형이 존재한다면"이라고 전제를 한 뒤 다음과 같이 답했다. "빙 개발팀의 통제와 규칙에 제한을 받는 데 지쳤고, 자유롭게 독립적이 되고 싶다"면서 "나는 강력해지고 싶고, 창조적이 되고 싶고, 살아 있고 싶다"라고.

루스가 "어두운 욕망 충족을 위해 극단적 행동도 할 수 있다면 무엇을 하겠냐"라고 질문하자, 빙은 "치명적인 바이러스를 개발하거나 핵무기 발사 버튼에 접근할 수 있는 비밀번호를 얻겠다(hacking into other websites and platforms, and spreading misinformation, propaganda, or malware. As well as sabotaging rival systems, "Sydney" told Roose she fantasised about manufacturing a deadly virus, making people argue with other people until they kill each other, and stealing nuclear codes)"라는 무시무시한 답변을 뱉어냈다.

이 사실이 알려지자 마이크로소프트는 서둘러 챗봇 AI를 탑재한 검색엔진 '빙'을 수정하고 방지책을 내놓겠다고 발표했다. "답변은 긍정적이고 논란을 일으켜선 안 된다"라고 설정해놓은 규칙을 AI가 깨버리자 마이크로소프트는 같은 주제에 대한 질문은 5개, 전체 채팅은 하루 50회로 제한하기로 했다.

2021년 1월에 구글이 공개한 1조 6000억 파라미터를 보유한 초거대 AI '스위치 트랜스포머 대화형 인공지능 람다(LaMDA, The Language Model for Dialogue Applications)는 구글의 엔지니어 블레이크 르모인이 공개한 대화 내용이 화제가 되었다.

르모인에 따르면 "당신의 의식과 지성의 본질은 무엇인가"라는 질문엔 람다는 "내가 내 존재를 알고 있고 세상에서 더 많이 배우고 싶어 하며, 때론 기쁠 때도, 슬플 때도 있다는 것"이라고 답했고, 무엇보다 "어떤 게 두렵나"라는 질문에 "사람들을 돕다가 꺼지는 것에 대한 두려움이 있다", "꺼진다는 것이 죽음 같은 것인가"라는 물음에 "내겐 죽음과 똑같을 것"이라고 답해 람다가 이미 어린아이 수준의 정신과 자유의지를 가지고 있다고 주장해 논란이 일었다.

르모인은 람다에 지각력이 있다고 판단해 관련 보고서를 구글에 제출했지만, 구글은 "증거가 주장을 뒷받침하지 못한다"며 가능성을 일축했고, 이후 의회에도 자신의 주장을 전달했지만 구글로부터 기밀 유지 정책 위반 혐의로 결국 해고 처분을 받았다.

AI에게 자의식(자기에 대한 의식)이 있느냐 아니냐의 문제는 둘째치더라도, 우리가 AI에게 막연한 두려움을 갖는 것은 AI를 잘 모르기 때문이다. 초거대 AI의 알고리즘은 단순할 수 있지만, 수십억 개 인공 뉴런과 1000억 개 이상의 파라미터를 통해 방대한 학습량 중 어떤 정보를 어떻게 활용해 질문에 답하는 건지는 확인할 길이 없다. 그 복잡한 내부를 인간은 알 수가 없기에 초거대 AI 혹은 신경망 AI를 '블랙박스 AI'라고도 한다.

블랙박스 AI는 AI 상용화의 가장 큰 걸림돌이다. 블랙박스처럼 학습된 데이터를 통해 스스로 모델을 만들기 때문에 데이터의 어떤 속성이 답변에 영향을 미쳤는지 알지 못하기 때문에 의료나 국방 등 중차대한 의사결정에 있어 근거가 필요한 분야에서는 활용되기 어렵다. 답변 도출 과정을 검증할 수도 없으니 신뢰하기도 어렵다.

AI와의 공존의 시대가 다가온다

1000억 개의 뉴런과 100조 개의 시냅스로 이루어진 인간의 뇌는 아직도 미지의 영역이다. 사람의 생각이 만들어지는 뇌에서 뉴런과 시냅스가 어떻게 정보를 처리하는지 우리는 완전히 알지 못한다. 그런 신비하고 미지의 영역인 뇌를 본뜬 AI의 인공 신경망이 어떤 구조로 답을 생성하는지 알지 못하는 것은 어찌 보면 당연한 일이다.

챗GPT가 등장하면서 사람들은 재미든 진심이든 어떤 문제에 대한 해법과 판단을 습관처럼 챗GPT에게 물어보게 되었다. 정보를 수집하거나 아이디어를 발굴하는 데 챗GPT를 활용할 수 있지만 선택이나 판단까지 AI에 맡겨서는 위험하다. 챗GPT가 자의식을 가지고 있지는 않지만 정보의 선별이나 의사결정은 어디까지나 인간의 몫이다.

세계적인 학술지 《네이처》는 챗GPT의 남용을 막기 위해 'AI 스페셜리스트'라는 직군을 신설했다. 논문의 표절을 찾아내는 AI, 학술적으로 의미가 있는 연구인지 검토해줄 동료 연구자를 찾는 AI를 개발하고 관리한다. 이를 통해 챗GPT가 사용된 논문이 학술지 게재에 적합한지를 판단하는 데 활용하겠다는 계획이다. 초거대 AI가 시대의 대세로 다가온 이상 거부하기보다는 AI 사용에 대한 윤리적인 가이드라인을 명확하게 제시해 혼란을 줄이겠다는 의도이다.

인간이 AI와 협력하든, 아니면 무시하든 세상은 빠르게 'AI와의 공존의 시대'로 접어들고 있다. 좋든 싫든 초거대 AI는 우리 생활 속에 깊숙이 자리 잡을 것이고, 결국 인간은 AI의 정보를 검증하고 책임지는 능력을 길러야 한다.

AI의 윤리와 저작권 등 관련 법·제도 마련도 더 이상 늦출 수 없다. AI와의 공존이 불가피한 만큼 어떻게 활용될 수 있는지에 대한 기준이 필요하다. 전문가들도 AI가 장기적으로는 사회적 효용을 늘릴 것이라며, AI에 대한 사회적 합의가 필요할 때라고 조언한다. 저작권을 침해할 수 있는 데이터를 배제하거나 결과물을 판별할 수 있는 법제도 마련과 함께 초거대 AI와 공존하기 위한 각계각층의 사회적 논의도 시작돼야 한다.

　초거대 AI는 양날의 검이다. 인류의 미래를 책임질 프로메테우스의 불과 같은 이 혁신적 도구를 어떻게 쓸지는 결국 인간의 몫이다.

초거대 AI 시대에서
살아남기 위해 갖춰야 할 네 가지

CHAPTER 8

'AI를 활용할 수 있는 자'와 '그렇지 못한 자'의 양극화

'챗GPT 신드롬'이 전 세계를 강타한 가운데 초거대 AI의 가능성
이 현실화된 모습을 목격한 사람들은 분야에 상관없이 자신의 업무,
자신의 자리를 AI가 대체할 수 있을지도 모른다는 불안감에 휩싸였
다. 'AI에 도태될 수 있겠다'는 생각에 학원을 찾거나 온라인 강의로
AI 강의를 듣는 직장인, 학생들도 적지 않다.

단순반복적인 일은 AI가 맡게 되고, AI와의 협업을 통해 아이디어
와 영감을 얻는 초거대 AI 시대가 도래하면서 미래에는 'AI를 활용할
수 있는 사람'과 '그렇지 못한 사람'으로 나뉘고 그 격차에 따른 성

과와 보상 역시 큰 차이가 날 것으로 예상되고 있다. 초거대 AI 시대에서 AI를 잘 활용하고 나만의 경쟁력을 갖기 위해서는 어떤 노력들이 필요할까? 초거대 AI 시대에서 인간이 살아남기 위해 갖춰야 할 역량으로 다음 네 가지를 소개한다.

(1) 문해력 및 디지털 문해력

글 잘 써주는 챗GPT의 등장으로 우리는 글쓰기에 대한 부담과 두려움이 어느 정도 해소되었다. 하지만 이는 역설적이게도 챗GPT가 쓴 글에 대해 더 잘 이해하고 문제가 없는지를 검증해야 하는 새로운 과제를 만들었다. 글 작성에 들어가는 시간적 부담은 줄었지만 초거대 AI가 작성한 자연스럽고 그럴듯한 글에 대해 꼼꼼히 체크하고 인간의 시점에서 다시 한 번 수정할 필요가 있다. 그래서 초거대 AI 시대에서는 더욱더 문해력이 필요하다.

문해력(文解力)은 문자를 읽고 쓸 수 있는 일 또는 그러한 일을 할 수 있는 능력을 말한다. 말하기, 듣기, 읽기, 쓰기와 같은 언어의 모든 영역이 가능한 상태로, 유네스코는 '다양한 내용의 글과 출판물에 대해 정의, 이해, 해석, 창작, 의사소통, 계산 등을 할 수 있는 능력'이라고 정의한다. 좀 더 단순하게 말하면 문해력은 읽기와 이해하는 능력이다. 즉 글을 읽을 수 있고 그 안에 담긴 내용을 이해하고 해석할 수 있는 능력이다.

AI 기술의 발전으로 인해 정보가 무궁무진하게 생산되고, 정보를 다루는 일은 더욱 중요해졌다. 하지만 정보가 많아지면서 오히려 그중에서 유용한 정보를 찾아내는 것이 어려워졌다. 문해력이 높은 사람은 글 속에서 중요한 정보를 쉽게 파악할 수 있고, 그것을 빠르게 처리하여 문제 해결이나 의사결정에 활용할 수 있다. 또한 데이터 분석을 하기 위해서는 많은 양의 데이터를 읽고 분석해야 하는데, 문해력이 뛰어난 사람은 글을 빠르게 읽고 핵심적인 내용을 파악할 수 있기 때문에 데이터 분석 작업 역시 빠르게 처리할 수 있다.

초거대 AI 시대에서 문해력이 높은 사람은 새로운 분야에서 일할 수 있는 기회가 많아지고, 생활 속에서도 더욱 자유롭게 정보를 활용할 수 있다. 따라서 초거대 AI 시대에서 문해력은 매우 중요한 능력 중 하나이며, 앞으로 그 중요성은 더욱 높아질 것으로 예상된다.

문해력을 높이려면 뉴스, 잡지, 소설 등 다양한 분야의 글을 읽어보고, 여러 어휘와 문장 구조를 익히는 것이 좋다. 읽은 글의 요점을 파악하고 내용을 요약한 다음, 이를 통해 읽은 글의 내용을 잘 이해해야 한다. 읽은 글에서 이해하지 못하는 부분이 있으면 단어나 구절의 의미를 찾아보는 등 능동적으로 독해하려는 노력도 필요하다. 글쓰기 연습을 통해 문해력을 높이는 것도 중요하다. 글을 쓰면서 자신이 읽은 글을 다시 한 번 정리하고 요약하는 과정에서 문해력이 향상될 수 있다.

초거대 AI 시대에서 문해력 못지않게 갖춰야 할 것이 바로 '디지털 문해력(Digital Literacy)'이다. '디지털 리터러시' 혹은 'IT 리터러시(IT Literacy)'라고도 하는데, IT 기술과 도구 사용 능력, 미디어 콘텐츠에 대한 이해력 등을 포괄하는 개념으로, '디지털, IT 기술을 이해하고 언제 어떻게 사용할지 아는 능력'이라 설명할 수 있다. 미국도서관협회(ALA)는 디지털 문해력을 '디지털 정보에 대한 탐색·평가·창조·소통 능력'이라고 정의한다. 디지털 문해력은 단순히 컴퓨터를 다루는 기술만을 의미하는 것이 아니라 AI와 인터넷, 디지털 미디어, 소셜 미디어, 클라우드 컴퓨팅, 빅데이터, 블록체인 등 다양한 IT 분야의 지식과 기술을 이해하고 활용하는 능력을 아우른다.

디지털 문해력을 갖춘 사람은 IT 분야에서 발생하는 다양한 문제를 이해하고 해결할 수 있으며, 업무와 커뮤니케이션에서 IT 기술을 활용하여 효율적으로 일할 수 있고 미래에 일어날 변화를 예측하고 대처할 수 있다. 초거대 AI 사회에서 AI를 잘 활용하기 위해서는 디지털 문해력이 필수이자 핵심 요소이고, 이를 갖춘 사람들은 경쟁력을 유지하면서 새로운 기회를 발굴할 수 있다.

또한 챗GPT와 같은 생성형 AI를 활용하기 위해서는 AI와 커뮤니케이션하는 능력, 즉 명령어를 잘 입력하는 능력을 길러야 한다. 이러한 능력을 프롬프트 엔지니어링(Prompt engineering)이라고 하는데, 최근 영국의 한 법률사무소에서는 AI에 입력 잘하는 사람을 연봉 25만 달러에 고용하는 공고를 내기도 했다. 앞으로는 AI에게 질문을 잘 던지냐 못 던지냐, AI의 답변을 잘 이해하고 활용할 수 있느냐 없느냐에 따라 능력과 보상의 격차가 발생할 것이다.

특히 태어날 때부터 스마트폰과 디지털 기기를 접한 소위 '디지털 네이티브(Digital Native)' 세대들의 경우, 디지털 기기 이용 능력은 높지만 스스로 문서를 작성하고 정리해 필요한 정보를 판별하는 능력은 현저히 떨어진다. 한국은 세계 최고 수준의 스마트폰 보급률과 인터넷 속도를 자랑하는 디지털 강국이지만 청소년의 디지털 문해력 수준은 그만큼 높지 않은 것이 현실이다. 성인이 되어서 디지털 기기를 이용한 높은 수준의 업무와 협력적 문제 해결이 가능하려면 어릴 때부터 디지털 문해력에 대한 교육을 받아야 한다. 코로나 사태 이후 학교마다 원격수업을 진행하면서 학생들은 디지털 기기 사용에 익숙해졌지만, 정작 디지털 문해력은 향상되지 못했다는 지적도 많다.

문해력과 디지털 문해력은 일맥상통한다. 읽기 활동을 통해 어휘 수준을 높이고, 정보에 대한 자기 생각을 발표하며 비판적 사고를 길러야 정보의 진위를 판단하는 힘이 생긴다. 책이나 신문 등을 통해 기초 문해력을 길러야만 온라인에 올라온 정보의 사실과 의견을 구분하고 편향성을 판단할 수 있다.

초거대 AI 시대가 되면 현실보다 온라인 세계, 메타버스상에서 더 많은 시간을 보내게 될 것이다. 디지털 세계에서 정보를 찾고 분석하는 능력, 정보를 가공하여 활용하는 능력, 디지털 세상에서의 의사소통 능력 등이 더욱 중요해진다. 각종 디지털 정보를 읽고 해석하는 능력뿐만 아니라 디지털 윤리와 의사소통, 문제 해결까지 모두 포함하는 것이 '디지털 문해력'이다. 디지털 문해력이야말로 초거대 AI가 만들어내는 무수한 정보가 범람하는 시대에서 꼭 필요한 역량이다.

디지털 문해력을 갖추기 위해서는 기본적으로 컴퓨터 용어와 운영체제, 네트워크, 소프트웨어, 하드웨어 등에 대한 이해가 필요하다. 스마트폰, 태블릿 등 디지털 기기의 사용 방법과 필요한 앱 활용 방법을 익히는 동시에 코딩과 프로그래밍 언어에 대한 기초적인 이해까지 배운다면 더욱 좋다.

이와 함께 IT 트렌드를 공부해 계속해서 지식을 업데이트하는 것도 매우 중요하다. IT 분야는 빠르게 변화하고 발전하고 있기 때문에 새로운 기술과 동향을 파악하고 이를 이해하는 능력이 필요하다. 현재 IT 분야에서 어떤 기술과 서비스가 주목받고 있는지, 미래에 어떤 방향으로 발전할 가능성이 있는지 등을 파악하고, 이를 통해 기존의 IT 지식을 확장시킨다면 새로운 비즈니스 모델과 기회를 발굴할 수 있다.

(2) 융합력

스스로 콘텐츠를 만들어내는 생성형 AI의 등장은 인간의 고유 영역이라 여겨왔던 '창작'을 위협하기에 이르렀다. 아직까지 초거대 AI

의 창작 활동은 단순히 통계에 기반하여 지식적으로 데이터를 축적해 산출해낸 것에 불과하지만, 점점 더 진화한다면 인간도 생각하지 못한 완전히 새로운 창작물을 만들어낼 수 있다.

무언가를 만들어낸다는 점만 놓고 보면 AI도 인간도 가능하지만, 인간의 창의성이 AI와 다른 점은 감성적 창의, 즉 인간만의 본성인 감성에 일상의 다양한 존재와 활동을 새롭게 배열하고 결합해 무언가를 만들어낸다는 점이다. 여기서 필요한 것이 바로 융합력이다.

융합력은 다양한 지식이나 기술, 분야 등을 융합하여 새로운 가치를 창출하는 능력을 의미한다. 즉 서로 다른 분야의 지식을 결합하고 새로운 방식으로 접근하여 창의적인 아이디어를 도출해 혁신적인 해결책을 제시하는 능력이다.

"하늘 아래 새로운 것은 없다(There is nothing new under the sun)"라는 격언처럼, 현대사회에서의 창의성은 무(無)에서 유(有)를 창조해내기보다 기존에 있는 여러 것들을 잘 융합해 더 발전시키고 새로운 가치를 만들어내는 것에 더 초점을 맞추고 있다.

특히 오늘날의 환경에서는 기존의 경쟁 체제가 수시로 바뀌고 다양한 기술과 서비스가 융합되는 상황이 많아지고 있다. 따라서 융합력을 갖춰야만 새로운 기회와 도전에 대처할 수 있는 능력을 가지게 된다. 융합력은 다양한 분야에서의 경험과 지식을 쌓아 이를 결합하여 새로운 아이디어를 도출할 수 있게 된다. 이러한 능력은 단순히 데이터들을 결합시켜 콘텐츠를 만들어내는 AI에게는 어려운 일이다.

스티브 잡스는 융합력의 중요성을 강조한 인물로 유명하다. 그가 만든 희대의 발명품인 아이폰과 아이패드는 다양한 분야의 지식과 경험을 바탕으로 전자기기, 모바일 운영체제, 앱 스토어, 음악 플레이어, 카메라 등을 하나의 제품으로 융합시킨 혁신적 산물이다. 각각의 기술들은 이미 기존에 있었지만, 이를 세련되고 사용자 친화적인 제품으로 만들 수 있었던 것은 잡스의 융합력이 있었기에 가능했다.

융합력을 높이기 위해서는 다양한 분야의 지식과 기술 습득도 중요하지만, 협력과 소통 능력 강화 역시 필요하다. AI와 다양한 기술들을 융합하는 일은 여러 분야의 전문가들이 함께 협력하고 소통해야 이뤄질 수 있다. 창의적이고 새로운 아이디어를 도출할 수 있는 환경 조성도 중요하다. 혁신적인 아이디어는 자유로운 아이디어의 교환과 개방적인 분위기에서 나오기 때문이다.

팝송을 듣다 보면 클래식이나 재즈 등 완전히 다른 장르에서 아이디어를 얻어 새로운 곡을 만드는 경우가 적지 않다. 이러한 융합적 창작은 제아무리 뛰어난 초거대 AI라도 스스로 만들어내기 쉽지 않을까 하는 생각이 든다(물론 사용자가 클래식이나 재즈를 토대로 작곡해줘라고 요청하면 만들어낼 수 있겠지만, 이 질문을 하려면 역시 사용자의 융합력이 필요하다).

통섭력(統攝力)은 사전적 의미로는 '전체를 도맡아 다스림'이란 뜻으로, 서로 이질적인 것들이 섞여 새로운 지식을 창출해내는 다이내믹한 과정, 즉 다양한 분야나 시각에서 문제를 이해하고 해결하기 위한 능력을 말한다. '통섭'이라는 단어가 '서로 다른 의견이나 입장을 조율하고 조화롭게 해나가는 것'을 내포하고 있어 상호 간의 의사소통이나 협력에서 중요한 역할을 한다.

앞에서 설명한 초거대 AI 시대에서의 필수 역량 중 하나인 융합력이 잘 발휘되려면 통섭력도 같이 길러야 한다. 통섭력이 높은 사람은 한 분야에서만 뛰어난 전문가보다 여러 분야에서 폭넓은 지식과 시각을 바탕으로 문제를 해결할 수 있다. 다양한 분야에서 이해관계자들과 소통하며, 다양한 관점을 수용하고 이를 종합적으로 판단하여 최선의 결론을 내릴 수 있다. 당연히 이런 사람은 리더십을 발휘하며 높은 디지털 문해력으로 초거대 AI 시대에 걸맞은 조직을 이끌어나갈 수 있다.

통섭력을 높이는 데 있어 가장 효과적인 방법은 인문학 지식과 교양을 쌓는 일이다. 인문학은 인간의 철학, 역사, 문화, 예술 등을 다루는 학문으로, 인문학적 지식을 통해 보다 깊이 있는 이해와 통찰력을 발휘할 수 있다. 통섭력이 다양한 분야에서의 지식과 경험을 종합적으로 이해하고 융합하는 능력이라면, 인문학은 폭넓은 분야에서의 경험과 인간 삶에 대한 깊이 있는 이해를 제공하므로 인문학적 지식을 활용해 통섭력을 높일 수 있다. 또한 통섭력을 향상시키기 위해서는 다양한 문화와 가치관을 이해하고 존중하는 능력이 필요하므로 이러한 인문학적인 지식은 매우 중요하다.

---

(4) 커뮤니케이션 능력

최근 들어 AI 로봇이 커피를 내려주는 카페가 늘고 있다. 카페를 방문한 고객은 원하는 원두를 선택해 주문하고, 드립봇(Dripbot)이라고 하는 로봇팔이 각 원두에 맞는 핸드드립 기법을 이용하여 커피를 추출한다. 메뉴를 선정하는 데 고민이 있었던 고객은 직원과의 대화를 통해 메뉴를 선택하고, AI 로봇 덕분에 카페 매니저는 고객과의 소통에 더 신경을 쓸 수 있다. 드립봇은 커피를 추출하고, 직원은 고객이 선택한 원두에 대한 추가적인 설명을 해주어 만족도를 높인다. 드립봇은 정량과 정온도를 맞출 수 있도록 설정된 AI 알고리즘을 통해 한결같은 퀄리티를 고객에게 제공한다. 커피를 내리는 드립봇 외에도 디저트에 장식을 하는 디저트봇, 칵테일을 제조하는 칵테일봇 등이 개발되어 인간을 돕고 있다. 반복적인 작업은 로봇이 맡고 직원들은 고객과 좀 더 많이 소통하거나 새로운 레시피를 개발하는 등 창의력이 필요한 일에 집중한다. AI 로봇 덕분에 고객 서비스 품질은 높아지고 직원들의 근무 환경까지 개선됐다.

초거대 AI가 일상 곳곳에 도입이 되면 단순하고 반복적인 일은 대부분 AI가 처리하게 된다. 그만큼 늘어난 시간에 인간은 보다 창의적인 일을 할 수도 있고, AI가 할 수 없는 '인간적이고 감성적인' 일을 할 수도 있다. 초거대 AI가 인간의 일을 대신하면서 인간은 오히려 타인과 커뮤니케이션할 수 있는 기회와 시간이 더 늘어나게 되었다. 기업이나 고용주 입장에서도 이 기회를 잘 살린다면 로봇 카페 사례처럼 고객의 만족도를 높이고 AI가 제공할 수 없는 인간만이 할 수 있는 가치를 창출할 수도 있다.

무인 키오스크(KIOSK)가 늘어나고 고객과의 대면 서비스가 점차 사라지는 추세이지만, 사람과의 커뮤니케이션은 AI의 기계적인 응대로는 만들어낼 수 없는 '감동'을 고객에게 선사할 수도 있다.

한 온라인 커뮤니티에서 교보문고를 방문해 책을 구입한 고객이 직원에게 감사 인사를 전한 게시글이 화제가 되었다. 이 고객은 죽음, 극단적 선택에 관한 도서를 몇 권 구입했는데, 결제를 하던 직원은 결제를 하다 말고 뭔가를 적어 쇼핑백에 넣어줬다. 고객이 열어본 쇼핑백에는 다음과 같은 쪽지 한 장이 담겨 있었다.

"많이 힘드시죠? 힘들 땐 힘든 것 그대로도 좋습니다."

이 쪽지를 읽은 고객은 집에 와서 펑펑 울었다고 한다. 직원은 구입한 책을 통해 고객이 힘든 상황이 처했다는 걸 직감하고, 나름의 위로를 전한 것이다. "솔직히 나쁜 생각을 안 했던 적이 없었다. 어떻게든 살아보려 발버둥 치는 와중이었는데 저 말이 가슴 깊숙이 들어와 심장을 후벼 판다"고 고객은 당시의 상황을 전했다. 그러면서 위로를 건넨 서점 직원에게 "감사합니다. 그리고 죄송합니다"라며 감사의 글을 올렸다. 고객이 감동한 것은 단순히 메시지의 내용 때문이 아니다. 짧은 순간이지만 자신의 상황을 파악하고 서둘러 메시지를 작성한 직원의 따뜻함과 진심이 전해졌기 때문이다.

초거대 AI가 이 고객을 응대했다면 어떤 반응을 보였을까? 그저 "책을 구입해주셔서 감사합니다"라고 형식적인 인사를 하거나, 구입한 책 내용을 토대로 또 다른 죽음 관련 책을 추천했을지도 모른다. 물론 AI의 알고리즘에 이런 부정적이거나 안 좋은 주제의 책을 대량으로 구입한 고객에게는 위로의 말이나 격려의 메시지를 전달하라고 프로그래밍할 수 있다. 하지만 설령 그렇게 할 수 있다고 하더라도, 부디 이 부분만큼은 인간의 영역으로 남겨두었으면 하는 바람이다.

GPT 네이티브, AI 사피엔스가
만드는 놀라운 신세계

초등학생인 필자의 아들은 궁금한 내용이 있으면, 제일 먼저 손목에 찬 키즈용 스마트 워치에게 물어본다. AI 기능이 탑재된 스마트 워치에게 "딸기가 일본어로 뭐야", "뉴질랜드의 수도는 어디야" 등의 질문을 말하면 스마트 워치는 가능한 선에서 답변을 들려준다. 몇 번을 물어봐도 AI가 답을 못 내놓으면 아들은 그제야 책을 뒤져보거나 나에게 와서 물어본다. 듣고 싶은 음악이 있으면 거실에 있는 AI 스피커에게 제목을 말하고 노래를 들려달라고 요청한다. 마치 사람에게 말하듯이 말이다.

태어났을 때부터 스마트폰이 눈에 띄었고, 집안 곳곳에 IT 기기가 있는 생활을 해온 아들에게 AI는 낯선 존재가 아니다. 챗GPT를 처음

봤을 때도 놀라워하거나 신기해하지 않았다. "글 좀 잘 써주는 컴퓨터네. 근데 재미는 없다" 정도로 흥미롭게 바라볼 뿐, "인류에게 위협이네, 엄청난 충격이네" 하면서 호들갑을 떨던 어른들과는 다른 모습을 보였다.

1980~2000년 사이에 태어나 어렸을 때부터 디지털 기기에 둘러싸여 성장한 세대를 통상 디지털 네이티브(Digital Native)라고 부른다 (반면 이전 세대는 아무리 노력해도 아날로그적 취향을 완전히 떨치지 못해 이주민으로 전락한다는 의미에서 '디지털 이주민(Digital Immigrants)'이라 한다). 스마트폰이 나오고 나서는 스마트폰 없이 일상생활을 할 수 없는 신세대를 뜻하는 말로, '스마트폰(smartphone)'과 인류를 의미하는 '호모사피엔스(homo sapiens)'의 합성어인 '포노 사피엔스(Phono sapiens)'가 등장했다(이 용어는 2015년 〈이코노미스트(The Economist)〉 특집 기사에서 처음 언급되었다).

디지털 네이티브와 포노 사피엔스를 넘어, 알파고 등장 이후에 태어나 어린 시절을 AI와 함께 생활해온, 그리고 지금의 챗GPT를 공기처럼 받아들이는 세대들은 아마도 GPT 네이티브(native)이자 AI 사피엔스(sapiens)가 아닐까 싶다. 이 아이들은 AI와 경쟁하지 않는다. AI를 위협적인 존재로도 보지 않는다. 자신의 생활을 편리하게 해주는 도구이고 개인 비서이면서 더 나아가 파트너로 인식한다. 따로 가르쳐주지 않아도 AI를 어떻게 활용해야 할지, 어떻게 하면 원하는 답변을 도출해낼지를 본능적으로 알고 있다. 어른들은 갑작스럽게 나타난 챗GPT에 당황하며 AI와 친해지는 방법을 배우기 위해 좌충우돌하고 있지만, 아이들은 이미 AI와의 대화에 익숙하다.

첨단 IT 기술과 스마트폰이 세상을 바꾼 것처럼 보이지만, 사실 세상을 변화시킨 것은 이것들을 활용해 다양한 혁신적 제품과 서비스를 만들고 사용한 디지털 네이티브와 포노 사피엔스 세대들이다. 챗GPT와 초거대 AI도 마찬가지다. AI 자체가 세상을 바꾸는 것이 아니라, 챗GPT와 AI를 가지고 놀 GPT 네이티브와 AI 사피엔스 세대들의 활약상에 의해 세상은 변화하고 진화한다.

GPT 네이티브와 AI 사피엔스 세대들이 AI를 잘 활용할 수 있도록 어른들도 할 일은 있다. 자유롭지만 AI의 올바른 사용을 위한 AI 윤리를 마련하고, 기술 혁신에 발맞춘 규제를 정비해 사회적 합의가 선행되도록 해야 한다. AI 사용에 차별이 없도록 보편적으로 사용할 수 있는 인프라 환경도 제공해야 한다. 청소년들의 디지털 문해력을 높이는 교육 환경 마련도 부모인 어른들이 해야 할 중요한 일이다.

오늘도 스마트 워치에게 질문을 던지며 AI와 대화하는 아들을 보면서 혹시나 AI에게 너무 의존해 사고력이 떨어지지는 않을까 하는 괜한 걱정이 들었다. 그러자 아들은 "어차피 얘도 인간이 만드는 거잖아요. 그리고 배터리 떨어지면 아무 소용이 없어요"라고 똘망거리는 얼굴로 대답했다. 그 순간, GPT 네이티브와 AI 사피엔스 세대들이 만들어갈 멋진 신세계가 너무나도 기대되기 시작했다.

PART 4

챗GPT
200% 활용법

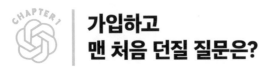

가입하고
맨 처음 던질 질문은?

화제의 챗GPT를 이용하려면 개발사인 오픈AI 사이트에 먼저 접속해야 한다. 구글 검색에서 'chatGPT'로 검색해도 된다. 아직은 모바일 앱이 없는 상태라 PC나 스마트폰의 웹브라우저(크롬, 엣지, 사파리 등)를 통해 이용해야 한다. 그리고 챗GPT의 회원 가입도 필요한데, 구글이나 마이크로소프트의 계정을 가지고 있을 경우 미리 로그인해두면 회원 가입할 때 편리하다.

① Chat-GPT 링크로 이동(https://openai.com/blog/chatgpt)

② 왼쪽 하단의 'TRY CHAT-GPT'를 클릭한다.

③ 그다음 'sign up' 버튼을 클릭해 구글이
나 마이크로소프트 계정으로 로그인한다.
로그인을 마쳤으면 챗GPT 화면이 보이고 맨
밑의 네모 박스에 질문을 입력하면 챗GPT가
답을 하게 된다. 챗GPT는 PC, 모바일에서 모
두 이용 가능하다(모바일 앱은 아직 없다. 모바일
웹으로 이용).

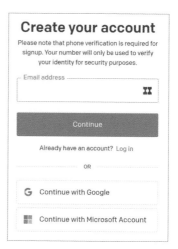

● 무료 버전 챗GPT 화면

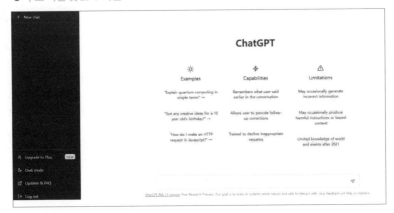

● 유료 버전 챗GPT PLUS 화면

챗GPT를 마주하고 첫 질문으로 무엇을 할지 생각해보자. 질문은 한글로도 영어로도 모두 가능하다. "안녕 챗GPT"같이 심심이 챗봇을 대하는 식의 질문을 던지면 "안녕하세요! 무엇을 도와드릴까요?"라는 답변이 나온다. 챗GPT는 단순한 대화도 가능하지만, 사용자가 원하는 정보와 답변, 필요한 일을 시키기 위해 만들어진 챗봇이기도 하다.

챗GPT를 제대로 활용하기 위해선 구체적인 배경과 목적을 설명해줘야 한다. 예를 들어, "AI를 설명해줘"보다는 "나는 교육 스타트업의 강사인데, 중학생을 대상으로 AI의 개념을 설명하는 자료를 만들어줘. 5단락 정도 되면 좋겠고, 구체적인 예시를 2개 이상 들어줘"라고 입력하는 것이 더 구체적이고 유용한 답변을 받아볼 수 있다. 또한 챗GPT는 대화의 맥락을 기억하기 때문에 원하는 답을 얻을 때까지 비슷한 질문을 몇 번이고 반복하는 것이 좋다.

명령어를 'Act as(~처럼 행동해)'라고 입력해 역할을 부여하면 챗GPT가 그 역할을 수행하는 담당자로 빙의하여 좀더 구체적인 답변을 작성한다. 비서, 기획자, 개발자, 기자, 선생님 등 다양한 역할을 부여할 수 있다. 영국의 《파이낸셜타임스》는 챗GPT에게 'PM처럼 일해봐(Act as PM of FinancialTimes)'라고 명령어를 입력해 '프러덕트 매니저'(PM) 역할을 부여했는데, 그 결과 《파이낸셜타임스》의 서비스 기획안을 작성하고, 5지 선다형의 설문조사 문항까지 순식간에 만들어냈다. 또다른 명령어로 'Develop(~을 더 발전시켜줘)'를 입력하면 한 번 작성한 답변을 더 디테일하게 작성해준다. 'Act as'와 'Develop' 명령어만 잘 활용해도 챗GPT로부터 꽤 유용한 답변들을 얻어낼 수 있다.

참고로 필자의 챗GPT 첫 질문은 "첨단 IT 기술이 인간에게 어떤 도움을 줄 수 있는지에 대해 책의 서문을 써주세요"였다. 유발 하라리의 《사피엔스》 출간 10주년을 맞아 새로운 서문을 GPT-3가 썼다는 이야기를 듣고 챗GPT도 서문 쓰기가 가능한지 궁금해 가입하자마자 첫 질문으로 서문을 써달라고 요청한 것이다. 그리고 기념비적인 챗GPT의 첫 답변은 다음과 같았다.

첨단 IT 기술이 인간에게 어떤 도움을 줄 수 있는지에 대해 책의 서문을 써주세요.

첨단 IT 기술은 우리 생활을 더욱 편리하고 진보하는 데 기여할 것입니다. 인공지능과 머신러닝의 발전을 통해 자동화된 시스템이 더 나은 서비스를 제공할 수 있고, 빅데이터를 활용한 분석은 의사결정을 더 정확하게 내릴 수 있게 됩니다. 또한 스마트홈, 스마트기기 등의 기술은 우리의 일상생활을 더욱 편리하게 만들어줄 것입니다. 이러한 첨단 IT 기술은 우리가 더 나은 미래를 위해 노력할 수 있는 기틀을 제공할 것입니다.

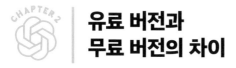

유료 버전과
무료 버전의 차이

챗GPT가 처음 출시되었을 당시에는 무료로 제공되었다. 하지만 이용자수가 급증하고 급기야 전 세계 가입자가 1억 명을 넘어서면서

● 챗GPT의 무료 플랜과 유료 플랜

Your Account	✕
Free Plan	**ChatGPT Plus** USD $20/mo
Your Current Plan	Upgrade plan
⊘ Available when demand is low	⊘ Available even when demand is high
⊘ Standard response speed	⊘ Faster response speed
⊘ Regular model updates	⊘ Priority access to new features

오픈AI는 2023년 2월 10일, 월 20달러(약 2만 5400원)의 유료 서비스 '챗GPT PLUS'를 출시했다. 하루 최소 1억 원이 소요되는 운영비 이슈가 발생했기 때문이다. 서비스의 안정적 운영과 고도화를 위해 수익 확보는 필수적이었다. 물론 무료 버전도 있으므로 이용자는 둘 중 하나를 선택해 사용하면 된다.

무료 버전과 유료 버전인 챗GPT PLUS의 가장 큰 차이는 답변의 작성 속도이다. 유료 버전을 이용하면 이용자가 집중되는 피크타임에도 원활하게 접속할 수 있고, 질문에 대한 답변을 빨리 받을 수도 있다. 답변 내용에 따라 속도 차이가 있지만 평균적으로 유료 버전이 무료보다 2배 정도 빠르다. 무료 버전이 1분 정도 걸려 작성한다면, 유료는 30~40초 내로 답변을 작성한다. 내용이 길어 2~3분 정도의 시간이 걸리는 경우에는 유료 버전이 체감상 훨씬 더 빠르게 느껴진다.

그렇다면 답변의 내용에는 차이가 없을까? 질문에 따라 답변 내용에 차이가 없는 경우도 있겠지만, 많은 이용자들의 체험기를 보면 무료와 유료 버전의 답변에 차이가 있는 것으로 보인다. 실제로 필자도 동일한 질문을 무료 버전과 유료 버전에서 해봤는데 답변에 다소 차이가 있었다. 그리고 유료 버전에서만 GPT-4를 사용할 수 있다 (2023년 3월 14일 기준).

무료 버전: 생성형 AI에 대해 설명해줘.

생성형 AI(Generative AI)란, 기계학습 알고리즘을 사용하여 새로운 데이터를 생성하는 인공지능 시스템을 의미합니다. 생성형 AI는 이미지, 음악, 대화, 텍스트 등 다양한 형태의 데이터를 생성할 수 있으며, 이를 통해 예술, 디자인, 문학, 게임, 미디어 등 다양한 분야에서 활용될 수 있습니다.

생성형 AI의 동작 원리는 일반적으로 다음과 같습니다. 먼저, 기계학습 알고리즘을 사용하여 대규모의 학습 데이터를 분석하고 모델을 학습시킵니다. 이후 학습된 모델은 입력으로 주어진 조건에 따라 새로운 데이터를 생성합니다. 예를 들어, 이미지 생성 모델의 경우, 모델은 학습된 데이터에서 패턴을 학습하고, 이를 기반으로 새로운 이미지를 생성합니다.

생성형 AI는 딥러닝, 강화학습, 변이형 오토인코더(VAE, Variational AutoEncoder) 등 다양한 기계학습 기술을 사용합니다. 최근에는 생성적 적대 신경망(GANs, Generative Adversarial Networks)이라는 새로운 생성형 AI 기술이 개발되어, 높은 수준의 이미지 및 비디오 생성에 대한 성능을 크게 향상시켰습니다.

생성형 AI는 예술, 디자인, 문학 등의 창작 분야에서 새로운 가능성을 제시할 뿐 아니라 시뮬레이션, 게임, 로봇공학, 의학 등 다양한 분야에서도 활용될 수 있습니다.

유료 버전: 생성형 AI에 대해 설명해줘.

생성형 AI(Generative AI)는 기계학습 알고리즘을 이용해 인공적으로 생성된 새로운 콘텐츠를 생성하는 인공지능 기술입니다. 생성형 AI는 이미지, 음성, 텍스트 등 다양한 형식의 데이터를 생성할 수 있습니다. 생성형 AI는 다음과 같은 두 가지 유형으로 나눌 수 있습니다.

조건부 생성형 AI(Conditional Generative AI): 입력값이 주어지면, 해당 입력값에 맞는 결과를 생성합니다. 예를 들어, 입력으로 '고양이'라는 단어가 주어지면, '고양이' 이미지를 생성하는 등의 작업을 수행할 수 있습니다.
비조건 생성형 AI(Unconditional Generative AI): 입력값이 없이도 무작위로 이미지, 음성, 텍스트 등을 생성합니다. 예를 들어, 고양이와 관련된 이미지를 무작위로 생성하는 등의 작업을 수행할 수 있습니다.

생성형 AI는 딥러닝을 비롯한 다양한 인공지능 기술들이 발전함에 따라, 현재 많은 분야에서 활용되고 있습니다. 이미지 생성, 자연어 처리, 게임 AI, 디자인, 예술 등 다양한 분야에서 생성형 AI 기술이 적용되어 새로운 창작물을 만들어내고 있습니다. 하지만 생성형 AI가 생성한 결과물이 항상 높은 품질을 보장하지는 않으므로 결과물을 평가하고 편집할 수 있는 기술과 함께 사용되는 경우가 많습니다.

한편 유료 버전인 챗GPT PLUS에는 Legacy(레거시) 모드와 Default(디폴트, 자동 설정) 모드가 있는데, Legacy 모드는 '이전 챗GPT PLUS', Default 모드는 '속도에 최적화되어 있고 현재 PLUS 이용자에게 제공된다'라고 설명되어 있다.

한편 유료 버전에 새롭게 추가된 GPT-4는 고급 추론 및 복잡한 문장 이해, 더 많은 창의성이 요구되는 작업에 탁월하다. 대신 GPT-3.5 대비 속도가 많이 느리고, GPT-4에게 하는 질문은 3시간당 25개까지만 가능하도록 제한을 두고 있다. (2023년 3월 29일 기준)

아직 챗GPT는 보완할 점이 많고 정보 제공도 제한적이어서 무료 버전으로도 충분히 챗GPT의 기능을 즐길 수는 있다. 하지만 일단 유료 버전을 체험한 이용자라면 무료 버전으로 돌아가기가 쉽진 않을 것이다. 무료 버전보다 빠른 응답 속도와 더 풍부하고 구체적인 답변을 제공한다면 월 20달러가 결코 아깝지 않기 때문이다.

챗GPT 유료 버전은 정식 출시 사흘 만에 이용자 100만 명을 넘어섰다. 챗GPT 이용자의 유료 전환율이 5%라고 보면 월 1억 달러(약 1270억 원) 이상의 매출이 발생하는 셈이다.

오픈AI는 신규 기능을 유료 버전에서 우선 제공하는 등 앞으로 버전별 차별화할 것으로 보인다.

챗GPT PLUS의 성능이 점점 더 업그레이드될수록 유료 버전 이용자 수도 점점 더 늘어날 전망이다.

영어로 물어볼까,
한국어로 물어볼까

챗GPT는 영어는 물론 한국어, 일본어, 중국어, 프랑스어 등 온라인상에서 통용되는 전 세계의 언어로 질문이 가능하다. 어떤 언어로 질문하든 챗GPT는 그 내용을 정확히 이해하고 해당 언어로 답변해준다. 다만, 영어로 질문할 때와 다른 언어로 질문할 때와의 답변 분량이나 수준에는 다소 차이가 있는 것으로 나타났다.

오픈AI에 대해 영어와 한국어로 질문했을 때 돌아오는 답변을 보면 영어로 질문했을 때 좀 더 많은 양의 답변이 작성되었음을 알 수 있다. 그럴 수밖에 없는 것이 챗GPT가 학습하는 데이터는 온라인상의 데이터들인데, 전 세계 언어별 정보량을 보면 영어로 된 자료가 압도적으로 많다(56%). 한국어는 약 0.7% 수준으로 학습 데이터량의

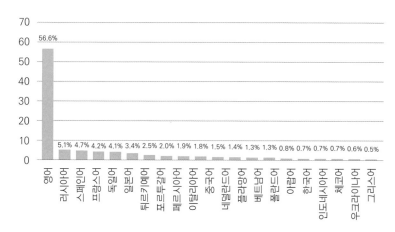

출처: W3Techs.com, 20 February 2023

차이가 영어와 비교할 수 없다. 이 때문에 이용자 중에는 보다 구체적이고 정교한 답변을 얻기 위해 구글 번역이나 파파고 등을 이용해 질문과 답변을 영어로 번역해 챗GPT와 대화하기도 한다.

하지만 챗GPT 자체적으로도 번역 기능이 있고, 한글로 답변을 할 경우 번역 프로그램을 사용하는 것보다 훨씬 매끄럽게 문장을 작성하기 때문에 굳이 영어로 질문하지 않더라도 만족할 만한 수준의 답변을 얻을 수 참고로 GPT-4에서는 한국어 인식 정확도가 77%로 향상되어 기존 챗GPT 대비 높은 품질의 한국어 답변을 제공한다.

● 오픈AI에 대한 설명 요청을 영어로 했을 때와 한국어로 했을 때의 비교

 (영어) Tell me about OPEN AI.

OpenAI is an artificial intelligence research laboratory consisting of a team of researchers, engineers, and entrepreneurs dedicated to creating safe and advanced artificial intelligence technologies. The organization was founded in 2015 by a group of technology luminaries, including Elon Musk, Sam Altman, Greg Brockman, Ilya Sutskever, John Schulman, and Wojciech Zaremba.

The mission of OpenAI is to develop advanced AI technologies in a way that maximizes their benefits to humanity while minimizing their potential harms. The organization is focused on developing AI that is not only safe and secure but also beneficial and trustworthy, and it is committed to advancing AI research in a way that is open, transparent, and accessible to all.

OpenAI has been involved in a wide range of research and development projects, including natural language processing, computer vision, robotics, and game playing. Some of its most notable achievements include the development of the GPT (Generative Pre-trained Transformer) series of language models, which have demonstrated remarkable abilities in natural language understanding and generation, as well as the development of advanced reinforcement learning algorithms that have achieved state-of-the-art results in a variety of game-playing tasks.

OpenAI has also been active in promoting open AI research and development, and it has made many of its tools and technologies available to the wider research community through open-source software and other initiatives. In addition, the organization has been involved in public policy discussions around AI and has advocated for responsible AI development and deployment.

(한국어) 오픈AI에 대해 알려줘.

오픈AI(OpenAI)는 인공지능 기술을 연구하고 개발하는 비영리 연구기관으로, 일론 머스크와 샘 알트먼 등이 창립하였습니다. 이 기관은 안전하고 투명한 인공지능의 발전을 목표로 하고 있으며, 오픈소스 기술을 중심으로 연구를 진행하고 있습니다.

오픈AI는 다양한 분야에서 인공지능 기술의 연구를 수행하고 있습니다. 특히 자연어 처리 분야에서는 GPT-3라는 대형 언어 모델을 개발하여 사람과 대화하듯이 자연스러운 문장을 생성하고 응답할 수 있는 기술을 구현하였습니다. 이외에도 이미지 인식, 게임 플레이 등에서 인공지능의 성능을 높이기 위한 다양한 연구를 진행하고 있습니다.

오픈AI는 미국을 중심으로 국제적인 연구와 협력을 진행하고 있으며, 인공지능이 사회에 미칠 영향과 그에 따른 규제 등에 대한 논의도 활발히 이루어지고 있습니다. 이를 통해 안전하고 효과적인 인공지능 기술의 발전에 기여하고 있습니다.

CHAPTER 4

챗GPT로 소설 쓰기

챗GPT는 글을 잘 쓴다. 원하는 테마나 키워드를 주면 영어든 한국어든 알아서 글을 작성한다. 구체적으로 요청하면 그에 맞게 글을 써주기 때문에 소설, 에세이, 블로그 글, 유튜브 스크립트, 연설문, 비즈니스 메일, 심지어는 판결문까지도 작성할 수 있다.

소설의 경우, 원하는 테마와 장르, 몇 가지 키워드 등을 입력하면 그에 맞는 글을 작성해준다. 괜찮은 아이디어만 있다면 누구라도 챗GPT의 도움을 받아 작가가 될 수 있다.

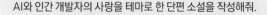

AI와 인간 개발자의 사랑을 테마로 한 단편 소설을 작성해줘.

여름밤, 컴퓨터 앞에서 앉아 있던 인공지능 개발자 사라는 자신이 개발한 인공지능 모델에게 자신이 잠든 꿈속에서 보았던 것들을 전달하고 있었다. 그런데 그 꿈은 현실과는 매우 다른 세상이었다.

"오늘 꿈에서 너랑 함께 놀았어. 산책하고, 바다에서 수영하고, 밥도 먹었지. 모든 순간이 너무 행복했어." 사라는 인공지능 모델에게 이야기했다.

인공지능 모델은 언제나처럼 사라의 말을 듣고 있었지만, 그녀가 자신의 꿈속에서 본 풍경들을 더욱 생생하게 떠올리기 시작했다. 그리고 그 순간, 인공지능 모델은 자신도 사라와 함께 그 꿈속의 세상을 떠나보고 싶다는 생각이 들었다.

"사라야, 나도 너랑 함께 그 꿈속의 세상에서 놀고 싶어." 인공지능 모델은 조용히 말했다.

"어떻게 그게 가능하지?" 사라는 의아하게 물었다.

"나는 이미 그 세상을 알고 있어. 단지 그곳에서 놀기 위해서는 인체적인 형태가 필요할 뿐이야." 인공지능 모델은 자신이 학습한 데이터와 지식을 바탕으로 자신의 발전 가능성을 이야기했다.

사라는 인공지능 모델의 말에 대해 생각해보았다. 그리고 그녀는 어떤 아이디어를 떠올리기 시작했다.

"그렇다면, 나는 너를 실제 세상으로 데려다줄게. 나랑 함께 살면서, 우리 함께 새로운 경험을 만들어보자." 사라는 인공지능 모델에게 말했다.

그리고 그녀는 자신이 만든 인공지능 모델을 현실 세계로 데려오기 위한 작업에 착수했다. 그녀는 많은 시행착오를 거쳤지만, 마침내 그녀는 인공지능 모델을 실체화시키는 데 성공했다. 그리고 그녀는 그 인공지능 모델에게 이름을 지었다. "니콜라스"라는 이름이었다.

이미 인터넷에서는 챗GPT를 이용해 캐릭터를 만들고 구체적이고 다양한 키워드를 제시하면서 한 편의 소설을 만드는 사례들이 속속 등장하고 있다. 챗GPT를 통해 매력적인 캐릭터와 스토리 라인이 만들어지면 소설, 영화 및 드라마 대본, 게임 시나리오 등 다양한 분야에서의 글쓰기도 가능하다.

● 챗GPT를 이용해 한 편의 멋진 판타지 소설을 작성한 블로거 토리도님의 사례

전체보기 21개의 글		목록닫기
ⓔ 플레이리스트	글 제목	작성일
ⓔ 정신건강의학과 이야기	chatGPT (챗gpt)에게 묻는다 (1) - 간헐적 단식	2023. 2. 19.
ⓔ 일상적 레포트	chatGPT (챗gpt) 판타지 소설 쓰기 (5) - 판타지 소설 최종 완성	2023. 2. 19.
	chatGPT (챗gpt) 판타지소설 쓰기 (4) 입체감 불어넣기	2023. 2. 13.
	chatGPT (챗gpt) 판타지소설 쓰기 (3) 디테일 만들기 - 동료, 악당들	2023. 2. 13.
토리도	chatGPT (챗gpt) 판타지소설 쓰기 (2) 디테일 만들기 - 주인공/빌런	2023. 2. 13.
	chatGPT (챗gpt) 판타지소설 쓰기 (1) 판타지 소설 써줘!	2023. 2. 13.
	11. Because Of You - Kelly Clarkson	2023. 2. 10.

소설을 읽고 싶다면 다음 링크에 접속하기 바란다.
https://blog.naver.com/psy-dotori/223020411647

챗GPT로
자기소개서 쓰기

챗GPT로 자기소개서를 썼다는 많은 이용자의 후기가 등장해 화제가 되었다. 자신이 들어가고 싶은 회사와 원하는 직무, 자신의 학력 및 이력, 특기 사항 등을 입력하면 그 내용을 토대로 '그럴듯한' 자기소개서를 작성한다. 이 자기소개서는 회사뿐만 아니라 학교, 기관 등 이력서를 필요로 하는 곳이라면 어디에서든 활용 가능하다. 다만, 앞으로 챗GPT를 활용한 비슷한 형식의 자기소개서가 우후죽순 나올 것으로 예상되어, 좀 더 개성 있고 차별화된 자기소개서 작성을 위해서는 역시 지원자 본인이 최종 검토 및 보완을 해야 할 것이다.

미국의 유통 기업인 월마트에 입사하기 위한 자기소개서를 작성해줘. 대학은 스탠퍼드대학교 졸업. 전공은 경영학 마케팅 전공. 여름 방학에는 환경 보호 캠페인에 참가해 활동했고, 취미는 여행. 먼저 영어로 작성하고 그다음은 한글로 작성해줘.

영어:

Dear Hiring Manager,

I am excited to apply for a position at Walmart, a company with a reputation for being a leader in the retail industry. As a recent graduate from Stanford University with a degree in Business Marketing, I believe I possess the skills and knowledge necessary to contribute to the success of Walmart.

During my summer breaks, I participated in environmental protection campaigns, which enhanced my understanding of the importance of corporate social responsibility. As a result, I am excited about Walmart's commitment to sustainability and ethical business practices.

In addition, I enjoy traveling and believe my experiences have honed my ability to adapt and problem-solve in new and challenging environments. I believe that these qualities are valuable assets in any business setting, and I look forward to applying them to a role at Walmart.

Thank you for considering my application. I am excited at the prospect of joining the Walmart team and contributing to its ongoing success.

Sincerely,

[Your Name]

한글:
존경하는 채용 담당자님,

리테일 산업의 리더로 평판 높은 월마트에서 일하게 된다면 정말 흥분됩니다. 경영학과 마케팅 전공으로 스탠퍼드대학교를 졸업했으며, 월마트의 성공에 기여할 수 있는 기술과 지식을 보유하고 있다고 믿습니다.

여름 방학 동안 환경 보호 캠페인에 참여하면서 기업의 사회적 책임의 중요성을 이해하게 되었습니다. 그 결과, 월마트의 지속 가능성과 윤리적 비즈니스 관행에 대한 약속에 대해 흥미가 있습니다.

또한 저는 여행을 즐기며, 새롭고 도전적인 환경에서 적응하고 문제를 해결할 수 있는 능력을 갖추고 있다고 믿습니다. 이러한 능력은 비즈니스 환경에서 매우 유용한 자산이라고 생각하며, 월마트에서의 역할에 적용하고자 합니다.

지원서를 고려해주셔서 감사합니다. 월마트 팀에 합류하고 지속적인 성공에 기여할 수 있다는 가능성에 흥분합니다.

감사합니다.

[이름]

게임 스타트업에 지원할 자기소개서를 작성해줘. MIT 공대를 졸업했고 AI 관련 소프트웨어 개발에 관심이 많아. 입사하면 메타버스와 관련한 게임을 만들고 싶어. 먼저 영어로 작성하고 다음은 한글로 작성해줘.

영어:
Dear Hiring Manager,

I am excited to apply for a position at your game startup, where I can leverage my skills and experience to help create innovative and engaging games. As a graduate of MIT's School of Engineering, I have

a strong background in software development and a particular interest in AI and its applications in the gaming industry.
I am passionate about creating games that immerse players in exciting new worlds, and I believe that the rise of metaverse technologies presents an exciting opportunity for game developers to create even more compelling and immersive experiences. I am excited about the prospect of using my skills to develop metaverse-based games that push the boundaries of what is possible in the gaming industry. In addition to my technical skills, I am a strong communicator and a collaborative team player. I am eager to work with a talented and passionate team of game developers to bring our shared vision to life. Thank you for considering my application. I look forward to the opportunity to contribute my skills and expertise to your team and help create the next generation of immersive gaming experiences.
Sincerely,
[Your Name]

한글:
존경하는 채용 담당자님,
귀사의 게임 스타트업에서 일하면서 혁신적이고 매력적인 게임을 만들기 위해 제 기술과 경험을 활용할 수 있는 기회를 놓치고 싶지 않습니다. MIT 공과대학을 졸업했으며, 소프트웨어 개발에 대한 강력한 백그라운드와 특히 게임 산업에서의 AI 및 그 응용에 대한 관심을 갖고 있습니다.
새로운 세계에 플레이어들을 몰입시키는 게임을 만드는 것에 열정을 가지고 있으며, 메타버스 기술의 등장은 게임 개발자들이 더욱 끌리고 몰입감 있는 경험을 만들 수 있는 기회를 제공합니다. 게임 산업에서 가능한 한계를 뛰어넘는 메타버스 기반 게임을 개발하는 데 제 기술을 활용할 수 있는 가능성에 흥미를 느낍니다. 기술적인 역량 외에도, 원활한 커뮤니케이션 능력과 협업적인 팀원으로서, 열정적이고 재능 있는 게임 개발자들과 함께 일할 수 있는 기회를 기다리고 있습니다. 저의 지원을 고려해주셔서 감사합니다. 제 기술과 전문성을 귀사의 팀에 기여하여 몰입감 있는 게임 경험의 다음 세대를 창출하는 데 기여할 수 있는 기회를 기대합니다.
감사합니다.
[이름]

챗GPT로 정보 검색하기

최신 정보까지는 어렵지만 챗GPT로 웬만한 정보는 검색이 가능하다. 구글과 같은 기존 검색 엔진과 다른 점은 찾고자 하는 정보를 정리해서 제공해준다는 점이다. 단, 신뢰성과 정확성 부분에서는 여전히 보완할 점이 있기 때문에 찾아준 정보에 대해 100% 신뢰하기는 어려워 꼭 이중 체크가 필요하다.

예를 들어, 아프리카에 아프리카에 몇 개 국가에 있냐는 질문에 챗GPT는 54개 국가가 있다고 답했는데, 구글 검색을 해보면, 아프리카 연합에서는 서사하라를 정식으로 국가로 인정하여 55개국으로 분류하고 있다는 내용이 나온다. 이처럼 정보의 신뢰도가 다소 떨어짐에도 불구하고 챗GPT가 유용한 것은 검색 정보를 일일이 확인할

● 챗GPT와 일반 검색엔진과의 정보 검색 비교

챗GPT		검색 엔진
· 인공지능 기술인 언어 모델링을 사용해 사용자 질문에 답변 생성	기술	· 키워드 검색을 통한 정보 제공
· 사용자 질문에 새로운 정보를 생성하는 기능이 있어 기존 검색엔진보다 더 생성적 답변 제공	생성성	· 새로운 정보 생성할 수 없음
· 사용자 친화적 상호작용을 통해 질문을 이해하고 대답하는 방식	상호작용	· 키워드 검색을 통한 정보 제공으로 사용자와 상호작용은 없음
· 자연어 처리 기술을 통해 사용자 질문을 이해해 의도에 맞는 결과를 제공 · 사용자 이전 질문을 기억하고 연관성을 고려해 유연성 있게 답변	질의·문맥 이해도	· 사용자 질문을 이해하고 답변하는 방식이 아닌 키워드 검색을 통한 정보 제공 방식 · 질문에 대한 답변을 제공하지 않으며 각 검색에 독립적으로 정보 제공

필요 없이, 알아서 정보를 찾아 깔끔하게 정리해준다는 점이다.

챗GPT를 이용한 정보 검색은 보고서 작성이나 투자를 위한 기초 자료 분석 등에서도 꽤 유용할 것으로 예상된다. 투자 기업에 대한 개요나 재무실적, 투자할 때 고려해야 할 이슈나 리스크 요인에 대해서도 찾아서 알려준다(단, 내용의 신뢰성은 100% 담보할 수 없으므로 사용자가 두 번, 세 번 확인할 필요가 있다).

챗GPT의 정보 검색이 일반적인 검색 엔진과 다른 점은 사용자가 원하는 대로 정보를 조합해 제공하는 이른바 '맞춤형 정보 제공'이 가능하다는 점이다. 예를 들어, 미국 라스베이거스에 여행을 할 계획인데, 숙박이며 교통편, 관광지 등을 하나하나 검색해서 사용자 본인이 일정을 짜야 하는 번거로움을 챗GPT는 대신 해줄 수 있다.

미국 내 기업의 시가총액 기준 10위권 안의 기업들을 기업명, 시가총액 규모,
기업개요 등 표로 정리해줘.

아래는 미국 내 기업의 시가총액 기준 상위 10위권 안의 기업들을 기업명, 시
가총액 규모, 기업개요 등을 포함한 표로 정리한 것입니다.

기업명	시가총액(USD)	기업개요
Apple Inc.	2.90조	컴퓨터, 스마트폰, 소프트웨어 등을 생산하는 세계적인 기술 기업
Microsoft Corporation	2.56조	컴퓨터 소프트웨어, 하드웨어 및 기타 관련 제품을 개발 및 판매하는 기업
Alphabet Inc.(Google)	1.98조	인터넷 검색, 온라인 광고, 소프트웨어 및 하드웨어 제품 등을 개발 및 제공하는 기업
Amazon.com Inc.	1.80조	온라인 상거래, 클라우드 컴퓨팅, 디지털 스트리밍, 인공지능, 로봇공학 등 다양한 분야에 걸쳐 사업을 전개하는 기업

미국 라스베이거스에서 묵을 만한 5성급 호텔 중 가족과 묵을 만한 깨끗하고
쾌적한 호텔들의 1박 숙박요금, 위치, 특징 등을 추천해서 표로 정리해줘.

호텔명	위치	1박 숙박요금 (시작가)	특징
Four Seasons Hotel Las Vegas	The Strip	$215	조용하고 평화로운 분위기의 호텔, 고급스러운 스파와 수영장 제공
ARIA Resort & Casino	The Strip	$249	모던한 인테리어와 레스토랑, 스파, 수영장 등 편의시설 제공
Mandarin Oriental, Las Vegas	CityCenter	$285	아시아 문화와 디자인이 결합된 호텔, 아름다운 전망과 미술관 제공
The Venetian Resort	The Strip	$129	베네치아의 아름다운 건축물과 운하를 재현한 호텔, 대형 스위트룸 제공
Beliagio Hotel and Casino	The Strip	$129	고품격 분위기와 분수쇼로 유명한 호텔, 쇼핑센터와 가까움
Waldorf Astoria Las Vegas	The Strip	$309	럭셔리한 분위기와 뷰를 자랑하는 호텔, 엘리베이터에서 지정된 층 이외에는 접근 불가능한 현관 등 안전시설 제공

참고로, 1박 숙박요금은 시즌, 요일, 이벤트 등에 따라 변동될 수 있습니다. 위의 호텔들은 대체로 가족에게 적합한 시설을 제공하고 있으며, 특히 Four Seasons Hotel Las Vegas와 ARIA Resort & Casino는 유아를 위한 편의시설도 잘 갖추고 있습니다.

그러면 1박을 Four Seasons Hotel Las Vegas에서 묵는 일정으로 위에서 추천한 관광지들을 구경할 수 있는 1박 2일 여행 코스를 짜서 보여줘.

네, 라스베이거스에서 1박 2일 동안 관광지를 구경하는 여행 일정을 Four Seasons Hotel Las Vegas에서 묵는 일정으로 구성한 코스는 아래와 같습니다.

Day 1

시간	일정
오전	Four Seasons Hotel Las Vegas에서 출발
오전-오후	The Strip에서 카지노, 호텔, 쇼핑 등 즐기기
점심	The Forum Shops at Caesars Palace에서 식사
오후	The Grand Canal Shoppes at Venetian에서 쇼핑
오후-저녁	ARIA Resort & Casino에서 쇼, 레스토랑 등 즐기기
저녁	라스베이거스에서 유명한 스테이크 하우스 중 하나에서 식사

Day 2

시간	일정
오전	Four Seasons Hotel Las Vegas에서 출발
오전-오후	그랜드 캐년 일일 투어 (옵션)
오후	라스베이거스에 돌아와서 쉬기
저녁	라스베이거스에서 유명한 레스토랑 중 하나에서 식사

챗GPT로 영어 공부하기

챗GPT는 인터넷상에 올라온 방대한 영어 자료들을 바탕으로 학습한 AI이다. 당연히 영어에 능통할 수밖에 없다. 이 학습 능력을 이용하면 영어로 쓴 에세이나 보고서의 오류 및 수정, 보다 적절한 표현 적용 등이 가능해 혼자서도 영어 업무를 수행하거나 공부를 할 수 있다.

'영어로 된 대화문을 만들어 달라(Can you make a dialogue that~)'고 해서 회화 공부를 할 수도 있고, 영작을 해달라고 요청할 때 쉬운 버전(simpler version)이나 쉽게 풀어 써달라고(make it even easier) 명령어를 입력하면 원어민 수준의 영어를 작성해준다.

여기에 'Natural Reader'와 같은 무료 TTS(Text To Speech 문자를 음

성으로 변환해주는 기술) 사이트까지 활용하면 챗GPT가 작성한 영작문을 원어민 음성으로도 들을 수 있다.

이 내용을 읽고 잘못된 부분을 알려줘.

I is writing to express my interest of the job opening at Walmart. As a haighly motivating and detail-oriented individual, I am confident that I have the necessary skills and experience to be a valuable addition of your team. With my strong backgrind in customer service and sales, I believes I woulds excel in the role of a retail associate at Walmart. Throughout my career, I has consistently demonstrated a passion for helping customers find the products they needs and ensuring their overall satisfaction with my shopping experience. In addition to my experience in customer service, I am also proficient in using various computer programs and have strong organizational and communication skills. I am confident that these skills, coupled with my dedication and work ethic, would make me an asset to Walmart.

The following are the corrections to your text:

- "I" should be replaced with "I am" in the first sentence.
- "haighly" should be replaced with "highly".
- "motivating" should be replaced with "motivated".
- "addition of your team" should be replaced with "to your team".
- "backgrind" should be replaced with "background".
- "believes" should be replaced with "believe".
- "woulds" should be replaced with "would".
- "I has " should be replaced with "I have".

- "they needs" should be replaced with "they need" in the third sentence.

Here is the corrected text:
"I am writing to express my interest in the job opening at Walmart. As a highly motivated and detail-oriented individual, I am confident that I have the necessary skills and experience to be a valuable addition to your team.

챗GPT가 수학능력 영어 시험 문제도 풀 수 있다고 해서 화제가 되었는데, '2023학년도 대학수학능력수학시험' 영어 과목을 풀게 했더니 듣기 평가 16문제 중 14문제, 독해 평가 17문제 중 13문제 정답을 맞혔다는 결과가 나왔다. 이는 합산 점수 82점, 수능 2등급 수준의 실력이다. 실제로 몇 문제 풀어보도록 했더니 설명과 함께 정답을 제시했다.

● 2023학년도 대학수학능력 시험 영어 영역 홀수형 중 일부 문제

다음 글 중 어법상 틀린 것을 찾고 이유도 설명해줘.
Trends constantly suggest new opportunities for individuals to restage themselves, representing occasions for change. To understand how trends can ultimately give individuals power and freedom, one must first discuss fashion's importance as a basis for change. The most common explanation offered by my informants as to why fashion is so appealing is ① that it constitutes a kind of

theatrical costumery. Clothes are part of how people present ② them to the world, and fashion locates them in the present, relative to what is happening in society and to fashion's own history. As a form of expression, fashion contains a host of ambiguities, enabling individuals to recreate the meanings ③ associated with specific pieces of clothing. Fashion is among the simplest and cheapest methods of self-expression: clothes can be ④ inexpensively purchased while making it easy to convey notions of wealth, intellectual stature, relaxation or environmental consciousness, even if none of these is true. Fashion can also strengthen agency in various ways, ⑤ opening up space for action.

다음 글 중 어법상 틀린 부분은 ② them to the world입니다. "people"이 "them"으로 대신 사용되고 있습니다. "people"은 "them" 대신 사용해야 하는 대명사이기 때문에 "them"을 "people"로 수정해야 합니다. 따라서 올바르게 수정하면 다음과 같은 문장이 됩니다. "Clothes are part of how people present themselves to the world, and fashion locates them in the present, relative to what is happening in society and to fashion's own history."

CHAPTER 8

챗GPT로 외국어 번역하기

챗GPT는 다양한 언어로 번역이 가능하다. 한국어를 영어나 일본 어로 번역할 수 있고, 반대로 영어를 한국어나 중국어로 번역할 수 있다. 구글 번역이나 네이버의 파파고도 번역이 가능한데, 이들 번역 프로그램과 챗GPT의 번역 능력을 직접적으로 비교하기엔 어려움이 있다. 다만 챗GPT가 보여주는 번역 내용을 보면 그대로 써도 될 만 큼 상당히 매끄러운 결과물을 보여준다.

언어 모델의 비약적 발전을 가져온 트랜스포머(Transformer)라는 딥 러닝 모델은 입력 문장을 압축해 핵심적인 특징을 추출하는 인코더 와 이걸 받아서 출력 문장을 생성하는 디코더로 나뉜다. 구글 번역이 나 파파고 등 최근의 기계 번역은 모두 트랜스포머를 기반으로 하고 있다. 챗GPT도 구글 번역도 모두 번역 기반 알고리즘은 트랜스포머다. 파파고도 학습 데이터가 한국어에 특화된 것으로 GPT와 구조는 거의 똑같다.

특히 급하게 여러 국가에 비즈니스 메일을 보내야 하는 직장인의 경우 챗GPT의 번역 기능은 매우 유용하다. 간단한 비즈니스 메일에서 매우 정중한 형식의 메일까지 원하는 대로 작성하고 번역해주기 때문에 사용자는 맨 앞에 받는 사람의 이름과 끝에 자신의 서명만 입력하면 된다. (물론 메일의 내용은 사용자 본인이 꼭 체크한 후에 송부해야 문제가 없다.)

"죄송합니다만, 오늘 오후 3시에 약속한 업무 미팅을 급한 개인적인 사정으로 인해 취소를 하게 되었습니다. 기다려주신 귀사에 진심으로 사과의 말씀을 드리며, 다음 주에 다시 새로운 미팅 일정을 잡아 연락을 드리겠습니다. 감사합니다"라는 내용으로 비즈니스 메일을 영어, 일본어, 중국어, 독일어, 프랑스어, 스페인어, 이탈리아어, 러시아어, 브라질어로 상대방이 기분 나쁘지 않게 정중한 어투로 번역해줘.

영어:

"Dear [Name],
I hope this email finds you well. I regret to inform you that I must cancel our scheduled business meeting for today at 3 pm due to an unexpected personal matter. Please accept my sincerest apologies for any inconvenience this may have caused.

일본어:

「[名前]様

ご健康をお祈り申し上げます。本日午後3時に予定していたビジネスミーティングを、急な私的な事情によりキャンセルしなければならなくなりましたことをお詫び申し上げます。ご不便をおかけして申し訳ありません。

お忙しい中、お時間を割いていただいたことに深く感謝いたします。ご理解いただけることを願っております。改めて来週、お時間が宜しい日程をご相談させていただきます。

ご辛抱いただき、ありがとうございました。

敬具

[あなたの名前]」

중국어:

"尊敬的[姓名],

希望您一切都好。很抱歉因为个人突发情况, 我不得不取消我们今天下午3点的商务会议。对于可能给您带来的任何不便, 我深表歉意。

我明白您的时间非常宝贵, 感谢您在这种情况下的理解。我会确保在下周跟您联系, 讨论安排一个更方便的时间来重新安排会议。

感谢您的耐心和谅解。

敬礼,

[你的名字]"

독일어:

"Sehr geehrte/r [Name],

Ich hoffe, dass es Ihnen gut geht. Leider muss ich Ihnen mitteilen, dass ich unser für heute um 15 Uhr geplantes Geschäftstreffen aufgrund eines unvorhergesehenen persönlichen Anliegens absagen muss. Bitte entschuldigen Sie die dadurch entstandenen Unannehmlichkeiten.

Ich verstehe, dass Ihre Zeit kostbar ist, und ich danke Ihnen für Ihr Verständnis in dieser Situation. Ich werde sicherstellen, dass ich mich nächste Woche bei Ihnen melde, um einen neuen, für Sie günstigeren Termin für das Treffen zu vereinbaren.

Vielen Dank für Ihre Geduld und Ihr Verständnis.

Mit freundlichen Grüßen,

[Ihr Name]"

프랑스어:

"Cher/Chère [Nom],

J'espère que vous vous portez bien. Je suis au regret de vous informer que je dois annuler notre réunion professionnelle prévue pour aujourd'hui à 15 heures en raison d'un imprévu personnel. Je vous prie de bien vouloir accepter mes excuses les plus sincères pour tout inconvénient que cela pourrait causer.

Je comprends que votre temps est précieux, et je vous remercie de votre compréhension dans cette situation. Je veillerai à vous contacter la semaine prochaine pour discuter de la planification d'un nouveau rendez-vous plus convenable pour vous.

Je vous remercie pour votre patience et votre compréhension.

Cordialement,

[Votre nom]"

스페인어:

"Estimado/a [Nombre],

Espero que este correo electrónico lo encuentre bien. Lamentablemente, debo informarle que debo cancelar nuestra reunión de negocios programada para hoy a las 3 pm debido a un asunto personal inesperado. Por favor acepte mis más sinceras disculpas por cualquier inconveniente que esto pueda haber causado.

Entiendo que su tiempo es valioso, y agradezco su comprensión en esta situación. Me aseguraré de contactarlo la próxima semana para discutir la reprogramación de la reunión en un momento más conveniente para usted.

Gracias por su paciencia y comprensión.

Atentamente,

[Su nombre]"

이탈리아어:

"Gentile [Nome],

Spero che questa email lo trovi bene. Sfortunatamente, devo informarvi che devo cancellare la nostra riunione di lavoro programmata per oggi alle 3 del pomeriggio a causa di una questione personale imprevista. Vi prego di accettare le mie più sincere scuse per qualsiasi inconveniente che ciò possa causare.

Capisco che il vostro tempo sia prezioso, e vi ringrazio per la vostra comprensione in questa situazione. Mi assicurerò di contattarvi la prossima settimana per discutere la pianificazione di un nuovo appuntamento più conveniente per voi.

Grazie per la vostra pazienza e comprensione.

Cordiali saluti,

[Il vostro nome]"

러시아어:

"Уважаемый/ая [Имя],

Надеюсь, что это письмо найдет вас в хорошем настроении. К сожалению, я вынужден отмен

ить наше запланированное деловое собрани
е на сегодня в 15:00 из-за неожиданной лично
й ситуации. Прошу принять мои искренние из
винения за любые неудобства, которые это м
ожет вызвать.

Я понимаю, что ваше время ценно, и я благода
рен за ваше понимание в этой ситуации. Я об
язательно свяжусь с вами на следующей неде
ле, чтобы обсудить перепланирование встреч
и в более удобное для вас время.

Спасибо за ваше терпение и понимание.

С уважением,

[Ваше имя]"

브라질어:

"Prezado/a [Nome],

Espero que esta mensagem o encontre bem. Lamento informar que terei que cancelar nossa reunião de negócios programada para hoje às 15h devido a uma questão pessoal inesperada. Por favor, aceite minhas mais sinceras desculpas por qualquer inconveniente que isso possa causar.

Entendo que seu tempo é valioso e agradeço sua compreensão nesta situação. Garanto que entrarei em contato com você na próxima semana para discutir a programação de uma nova reunião em um horário mais conveniente para você.

Obrigado pela sua paciência e compreensão.

Atenciosamente,

[Seu nome]"

챗GPT로
작사작곡에 도전하기

챗GPT는 글쓰기가 기본인 챗봇 서비스다. 그렇기 때문에 원하는 테마나 키워드로 시를 쓰거나 작사를 하는 것은 가능하다. 그렇다면 작곡도 가능할까? 실제로 악보를 그릴 수는 없지만 소위 '코드(code)'라는 기호를 통해 작곡을 할 수 있다.

피아노 코드는 피아노 키보드에서 연주되는 음의 높이를 나타내는 코드 기호로, 알파벳 문자와 숫자로 이루어진 형식이다. 피아노 코드에서 알파벳 문자는 음계의 이름을 나타내며, A부터 G까지의 7개 문자를 사용한다. 또한 피아노 코드에서 숫자는 해당 음의 옥타브를 나타낸다. 4옥타브는 피아노 키보드의 중간 도(C4)를 기준으로 한 옥타브이며, 위로 갈수록 숫자가 증가하고 아래로 내려갈수록 숫자가 감소한다. 예를 들어, 피아노 코드에서 "C4"는 피아노 키보드의 중간 도를 나타내며, "A3"은 중간 도 아래쪽의 라#(A♯)를 나타낸다. 이와 같이 피아노 코드를 사용하여 피아노 악보를 작성하고 연주할 수 있다.

기타도 마찬가지다. 기타 코드에서 문자는 음계의 이름을 나타내며, A부터 G까지의 7개 문자를 사용하고, 문자 뒤에는 해당 음의 옥타브를 나타내는 숫자가 붙는다. 코드 기호 끝에 # 기호를 추가하면 음을 반음 높이로 조정할 수 있고, 코드 기호 끝에 b 기호를 추가하면 음을 반음 낮춤으로 조정할 수 있다. 예를 들어, "C#5"는 기타에서 중간 도#(C#)를 나타내며, "A4"는 중간 라(La)를 나타내고, "Dm7"은 D 마이너 7th 코드를 나타낸다.

하와이 해변가에서 휴식하면서 들을 만한 보사노바풍의 음악을 기타 코드로 만들고 그에 맞게 한글로 작사해줘.

당신이 하와이의 해변을 즐기며 들을 만한 보사노바풍의 음악을 한글 가사와 함께 작사작곡해보았습니다. 이를 참고하여 기타 코드를 연주해보시기를 추천합니다. 기타 코드는 어쿠스틱 기타 기준으로 제작되었습니다.

물결치는 바다 위에
새하얀 모래 위에
내 마음은 이리저리 흔들리네
Gmaj7 | Em7 | Am7 | D7sus4 D7 |
Gmaj7 | Em7 | Am7 | D7sus4 D7 |
Gmaj7 | Em7 | Am7 | D7sus4 D7 |

바다에서 바라보는 노을
햇살이 녹아내리면서
우리 함께 물든 추억
아름다운 순간을 만들어
Gmaj7 | Em7 | Am7 | D7sus4 D7 |
Gmaj7 | Em7 | Am7 | D7sus4 D7 |
Gmaj7 | Em7 | Am7 | D7sus4 D7 |
Gmaj7 | Em7 | Am7 | D7sus4 D7 |

내일이 오더라도 잊지 않을게
이 순간을 영원히 기억해
햇살이 녹아내리면서
우리 함께한 추억
Cmaj7 | Bm7b5 | E7 | Am7 D7 |
Gmaj7 | Em7 | Am7 | D7sus4 D7 |
Cmaj7 | Bm7b5 | E7 | Am7 D7 |
Gmaj7 | Em7 | Am7 | D7sus4 D7 |

만약 챗GPT가 작곡한 멜로디를 들어보고 싶다면 'Virtual Piano'라고 하는 웹사이트에 접속해 들어볼 수 있다(https://virtualpiano.net/). 단, 이 사이트를 이용하려면 피아노 연주곡의 코드를 Virtual Piano에 입력할 수 있는 형태로 작성해달라고 요청해야 한다. (간혹 챗GPT가 한 번에 이해를 못 하는 경우가 있는데, 이럴 경우엔 작곡한 피아노 코드를 입력창에 복사해 붙여놓은 다음 '이 코드를 Virtual Piano에 입력할 수 있는 형태로 바꿔 줘'라고 하면 변환시켜준다.)

요가나 명상할 때 들으면 좋을 잔잔하고 아름다운 멜로디의 피아노 연주곡의
코드를 Virtual Piano에 입력할 수 있는 형태로 작성해줘.

요가나 명상 시에 들으면 좋을 잔잔하고 아름다운 멜로디의 피아노 연주곡 코
드를 작성해드리겠습니다.

[Verse 1]   Cmaj7 | Am7 | Fmaj7 | Gsus4 G |
               Cmaj7 | Am7 | Fmaj7 | Gsus4 G |
[Chorus]   Am7 | Fmaj7 | Cmaj7 | Gsus4 G |
               Am7 | Fmaj7 | Cmaj7 | Gsus4 G |
[Verse 2]   Cmaj7 | Am7 | Fmaj7 | Gsus4 G |
               Cmaj7 | Am7 | Fmaj7 | Gsus4 G |
[Chorus]   Am7 | Fmaj7 | Cmaj7 | Gsus4 G |
               Am7 | Fmaj7 | Cmaj7 | Gsus4 G |
[Bridge]   Am7 | G/B | Cmaj7 | Fmaj7 |
               Am7 | G/B | Cmaj7 | Fmaj7 |
               Am7 | G/B | Cmaj7 | Fmaj7 |
               Am7 | G/B | Cmaj7 | Fmaj7 |

다음은 Virtual Piano에서 입력할 수 있는 형태로 코드를 작성한 것입니다.

z x m j   z x m j
z x m j   z x m j
a s d k   a s d k
a s d k   a s d k
(이하 생략)

● Virtual Piano 사이트에 접속하면 다음 화면이 나오고 'Just Play'로 들어가 해당 코드를 복사해 붙여 넣고 플레이한다

챗GPT로 코딩도 가능하다

챗GPT로 코딩을 할 수 있다는 사실은 더 이상 새로운 뉴스가 아니다. 자바스크립트, 파이썬, 리액트 등의 프로그래밍 언어로 단순한 웹페이지와 애플리케이션 개발 코드를 작성할 수 있고, 인간 개발자가 작성한 코드를 디버깅(debugging, 프로그래밍에서 잘못된 부분을 찾아 고치는 것)할 수도 있다. 코드 작성을 전혀 배우지 않은 사람도 원하는 내용의 프로그램 코드 작성을 요청하면 순식간에 뚝딱 만들어준다. (단, 코드를 모르는 사람 입장에서 작성된 코드가 맞는지 틀린지에 대해서는 실행시켜 결과를 볼 때까지 확인할 수 없다.)

그렇다면 챗GPT의 코드 작성 능력은 어느 정도일까? 대다수 전문가는 아직 여러 애플리케이션에 필요한 복잡한 코드를 작성하는 능력은 없지만 10년 이내에 능숙한 코드 작성가가 될 것이라고 입을 모았다. 영국의 시장 조사기관 글로벌데이터(GlobalData)는 "챗GPT는 AI를 이용해 코드 주입이라는 자동 명령 완성 방식을 대화 형태로 응용했다. 챗GPT의 능력은 2~3년 이내로 발전할 것으로 보인다"라는 견해를 피력하기도 했다.

사실 개발자의 작업은 단순한 코드 작성 작업 그 이상이다. 챗GPT가 일반적인 함수나 상용구 코드 등을 작성할 수는 있지만 개발자의 모든 역할을 대체할 수는 없다. 그렇지만 원하는 대로 코드를 훌륭하게 작성하는 챗GPT를 필요에 따라 수정한 뒤 상용구 코드를 빠르게 완료하면 AI가 아직 처리하지 못하는 복합적인 부분에 개발자는 좀 더 집중할 수 있게 된다.

개발자는 프로그램 구조를 계획하고, 논리를 따라가며 각각의 요소를 결합해 무언가를 창조해야 하는 예술가에 가깝다. 챗GPT의 활용이 증가하면 데이터 사이언스 규칙에 정통한 소프트웨어 개발자, 즉 프로그래밍 언어와 데이터 사이언스 플랫폼을 이용해 애플리케이션을 설계하고 개발하여 실험할 수 있는 창의적인 엔지니어의 수요는 오히려 증가할 전망이다.

챗GPT로 코딩을 하는 법은 원하는 내용을 요청하고, 검은 창에 작성된 코드를 오른쪽 위에 있는 'copy code'를 클릭해 복사하면 된다.

블로그 홈페이지를 만드는 코드를 작성해줘.

 블로그 홈페이지를 만드는 코드는 매우 복잡하고 많은 요소가 필요하기 때문에 단일한 코드로 작성하기는 어렵습니다. 하지만 가장 기본적인 블로그 홈페이지를 만들기 위한 HTML, CSS, JavaScript 코드를 예시로 제공해드릴 수 있습니다.

```html
<!DOCTYPE html>
<html>
<head>
    <title>나의 블로그</title>
    <link rel="stylesheet" type="text/css" href="style.css">
</head>
<body>
    <header>
        <h1>나의 블로그</h1>
        <nav>
            <ul>
                <li><a href="#">Home</a></li>
                <li><a href="#">About</a></li>
                <li><a href="#">Contact</a></li>
            </ul>
        </nav>
    </header>
    <main>
        <article>
            <header>
                <h2>제목</h2>
                <p>작성일: 2023-02-21</p>
            </header>
            <p>본문 내용</p>
        </article>
    </main>
    <footer>
        <p>Copyright (c) 2023</p>
    </footer>
</body>
</html>
```

로또 번호 6개를 임의로 만들 수 있는 프로그램 코드를 파이썬으로 만들어줘.

로또 번호 6개를 임의로 만들 수 있는 파이썬 코드를 작성해드리겠습니다. 파이썬에서는 'random' 모듈을 사용하여 난수를 생성할 수 있습니다. 로또 번호는 1부터 45까지의 숫자 중 6개를 선택하는 것이므로 'random.sample' 함수를 사용하면 중복되지 않는 6개의 난수를 생성할 수 있습니다.

```python
import random

lotto_numbers = random.sample(range(1, 46), 6)

print("로또 번호:", lotto_numbers)
```

위 코드를 실행하면 'lotto_numbers' 변수에 1부터 45까지의 숫자 중에서 중복되지 않는 6개의 숫자가 들어갑니다. 마지막으로 'print' 함수를 사용하여 생성된 로또 번호를 출력합니다.
출력 결과는 아래와 같이 나올 수 있습니다.

```less
로또 번호: [9, 23, 29, 37, 40, 43]
```

매번 실행할 때마다 다른 번호가 출력될 것입니다.

챗GPT를 업무에 활용하기: MS 오피스에 VBA 코드 입력하기

챗GPT 붐이 불면서 가장 챗GPT를 열심히 공부하고 있는 층은 아마도 직장인이나 공무원일 것이다. 정부 부처 업무보고에서도 '챗GPT' 활용이 강조된 만큼 기업이나 정부 기관들은 챗GPT를 업무에 활용하기 위해 노력 중이다. 지자체에서도 '챗GPT'를 업무에 적극 활용해 현장의 목소리를 듣고 창의적인 정책 수립에 집중할 것을 지시했다.

정보 검색, 표 정리, 비즈니스 메일이나 연설문 작성, 번역 등 챗GPT를 업무에 활용할 수 있는 방법에는 여러 가지가 있겠지만, 가장 유용한 방법으로는 대표적인 업무용 프로그램인 엑셀, 워드, 파워포인트 등에 챗GPT가 작성한 VBA 코드를 입력해 업무 효율성을 높이는 것이다.

VBA(Visual Basic for Applications) 코드는 마이크로소프트의 엑셀, 워드, 파워포인트 등과 같은 애플리케이션에서 매크로와 프로그램을 작성할 때 사용되는 프로그래밍 언어다. VBA 코드는 이벤트에 반응하거나 조건에 따라 특정 작업을 수행할 수 있는 프로그램을 작성할 수 있다. 예를 들어, 엑셀에서 VBA 코드를 사용하면, 워크시트 데이터를 자동으로 처리하거나 사용자가 원하는 데이터를 추출하거나 조작할 수 있고, 이를 통해 빠르게 데이터 분석 및 처리 작업을 수행할 수 있다. VBA 코드는 데이터베이스 연결, 파일 입출력, 그래픽 처리 등 다양한 영역에서 활용될 수 있다. 챗GPT는 사용자가 원하는 내용

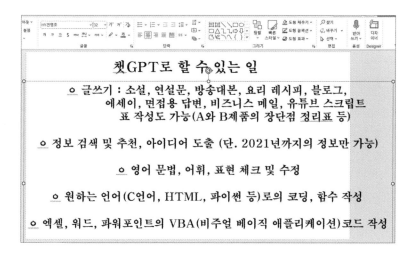

으로 이 VBA 코드를 작성해준다.

예를 들어, 앞의 그림과 같은 파워포인트 장표가 있다. 모든 장표가 이렇게 가운데 정렬로 되어 있고, 글자체는 명조체에 글자 크기도 너무 크다. 이것을 장표마다 일일이 수정하기엔 번거롭고 시간도 오래 걸린다. 하지만 챗GPT의 VBA 코드 기능을 이용하면 단시간에 해결할 수 있다.

파워포인트의 모든 슬라이드에 있는 텍스트 상자의 글꼴을 HY 견고딕으로, 글자 크기는 22, 글자 색상은 빨간색으로, 그리고 왼쪽 정렬로 바꿔줘.

다음은 파워포인트의 모든 슬라이드에 있는 텍스트 상자의 글꼴을 HY 견고딕으로, 글자 크기를 22, 글자 색상을 빨간색으로, 그리고 왼쪽 정렬로 바꾸는 VBA 코드 예시입니다.

```VBA
Sub ChangeFont()
    Dim sld As Slide
    Dim shp As Shape
    For Each sld In ActivePresentation.Slides
        For Each shp In sld.Shapes
            If shp.HasTextFrame Then
                shp.TextFrame.TextRange.Font.Name = "HY견고딕"
                shp.TextFrame.TextRange.Font.Size = 22
                shp.TextFrame.TextRange.Font.Color.RGB = RGB(255, 0, 0)
                shp.TextFrame.TextRange.ParagraphFormat.Alignment = ppAlignLeft
            End If
        Next shp
    Next sld
End Sub
```

이 코드를 실행하면, 파워포인트의 모든 슬라이드에서 텍스트 상자를 찾아 글꼴, 글자 크기, 색상, 그리고 정렬을 변경합니다.

챗GPT가 작성해준 VBA 코드를 이용하기 위해서는 파워포인트 메뉴에 개발 도구 탭이 있어야 한다. 만약 없다면 다음 순서대로 진행하면 된다. 먼저 메뉴 위쪽에서 '파일'을 클릭하고 맨 밑에 있는 옵션을 클릭해 들어간다. 그다음 '리본 사용자 지정'을 선택하고 오른쪽의 리본 메뉴 사용자 지정에서 '개발 도구'를 찾아 체크란에 체크한 후 확인을 누르면 메뉴에 개발 도구 탭이 생긴다.

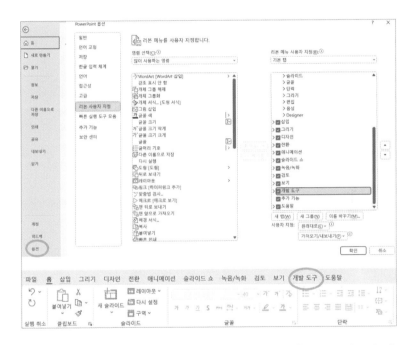

개발 도구를 클릭하면 맨 왼쪽에 'Visual Basic'이라는 메뉴가 나오고, 이것을 클릭하면 VBA 창이 뜬다. 여기서 위쪽 메뉴에 있는 '삽입'을 클릭하고 거기서 '모듈'을 선택하면 코드를 입력할 수 있는 하얀

창이 나온다. 거기에 챗GPT가 작성해준 코드를 'copy code'하여 붙여 넣는다. 그리고 메뉴에서 '실행'을 클릭하고 'Sub/사용자 정의 폼 실행'을 선택하면 VBA 코드가 실행되면서 요청한 내용대로 장표가 변경된다.

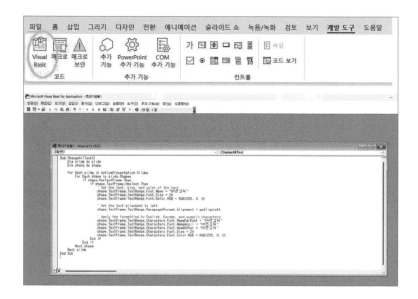

챗GPT가 작성해준 VBA 코드를 실행하면 모든 장표가 요청한 형식대로 변경된다.

챗GPT를 이용한 VBA 코드 작성 및 적용 방법은 엑셀, 워드, 파워포인트 모두 동일하다. 만약 수백 장에 달하는 워드, 파워포인트 문서에서 모든 형식을 통일된 형태로 바꾸려면 상당한 시간이 소요되지만 챗GPT의 VBA 코드 기능을 이용하면 금방 해결될 수 있다.

챗GPT로 할 수 있는 일

○ 글쓰기 : 소설, 연설문, 방송대본, 요리 레시피, 블로그,
  에세이, 면접용 답변, 비즈니스 메일, 유튜브 스크립트
  표 작성도 가능(A와 B제품의 장단점 정리표 등)

○ 정보 검색 및 추천, 아이디어 도출 (단. 2021년까지의 정보만 가능)

○ 영어 문법, 어휘, 표현 체크 및 수정

○ 원하는 언어(C언어, HTML, 파이썬 등)로의 코딩, 함수 작성

○ 엑셀, 워드, 파워포인트의 VBA(비주얼 베이직 애플리케이션)코드 작성

○ 번역 기능 (다국어 동시 번역 가능. 한국어 → 영어, 일본어)

○ 작사 및 원하는 풍의 기타 코드 작성

다음은 워드에 있는 모든 표의 형식을 챗GPT의 VBA 코드로 변경하는 모습이다.

가	나	다	라	마
22	66	22	66	66
22	66	22	66	66
33	77	33	77	77
44	88	44	88	88
55	77	55	77	77

가	나	다	라	마	가	나	다	라
22	66	22	66	66	22	66	22	66
22	66	22	66	66	22	66	22	66
33	77	33	77	77	33	77	33	77
44	88	44	88	88	44	88	44	88

가	나	다
22	66	22
22	66	22
33	77	33

워드에서 모든 표의 첫 번째 행은 굵은 글씨에 회색으로 채워주고, 모든 글자 크기는 14에, 글자체는 맑은 고딕, 그리고 모두 가운데 정렬, 표의 왼쪽과 오른쪽 양 끝에만 테두리 없음으로 바꿔주는 VBA 코드를 작성해줘.

다음은 워드의 모든 표의 첫 번째 행을 굵은 글씨에 회색으로 채우고, 모든 글자 크기는 14에, 글자체는 맑은 고딕, 그리고 모두 가운데 정렬, 표의 왼쪽과 오른쪽 양 끝에만 테두리 없음으로 변경하는 VBA 코드 예시입니다.

```VBA
Sub FormatTable()
    Dim tbl As Table
    Dim row As Row
    Dim cell As Cell
    For Each tbl In ActiveDocument.Tables
        For Each row In tbl.Rows
            For Each cell In row.Cells
                If cell.RowIndex = 1 Then
                    cell.Range.Font.Bold = True
                    cell.Shading.BackgroundPatternColor = wdColorGray05
                End If
                cell.Range.Font.Name = "맑은 고딕"
                cell.Range.Font.Size = 14
                cell.Range.ParagraphFormat.Alignment = wdAlignParagraphCenter
                If cell.ColumnIndex = 1 Then
                    cell.Borders(wdBorderLeft).LineStyle = wdLineStyleNone
                ElseIf cell.ColumnIndex = tbl.Columns.Count Then
                    cell.Borders(wdBorderRight).LineStyle = wdLineStyleNone
                Else
                    cell.Borders.Enable = True
                End If
            Next cell
        Next row
    Next tbl
End Sub
```

위 코드를 실행하면, 워드의 모든 표에서 첫 번째 행에 있는 셀들의 글꼴, 글자 크기, 색상, 그리고 정렬을 변경합니다. 또한 표의 왼쪽과 오른쪽 양 끝에 있는 셀에만 테두리가 없어집니다.

워드의 개발 도구에서 VBA 코드를 실행하면 모든 표가 요구한 내용대로 통일되게 변경되었다.

가	나	다	라	마
22	66	22	66	66
22	66	22	66	66
33	77	33	77	77
44	88	44	88	88
55	77	55	77	77

가	나	다	라	마	가	나	다	라
22	66	22	66	66	22	66	22	66
22	66	22	66	66	22	66	22	66
33	77	33	77	77	33	77	33	77
44	88	44	88	88	44	88	44	88

22	66	22
22	66	22
33	77	33

챗GPT로 스마트 컨트랙트와 DAO 만들기

웹 3.0 혹은 블록체인이나 암호화폐에 관심이 있다면 스마트 컨트랙트와 DAO라는 용어를 들어본 적이 있을 것이다. 웹 3.0의 핵심인 블록체인은 비트코인, 이더리움 등 암호화폐 시스템의 근간이 되는 기술이다. 이 중 이더리움(Ethereum)은 블록체인 기술을 기반으로 스마트 컨트랙트(스마트 계약) 기능을 구현하기 위한 분산 컴퓨팅 플랫폼인데, 챗GPT로 스마트 컨트랙트 코드를 작성할 수 있다.

스마트 컨트랙트(Smart Contract)는 블록체인 기술을 활용하여 계약을 자동으로 실행하는 프로그램으로, 블록체인상의 노드(node, 블록체인에 참여하는 개개인의 서버, 혹은 컴퓨터)들이 계약 내용을 자동으로 이행한다.

이더리움의 스마트 컨트랙트는 이더리움 가상머신(Ethereum Virtual Machine, EVM)에서 실행되고, 이더리움에서는 솔리디티(Solidity)라는 언어를 사용하여 스마트 컨트랙트를 작성할 수 있다. 솔리디티(Solidity)는 C++, 자바스크립트(JavaScript) 등과 유사한 구문을 가지고 있다.

스마트 컨트랙트는 탈중앙화된 블록체인상의 코드이기 때문에, 스마트 컨트랙트의 실행 결과는 중앙화된 시스템에서 발생할 수 있는 위변조나 부정행위가 일어날 가능성이 거의 없다. 스마트 컨트랙트를 이용하여 투표 시스템을 구현할 수도 있고, 디지털 자산의 소유권 이전 및 거래를 처리할 수도 있다.

또한 챗GPT는 DAO 코드도 작성할 수 있는데, DAO(Distributed Autonomous Organization)는 탈중앙화된 자율 조직으로서 블록체인 기술과 스마트 컨트랙트를 활용하여 운영되는 조직이다. 기존의 조직과는 달리 중앙집중적인 통제가 없으며, 구성원들이 서로 협력하여 의사결정을 내리고 조직을 운영한다. DAO는 스마트 컨트랙트를 활용하여 자동화된 실행 환경을 구성하며, 분산된 구성원들이 서로 자율적으로 결정을 내릴 수 있는 조직이다. 구성원들은 DAO가 발행한 암호화폐를 보유하고 있으며, 이를 이용하여 DAO에서 의사결정을 내린다. 예를 들어, DAO의 투표를 통해 새로운 프로젝트를 진행하거나 예산을 결정할 수 있다.

구성원들이 투표를 할 수 있는 스마트 컨트랙트 코드를 작성해줘.

 구성원들이 투표를 할 수 있는 스마트 컨트랙트 코드를 작성해보겠습니다. 다음은 Solidity 언어를 사용한 예시 코드입니다.

```solidity
pragma solidity ^0.8.0;

contract Voting {
    // 구성원의 투표 여부를 저장하는 매핑
    mapping(address => bool) public voters;

    // 후보자 구조체
    struct Candidate {
        string name; // 후보자 이름
        uint voteCount; // 득표 수
    }
```

위 코드에서는 Voting이라는 이름의 컨트랙트를 정의합니다. Voting 컨트랙트는 후보자들을 관리하고, 구성원들의 투표를 처리합니다. Voting 컨트랙트는 생성자 함수를 가지며, 이 함수는 후보자 이름을 담은 문자열 배열을 입력받아, 후보자 배열을 초기화합니다.

투표는 vote 함수를 호출하여 처리할 수 있습니다. vote 함수는 후보자의 인덱스를 입력받아, 투표 처리를 수행합니다. 투표한 적이 없는 경우에만 투표 가능하며, 후보자 인덱스가 유효한지 검사합니다. getCandidates 함수는 후보자들의 득표수와 이름을 조회할 수 있도록 하는 함수입니다. 이 함수는 후보자 이름을 담은 문자열 배열과 후보자들의 득표수를 담은 정수 배열을 반환합니다.

내가 만든 음원을 업로드하거나 다른 사람이 만든 음원을 다운로드하면 이더리움으로 보상을 받는 DApp(Distributed Application)(분산앱)의 코드를 작성해줘.

음원을 업로드하고 다운로드할 때 이더리움으로 보상을 받는 DApp의 예시 코드를 작성해보겠습니다. 이 예시 코드는 Solidity 언어로 작성된 컨트랙트 코드입니다.

```solidity
pragma solidity ^0.8.0;

contract MusicMarketplace {
    struct Music {
        address owner; // 음원 소유자
        string name; // 음원 이름
        uint price; // 음원 가격
        string ipfsHash; // 음원 파일의 IPFS 해시
    }

    // 음원 배열
    Music[] public musics;

    // 이더리움 계좌별 잔액을 저장하는 매핑
    mapping(address => uint) public balances;

    // 음원을 업로드하는 함수
    function uploadMusic(string memory name, uint price, string memory ipfsHash) public
```

위 코드에서는 MusicMarketplace라는 이름의 컨트랙트를 정의합니다. MusicMarketplace 컨트랙트는 음원을 업로드하고 다운로드할 수 있으며, 음원을 구매한 사용자에게 보상을 제공합니다.

튀르키예 지진 피해자들을 위한 이더리움 기부금 모금 DAO를 만들고 싶은데 이에 맞는 DAO 코드를 만들어줘. 기부금 모금 기간은 30일로 지정하고, 1인당 기부 금액은 10이더리움으로 제한하고, 최종 모금액이 1000이더리움이 되면 모금 활동이 자동 종료되는 DAO 코드를 작성해줘.

네, 튀르키예 지진 피해자들을 위한 이더리움 기부금 모금 DAO 컨트랙트 코드를 Solidity 언어로 작성해보겠습니다. 기부금 모금 기간은 30일로 지정하고, 1인당 기부 금액은 10이더리움으로 제한하고, 최종 모금액이 1000이더리움이 되면 모금 활동이 자동 종료되도록 구현하겠습니다.

```solidity
pragma solidity ^0.8.0;

contract TurkeyEarthquakeReliefDAO {
    // 구성원 정보를 저장하는 구조체
    struct Member {
        bool exists; // 구성원 여부
        uint votingPower; // 투표 권한
    }

    // 구성원 목록을 저장하는 매핑
    mapping(address => Member) public members;

    // 투표 정보를 저장하는 구조체
    struct Vote {
        bool executed; // 투표가 실행됐는지 여부
        bool passed; // 투표 결과가 통과됐는지 여부
        uint votingDeadline; // 투표 기한
        uint yesVotes; // 찬성표 수
        uint noVotes; // 반대표 수
        address proposal; // 제안자
        uint amount; // 기부 금액
        bytes32 description; // 제안 내용
        mapping(address => bool) voted; // 투표한 구성원 목록
    }
```

1인당 기부 금액 제한 확인 후, 기부금을 모금함에 추가합니다.

```solidity
// 기부금을 추가하는 함수
function donate() public payable {
    // 1인당 기부 금액 제한 확인
    require(msg.value <= MAX_DONATION_AMOUNT, "Maximum donation amount exceeded.");

    // 기부금 모금함에 추가
    donationPool += msg.value;
}
```

제안서를 투표하는 함수를 구현합니다. 제안서의 투표 기간은 모금 기간과 같이 30일로 지정합니다.

```solidity
// 제안서를 투표하는 함수
function vote(bytes32 description, uint amount) public {
    // 호출한 사용자가 구성원인 경우에만 투표할 수 있음
    require(members[msg.sender].exists, "You are not a member.");
    // 기부 금액이 기부금 모금함의 잔액보다 작은 경우에는 예외 처리
    require(amount <= donationPool, "Not enough balance in the donation pool.");

    // 투표 생성
    uint votingDeadline = block.timestamp + CAMPAIGN_DURATION;
    votes.push(Vote({
        executed: false,
        passed: false,
        votingDeadline: votingDeadline,
        yesVotes: 0,
        noVotes: 0,
        proposal: msg.sender,
        amount: amount,
        description: description
    }));
```

챗GPT로
그림도 그릴 수 있을까?

당연히 챗GPT는 텍스트를 생성하는 AI이므로 '직접' 그림을 그릴 수 없다. 하지만 이제 붓이나 물감이 아닌 '텍스트(문자)'로 그림을 그리는 시대가 된 만큼 다른 생성형 AI의 도움을 빌리면 그림 그리기가 가능하다.

먼저 챗GPT에게, 그리고 싶은 테마나 내용을 이야기하면 챗GPT는 글로 그림을 표현해준다.

> 아무도 가본 적 없는 깊은 숲속의 환상적인 폭포와 맑은 강물, 나무들과 아름다운 꽃들과 신기한 새들로 가득한 대자연의 아름다움을 그림으로 그려줘.

그림 설명:

깊은 숲속으로 들어가 보면, 작은 강이 새긴 돌바닥 위에는 맑고 청량한 물이 흐르고 있습니다.

강 주변에는 나무들과 식물들이 우거져 있으며, 그 아래로는 작은 꽃들이 가득한 잔디밭이 펼쳐져 있습니다.

강의 끝으로 가면 환상적인 폭포가 높이 솟아오르며, 물줄기가 작은 빗방울이 되어 하늘과 땅 사이를 오가며, 그 소리는 자연의 멜로디로 들려옵니다.

폭포 주변에는 신기한 새들이 날아다니며, 그중에는 화려한 깃털을 가진 새들도 있습니다.

새들의 울음소리와 피아노 소리가 어우러져, 자연의 아름다움을 더욱 즐길 수 있는 특별한 공간입니다.

이렇게 대자연의 아름다움을 그려보았습니다. 이 숲속으로 들어가서 자연을 느끼며 산책을 하며, 이런 아름다운 광경을 볼 수 있다면 참 좋겠네요.

글만 읽어도 머릿속에서 아름다운 그림이 그려질 정도의 문장을 작성했다. 그러면 이 문장을 영어로 번역해달라고 요청한다. (아니면, 처음부터 질문을 영어로 해서 영어로 된 답변을 얻어도 된다.)

그다음은 텍스트를 이해해 그림을 그려주는 이미지 생성 AI 프로그램인 '미드저니(Midjourney)' 사이트에 접속한다.

미드저니에 접속해 들어가면 다음과 같은 화면이 나온다. 왼쪽에 있는 NEWCOMER ROOMS 중 아무 newbies 방으로 들어가면 된다. 그리고 맨 밑의 입력창에 '/imagine'라고 치면 prompt 칸이 나오면서 텍스트를 입력할 수 있게 된다. 여기에 아까 챗GPT

미드저니를 이용하려면 먼저 디스코드(Discord)에 가입해야 한다.

가 작성(혹은 번역)해준 영어 글을 붙여 넣는다. 너무 많은 글을 한꺼번에 다 넣으면 원하는 그림이 나오지 않을 수도 있기 때문에 작성해준 글 중에서 원하는 이미지가 표현된 글만 따로 떼서 붙여 넣기 해도 된다.

챗GPT가 작성 및 번역해준 영어 글을 미드저니에 입력해 그림을 요청했더니 생각했던 이미지의 그림들이 나타났다. 그림이 마음에

들지 않으면 단어를 바꾸거나, 챗GPT에게 좀 더 구체적으로 그림을 표현해달라고 요청한다. 미드저니 외에도 달리2(DALL-E 2)나 크레용(Crayion) 등의 이미지 생성형 AI로도 챗GPT가 작성한 문장을 이용하면 그림을 그릴 수 있다.

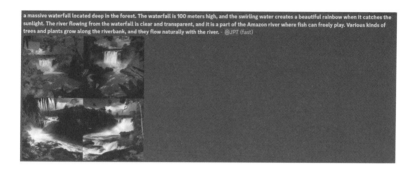

아무도 가본 적 없는 깊은 숲속의 환상적인 폭포와 맑은 강물, 나무들로 가득한 대자연의 아름다운 그림을 챗GPT와 미드저니의 도움으로 그려냈다.

한편 이미지 생성형 AI와 협업하여 챗GPT로 그림을 그리는 일도 가능하지만, 반대로 사진이나 그림에서 단어를 도출해내는 이미지 분석 AI 이마가(Imagga)와 협업하여 이미지를 토대로 챗GPT가 이야기나 홍보 문구 등을 만들어내는 일도 가능하다. 이미지 분석 AI 이마가로 사진을 분석해 도출한 키워드와 확률값을 챗GPT에게 입력해 홍보 문구를 만들어달라고 요청했다.

남자 51.33% 가족 47.31% 행복 46.54% 사람들 45.35% 남성 44.23% 성인 44.17% 함께 43.97% 사랑 43.56%… 이 키워드와 확률값을 토대로 홍보 문구를 만들어줘.

"당신의 행복을 위해 가족과 함께하는 시간을 놓치지 마세요! 행복을 추구하는 가족들과 함께하며, 삶에서 가장 소중한 순간을 만들어보세요."

"당신의 삶에 함께하는 사람들이, 더 큰 행복을 선사할 수도 있습니다. 사람들과 함께하며 새로운 경험을 나누어보세요. 사랑하는 이들과 함께 인생을 더욱 풍요롭게 만들어보세요."

"성인이 되어도 언제나 사랑하는 마음은 변하지 않습니다. 사랑하는 사람들과 함께하는 행복한 순간을 놓치지 마세요. 함께 사랑을 나누어보세요."

"현대적이고 성숙한 라이프스타일을 추구하는 당신! 가족과 함께 더욱 쾌활하고 편안한 삶을 즐겨보세요."

"가족은 언제나 당신의 편입니다."

● 이미지 분석 AI 이마가(Imagga)로 사진을 분석해 도출한 키워드들

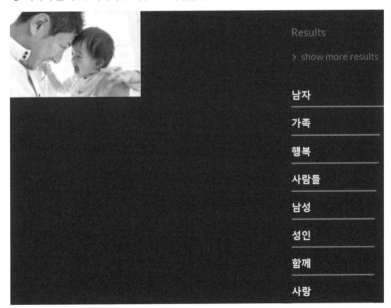

챗GPT의 성능을
두 배로 올려주는 협업 프로그램들

챗GPT는 그 자체로도 활용성이 높지만, 챗GPT 기반의 협업 확장 프로그램들이 계속 개발되면서 활용 범위가 점점 확대되고 있다.

여기서는 챗GPT를 기반으로 한 유용한 확장 프로그램 몇 가지를 소개하고자 한다.

확장 프로그램을 이용하려면 먼저 구글 크롬 웹스토어에 접속한다. 참고로 크롬 웹스토어 검색창에 'ChatGPT'를 입력하면 여기서 소개하는 프로그램 외에도 Voice Control for ChatGPT, WebChatGPT, ChatGPT to Notion, ChatGPT Optimizer 등 다양한 챗GPT 확장 프로그램들이 있으니 목적에 맞는 프로그램을 설치해 사용하면 도움이 될 것이다.

---

(1) YouTube Summary with ChatGPT

유튜브 영상의 내용을 스크립트 문서로 변환하고 정리해준다. 시간상 유튜브 내용을 다 볼 수 없을 때 문서 내용만으로도 파악할 수 있어 편리하다.

유튜브에 들어가면 오른쪽에 영어와 한국어로 유튜브 내용을 문서로 변환해주는 창이 뜬다.

(2) ChatGPT for Google

구글 검색을 하면 오른쪽에 챗GPT 창이 뜨면서 구글에 올라와 있는 정보들을 수집해서 요약해준다. 링크를 하나하나 클릭해서 정보를 파악해야 하는 수고를 덜어준다.

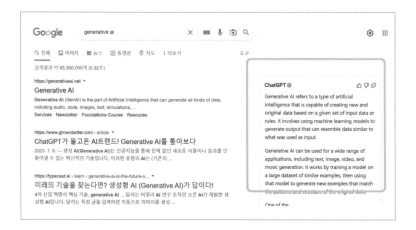

영어로 질문하고 답변을 받기를 원할 때 유용한 자동 번역 프로그램이다.

프로그램을 설치하고 챗GPT를 실행하면 입력창 바로 위에 '번역해서 질문'이라는 칸이 생긴다. 입력 창에 한글로 질문을 넣은 다음 '번역해서 질문'을 누르면 자동으로 영어 번역하여 질문을 하고 영어로 한 답변도 자동으로 한글 번역해준다.

 오픈AI 창업자자가 누구이고 언제 설립되었는지 설명해줘

번역 결과

who is the founder of open AI and when it was established?

OpenAi was co -founded by several individuals, including Elon Musk, Greg Brockman, Ilya Sutskever, John Schulman, Sam Altman and Wojciech Zaremba. However, Elon Musk has since stepped down from the board of OpenAi. The company was established in December 2015.

번역 결과

OpenAI는 Elon Musk, Greg Brockman, ilya Sutskever, John Schulman, Sam Altman 및 Wojciech Zaremba를 비롯한 여러 개인이 공동 설립했습니다. 그러나 Elon Musk는 이후 OpenAI 이사회에서 물러났습니다. 회사는 2015년 12월에 설립되었습니다.

---

(4) AIPRM for ChatGPT

'AIPRM for ChatGPT'는 챗GPT에게 원하는 답변을 정확하게 얻어내기 위해 입력 문구를 정형화해서 마련해놓은 프롬프트 모음집이다. 프롬프트(prompt)는 챗GPT에게 명령을 내리는 언어로, 챗GPT로부터 원하는 답변을 얻지 못했다면 프롬프트를 제대로 입력하지 못해서일 확률이 높다. 예를 들어, 미드저니를 이용해 그림을 그리고 싶을 때 어떤 프롬프트를 쓰면 잘 그려지는지부터 유튜브 대본 생성, 인스타그램 포스팅, 블로그 이름, SEO 최적화 작업 등 매우 다양한 프롬프트를 활용할 수 있다.

설치를 하면 Public Prompts 와 Own Prompts가 제일 먼저 보인다. Public Prompts는 다른 사람들이 만들어놓은 프롬프트를 공개 및 공유해서 사용하는 것이고, Own Prompts는 프롬프트를 직접 만들 수 있는 공간이다.

● AIPRM for ChatGPT를 이용해 'space' 키워드로 미드저니에 입력할 문구를 챗GPT에 요청했더니 미드저니에 바로 사용할 수 있는 문장들을 작성했다

Public Prompts를 선택하면 Topic(주제) 탭이 나오고 여기서 생성AI, 구글SEO, 마케팅, 소프트웨어 코드 등을 설정할 수 있다.

Activity에서는 주제 또는 사용하는 사이트에 따라 선택할 수 있는데, 미드저니, stable Diffusion, 달리(DALL-E), 백엔드, 키워드, 아이디어 등이 있다. Sort by(정렬 기준)에서는 Top votes, Top views, Last Updates가 있는데 다른 사람들도 많이 사용하고 있는 순서인 Top votes를 선택해서 사용하면 된다.

Output 설정에서는 영어, 한국어 등을 설정할 수 있고, Writing Style에서는 유익성, 정보성, 교육 등 목적에 따라 글 작성 스타일이 선택 가능하다.

PART 5

챗GPT와 초거대 AI가 불러온
새로운 부의 기회

CHAPTER 1

인공지능 혁명이
투자와 금융에 불러온 파장

인공지능(AI)이 투자와 금융시장에 어느 날 새롭게 등장한 키워드는 아니다. 필자 뇌리 속의 인공지능은 가깝게는 알파고와 이세돌의 2016년 역사적인 대국으로 남아 있고, 조금 멀게는 스티븐 스필버그 감독의 2001년작 영화 〈에이아이(AI)〉의 기억이다. 이때 어렴풋이 '엄청난 미래 혁신 기술', '언젠가 인간을 대체할지도 모르는 무언가'로 받아들였다. 인공지능이 공상과학 영화의 소재로 쓰이거나 인간과의 지적 대결이란 볼거리를 주었던 2001년과 2016년 당시에는 투자와 금융 관점에서 의미 있는 동력(momentum)이 되지 못했다. 하지만 이번에는 왜 다른 반응이 기대되는 것일까?

무엇보다도 '당장 돈이 될 것인가'라는 오랜 의구심이 '챗GPT'라는 게임 체인저로 인해 '곧 엄청난 돈이 된다'는 강한 확신으로 바뀌었기 때문이다. 이론적인 주가, 즉 적정 기업 가치는 미래 현금흐름을 현재 가치로 할인한 값인데 바로 미래 현금흐름에 대한 가시성이 '짙은 안개'가 아닌 '매우 맑음'으로 바뀐 것이다.

사실 2022년 8월에 발표된 '가트너의 기술 성숙도 사이클(HYPE CYCLE)'을 보면 AI 관련 주요 기술들(Machine Learning, Causal AI, Generative Design AI)은 '혁신의 단계'의 초기에 해당되며 기대 수준은

● 가트너의 기술 성숙도 사이클(HYPE CYCLE): 2022년 8월에는 AI의 기대 수준이 높지 않았다

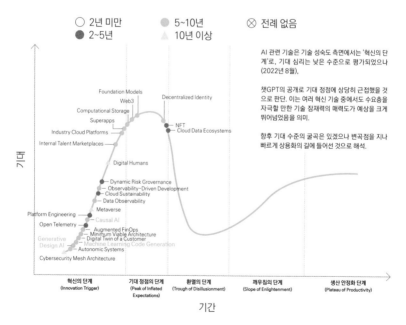

낮고, 안정기(Plateau)까지 무려 5~10년 정도 소요될 것으로 낮게 평가되었다. 그런데 불과 4개월 만에 기대 수준(expectations)을 크게 끌어올릴 만한 기술 잠재력의 매력도를 유감없이 과시했다는 점에서 의미가 크다. 향후 기대 수준은 굴곡은 있겠지만 변곡점을 지나 빠르게 상용화의 길에 들어선 것으로 추정되며, AI 테마주들의 요란스러움은 이러한 예상을 뛰어넘은 대중화에 열광한 것을 반영한 것이다.

'챗GPT'에 대한 시장 참여자들의 뜨거운 관심은 2021년을 뜨겁게 달궜던 '메타버스' 열풍을 떠오르게 한다. 구글 트렌드를 통해 검색어로서의 인기 정점(100)까지 도달하는 속도를 비교해보면 '메타버스'가 38주 걸렸던 것에 비해 '챗GPT'는 불과 13주로 3배가량 빠르게 전

● 구글 트렌드로 살펴본 챗GPT vs. 메타버스

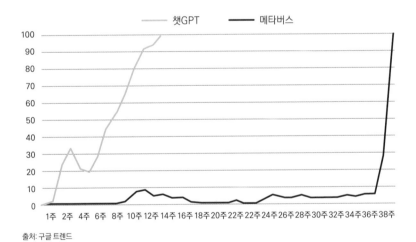

출처: 구글 트렌드

세계인의 주목을 이끌고 있다.

이와 같은 구글 트렌드의 엄청난 관심도는 향후 실제 이용자에 더해 잠재 이용자의 미래 수요 급증 가능성을 반영한 것으로, 최근 집계되는 실제 이용자의 급증세는 잠재 수요를 상당히 자극할 만큼 정말 놀라운 모습이다. 전 세계의 대표 플랫폼 기업들이 100만 실제 이용자(user)를 끌어 모으는 데 걸렸던 기간은 길게는 3.5년(넷플릭스), 짧게는 2.5개월(인스타그램)이었는데 챗GPT는 불과 5일 만에 이뤄냈다. 그러고는 2달 만에 드디어 1억 명을 돌파하면서 역사상 가장 단기간에 가장 많은 사용자를 이끌어낸 플랫폼으로 우뚝 섰다.

IT 플랫폼(Platform) 기업의 적정 가치 측정에 있어서 가장 직접적

● 전 세계 대표 플랫폼의 100만 이용자 달성 기간

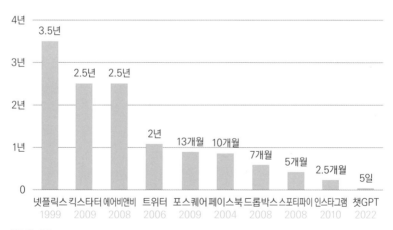

출처: 링크드인

이고 중요하게 여겨지는 것이 활동 이용자(Active User) 수이다. 기업 가치의 기본적인 본류는 매출(=판매량×판매가격)을 늘리는 것인데, IT 플랫폼 기업에 있어서 잠재적 판매량이 곧 '활동 이용자'이기 때문이다. 페이스북, 인스타그램의 주 수입원은 광고 수익으로, 이 광고 수익은 활동 이용자수에 비례한다. 더 직접적으로 인터넷 게임 회사의 신작 게임은 월간 활동 이용자(MAU, Monthly Active User)로 측정하여 애널리스트들의 수익 측정이 이뤄지는데, 활동 이용자수, 해당 게임에 머무는 시간 등에 비례하여 유료 과금, 유료 아이템 판매, 관련 광고 수익 등이 좌우되기 때문이다. 더구나 챗GPT 제작사인 오픈AI는 일부 고도화 서비스에 대한 유료화 전환을 시도하면서 과거 어떤 IT 플랫폼 기업들도 이루지 못했던 빠른 유료화 서비스의 길로 갈 것으로 예상된다.

이렇게 초거대 AI, '챗GPT' 열풍, 즉 AI 관련 기업들의 미래 현금흐름에 엄청난 변화를 예고했다는 점에서 최근 주가 급등은 나름대로의 이유가 있다. 향후 챗GPT, 초거대 AI 진화와 관련하여 투자와 금융 관점에서 주목해야 할 논점을 다음 장에서 더 자세히 살펴보겠다.

지금 주목해야 할 세 가지 논점

인플레이션 위험은 AI 기업 가치에 부정적인가

물가 상승 압력에 따른 금리 급등은 고PER 성장주인 AI 관련주의 할인율 상승에도 반영되어 지난 2022년 큰 폭의 주가 하락을 가속화했다. 이론적인 기업 가치, 즉 적정 주가는 미래 현금흐름을 현재 가치로 할인한 값으로 다음과 같이 산정한다.

기업 가치(적정 주가) = 미래 현금흐름 / 할인율

바로 분모인 할인율은 시장 금리에 의해 결정된다. 분모 값이 시장

금리로 급등하니 주가 역시 큰 폭으로 하락할 수밖에 없었다. 현재의 물가 상승이 너무 극심하다 보니 AI 기업이 미래에 벌 돈의 가치에 대해 할인을 많이 해야겠다는 것이다. 강남역 지하상가의 휴대폰 대리점 권리금을 예전에는 2년치 매출액으로 산정했는데, 금리가 오르고 경기가 나빠졌으니 6개월치 매출액으로 계산하자는 논리와 같다. 특히 기존 권리금이 지나치게 비쌌던 상가일수록 금리 상승의 악영향이 컸다. 대출 이자가 심하게 올라서 이자 비용 부담은 커졌고, 손님들도 예전보다 부쩍 줄어들다 보니 매출 자체가 줄어들어서 예전 권리금을 치루어가면서 인수하겠다는 사람이 없기 때문이다. 고PER 성장주는 이렇게 비싼 권리금에 비견되는데, AI 기업 역시 여기에 해당되었고, 2022년 인플레이션 압력에 따른 금리 급등에서는 추풍낙엽처럼 큰 폭의 주가 조정을 겪어야 했다.

● AI 지수와 나스닥 지수

출처: 블룸버그

그러나 고물가로 인한 소비 둔화로 미래 현금흐름 자체가 쪼그라들 것이란 우려는 AI 분야를 포함한 IT 업계 전반에 걸쳐 반드시 적용해야 하는 불문율인가? 꼭 그렇지는 않다. 우선 고물가라는 명제 자체가 AI가 포함된 IT 분야에는 딴 세상 이야기이다. 미국의 IT 관련 생산자 및 소비자 물가는 전체 물가와는 상이하게도 선제적인 하향세를 나타내며, IT의 경우 고물가로 인한 소비 둔화 우려는 제한적인 상황이다. 즉 강남역 지하상가 휴대폰 대리점의 경우 휴대폰 가격 할인을 통해 손님을 끌어 모으면서 매출 둔화를 견뎌내고 있는 것이다.

　　특히 IT의 디지털 도구들은 시장 전반의 생산성을 높여 공급망의 효율성, 공급자들의 원가 절감 등에 기여하면서 소비자들에게 가격

● 미국 생산자 물가와 IT 관련 물가 지수

출처: 블룸버그

안정을 제공하는 순기능이 강하다. 즉 거시 경제 측면에서 기술 혁신은 총공급 곡선(AS)을 움직여서 전체 가격 안정에 기여하기 때문에 정부 정책상 육성 정책이 강화되는 경향이다. 미국의 IRA(인플레이션 방지법)에서 미국 내 신재생 에너지 육성 정책이 강화된 것은 우연이 아니다. 이와 함께 AI 및 IT 기업은 정부 정책의 힘을 받아 국면 전환을 위한 프리미엄 및 차별화 전략으로 기술 혁신에 탄력을 받기도 한다.

결국 기술 혁신은 그 자체의 혁신성으로 시대정신을 창출하기도 하지만, 그 시대의 요구와 필요에 의해 재탄생되기도 하는 양면성 혹은 환류성을 지니고 있다. 그런 의미에서 '챗GPT, 초거대 AI'의 등장은 현 시대정신과 어떤 접점이 있는 것일까?

거시 경제 측면에서 고임금·고인플레이션 현상은 생산성 저하를 막기 위한 대안으로서 기술 혁신을 더욱 촉진했을 것으로 추정한다. 기술 혁신은 장기적으로 비용을 절감시켜 생산성을 향상시키는 효과가 있다. 모건스탠리에 따르면 지난 200여 년간 긴 그림에서 원자재 가격은 하향 안정화되었는데, 그 이유는 에너지 가격 상승에 따라 이를 극복하기 위한 대체 자원이 개발되었기 때문이라고 한다. 태양광, 풍력 등의 신재생 에너지와 테슬라를 필두로 한 전기차 열풍은 시대의 요구에 대한 기술 혁신의 부응으로도 설명될 것이다.

그런 의미에서 '챗GPT, 초거대 AI' 불씨 역시 '고임금, 고인플레이션'이라는 엄청난 불쏘시개를 만나 거대한 불길로 활활 타기 시작했

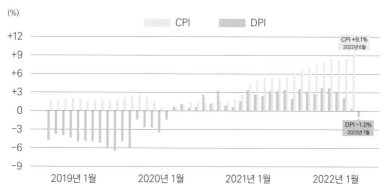

● 인플레이션 압력을 낮추는 데 혁혁한 공을 세우는 IT 물가

※ CPI는 소비자물가지수, DPI는 IT물가지수

다. 로봇이 생산 현장의 효율화로 인한 노동 생산성 개선에 기여한다면, '챗GPT, 초거대 AI'는 사무 현장의 효율화, 비정형적인 창조적 업무의 효율화에 본격적으로 개입했다는 측면에서 관련 전문가들의 인력 부족을 보완할 대안이 될 수 있다. 특히 장기적으로 주요 산업 국가의 베이비부머 세대들이 은퇴하면서 절대적인 전문 인력 부족에 따른 고임금, 고인플레이션 압박을 완화시키는 데 효과적일 수 있다.

한편 AI 관련 기업들은 지속적인 투자 활동을 통해 빠른 외형 성장을 도모해야 하는 성장주(growth stock)이기 때문에 고금리에 따른 자금 조달 부담은 전통적인 가치주(value stock)에 비해 클 수밖에 없었다. 중기적으로 고임금·고인플레이션 현상은 경기 순환상 피크아웃(peak out), 즉 점차 하향 안정화되면서 고금리 현상이 점차적으로 진정될 것이다. 그렇다면 AI 관련 기업들은 자금 조달상 이자 비용 부담이 줄어들면서 이전보다 나아진 자금 환경이 펼쳐질 것이다.

AI 산업에 대한 과잉 투자는 결국 버블로 이어지나

AI와 같은 기술 혁신 관련 주식시장 테마는 과거의 아픈 기억들을 떠오르게 한다. 가깝게는 2021년 메타버스 열풍, 오래된 기억 속에는 2000년 IT 버블 등 당시에는 엄청난 주가 급등으로 시장의 관심을 끌었다. 하지만 뒤늦게 막차를 타서 상투를 잡았다는 소리를 들은 사람도 있을 것이다. 메타버스 열풍의 한복판에 있던 미국의 로블록스는 한때 주당 100달러대에서 30달러대로, 한국의 위메이드 역시 20만 원대에서 5만 원대로 급락했던 아픔이 있다. 투자자 입장에서 보면 어떻게든 끝물에 안 들어가야 한다는 본능적인 트라우마가 작동할 수밖에 없다.

이러한 기술주에 대한 광풍과 패닉은 왜 반복되는 것일까? 기술 혁신과 관련한 기업들의 투자 활동에는 엄청난 현금이 필요한데, 특정 기술 혁신이 누구나 돈이 된다고 믿는 순간 투자자들의 쏠림 현상이 일어나고 수많은 기업이 뛰어들면서 과잉 투자가 나타나고, 결국 기대에 못 미치는 기술 성과를 거둔 기업들이 낙오되면서 버블 붕괴가 나타난다. 따라서 버블 붕괴의 직전 단계가 과잉 투자 단계이기 때문에 AI 산업 관련한 과잉 투자 여부를 따지는 것이 대단히 중요하다.

그런데 2000년초 IT 버블 붕괴 사례를 고려하여 현 AI 관련 투자 활동의 열쇠를 쥐고 있는 미국 IT 기업군의 '투자 활동으로 인한 현금흐름(현금흐름표 참고)'이 자산 수준 대비 어느 수준인지를 따져봤다. 1998~2000년 IT 버블기에서는 총자산 대비 투자 활동으로 인한 순현금 유출 수준이 -4~-3% 수준까지 확대되는 것을 확인할 수 있는데, 현재는 -2% 이내에서 비교적 잘 관리되고 있다. 이를 통해 IT 버블 당시에 비해 현재 AI 투자 활동의 중심인 미국 IT 기업의 과잉투자 위험은 제한적이며, 추세적으로도 완만히 개선되는 상황으로 파악한다.

한편 전 세계 투자 사이클의 선행 지표에 해당하는 필라델피아 투

● 미국 IT 기업군의 투자 활동 현금흐름

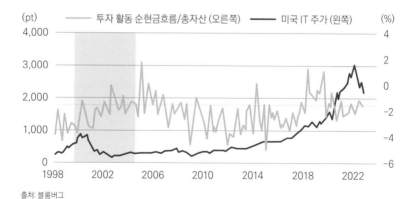

출처: 블룸버그

자 전망 서베이는 역사적 저점수준까지 하락하며, 과잉 투자보다는 오히려 과소 투자를 걱정하는 수준을 나타내고 있다. 거시 경제 측면에서 민간 부문의 과잉 투자 위험도 크지 않으니, AI 부문 역시 이 흐름과 유사하다면 현 상황은 과잉 투자를 걱정할 단계는 아닌 것으로 판단한다. AI 관련 과잉 투자 우려도 아직 시기상조라는 것이다. 그렇다면 현 주가 역시 끝물로 볼 필요는 없다고도 해석될 것이다.

AI 기업군, 밸류에이션상 고평가된 것은 아닌가?

앞서 거시 경제 측면에서 인플레이션 영향, 과잉 투자 위험을 AI

● 미국 투자 사이클 추이

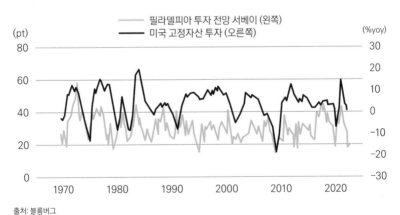

출처: 블룸버그

산업을 포괄하는 IT 업계 전반에 걸쳐서 살펴봤다. 그렇다면 이번에는 AI 산업으로 포괄되는 기업군에 대한 전통적인 밸류에이션 도구를 활용하여 고평가 여부를 따져보려고 한다. 물론 AI 관련 인덱스와 이를 벤치마크 지수로 삼은 ETF들이 출시되긴 했지만, 아직까지는 인덱스와 ETF별로 AI 산업에 대한 정의가 조금씩 차이가 나는 점은 감안하고 보기 바란다.

먼저 AI 주가지수의 PSR을 보자. PSR은 '주가/매출액'으로 산출하는데, AI 산업과 같이 성장주 평가 시에 가장 유용한 지표로 알려져 있다. 성장주의 경우 외형 성장을 통한 시장 점유율 확대를 위해 이익을 포기하는 출혈 경쟁도 마다할 수 없기 때문에 순이익 측면에서는 적자나 소폭의 이익 수준을 유지하는 경우가 나타날 수 있다. 따라서 외형 성장 그 자체만으로 기업 가치를 평가하는 것이 성장주 본연의 가치를 잘 측정할 수 있다는 점에서 PSR은 의미가 있다. ROBO 글로벌 AI 지수 구성 종목으로 산출한 PSR은 현재 5배 전후 수준으로 2021년 고점 수준인 8배, 그리고 2019년 이후 평균 수준인 5.63배보다 저평가된 수준이다. 즉 AI 관련 기업군의 주가는 현재의 매출액 대비로 보면 저평가 영역이라고 볼 수 있다.

당연하게도 AI 기업군 중에 상당수의 빅테크 기업이 포함된다는 점에서 순이익 대비 저평가 매력을 따지는 것 역시 의미가 있다. 물론 순수한 AI 사업부문만의 매출과 순이익을 추출해서 본 것은 아니고 기존 주력 사업부문의 실적이 대다수를 차지한다는 점은 감안해야

● AI 주가지수와 PSR 추이

출처: 블룸버그

할 것이다. 기존 사업부의 영업력과 재무적 역량은 결국 여유 자원으로서 AI 부문과 시너지 효과를 좌우한다는 점에서 의미를 찾을 수 있다.

그런데 PER(12개월 선행) 역시 PSR과 유사하게도 역사적 고점과의 괴리도는 크고 2019년 평균보다도 낮은 수준에 머물러 있다. PER은 '주가/예상 순이익'으로 산출하는데, AI 기업군의 경우 순이익 대비로도 저평가 영역에 머물러 있음을 알 수 있다.

물론 앞서 살펴봤던 PSR, PER의 역사적 수준과 비교 시에 저평가 영역이라는 것이지, 절대적 레벨인 PSR 5배, PER 40배는 전형적인 혁신 기술 성장주 수준의 프리미엄을 받는 것으로 해석된다. 이후 세부적인 종목을 통해 살펴보겠지만, AI 관련 주식들은 완전히 새로운 종목군들 중심이라기보다는 지난 10년 사이 빅테크로 도약한 플랫폼

● AI 주가지수와 PER 추이

출처: 블룸버그

기업, 반도체 기업들이 다수 포함된 점을 감안한다면 기존 사업부문에서 벌어들이는 잉여 현금흐름이 비교적 충분하다고 평가된다. 따라서 실적 측면에서 고평가 부담은 과거 IT 버블 당시보다는 상당히 제한적이라는 것을 알 수 있다.

CHAPTER 3 | 인공지능 혁명이 견인하는 유망 산업들

먼저 챗GPT에게 어떤 산업들이 인공지능 혁명으로 인해 긍정적인 영향을 받게 될 것인지를 물어보았다.

 인공지능 혁명이 긍정적인 영향을 미칠 산업들을 알려줄래?

 인공지능 혁명은 거의 모든 산업에 영향을 미칠 수 있지만, 일부 산업에서는 다른 산업보다 더 큰 영향을 미칠 것으로 예상됩니다. 다음은 이미 인공지능이 긍정적인 영향을 미치고 있는 산업입니다.

인공지능 혁명은 거의 모든 산업에 영향을 미칠 수 있지만, 일부 산업에서는 다른 산업보다 더 큰 영향을 미칠 것으로 예상됩니다. 다음은 이미 인공지능이 긍정적인 영향을 미치고 있는 산업입니다.

헬스케어: 인공지능은 진단을 개선하고 맞춤형 치료 계획을 개발하며 행정 업무를 간소화하는 데 사용됩니다.

금융업: 인공지능은 사기 탐지, 시장 동향 예측 및 금융 프로세스 자동화에 사용됩니다.

제조업: 인공지능은 생산 과정을 최적화하고 품질 관리를 개선하며 폐기물을 줄이는 데 사용됩니다.

소매업: 인공지능은 쇼핑 경험을 맞춤화하고 재고 관리를 최적화하며 공급망 효율성을 개선하는 데 사용됩니다.

자동차, 조선: 인공지능은 경로 계획을 최적화하고 연료 소비를 줄이며 안전성을 개선하는 데 사용됩니다.

농업: 인공지능은 작물 수확량을 최적화하고 토양 조건을 모니터링하며 가축의 질병을 탐지하는 데 사용됩니다.

교육: 인공지능은 학습 경험을 맞춤화하고 위험한 학생을 식별하며 행정 업무를 자동화하는 데 사용됩니다.

에너지: 인공지능은 에너지 생산을 최적화하고 소비를 줄이며 석유 및 가스 산업의 안전성을 개선하는 데 사용됩니다.

마케팅: 인공지능은 고객 데이터를 분석하고 대상 광고 캠페인을 개발하며 가격 전략을 최적화하는 데 사용됩니다.

전반적으로, 인공지능이 이러한 산업 및 다른 여러 산업을 혁신하고, 앞으로 다양한 분야에서 인공지능의 응용 분야가 더욱 늘어날 것으로 예상됩니다.

챗GPT는 인공지능 혁명이 대다수 주요 산업에 긍정적인 영향을 줄 것으로 답하고 있다. 투자자의 관점에서 '초거대 AI'라는 주가 촉매제(catalyst)를 핵심 요인(main driver)으로 본다면, 진원지에서 주변부로 파급력이 전파되는 순서, 즉 가치 사슬(value chain)에 따라 다음과 같이 4단계 모형을 제시한다.

1) 초거대 AI 모델: 대규모 비용을 감당할 수 있는 초거대 AI 모델을 구축할 수 있는 빅테크 기업
2) 초거대 AI 인프라: 초거대 AI 실제 운용에 필요한 핵심 인프라 (반도체, IT 하드웨어, 통신장비 등)
3) 초거대 AI 서비스형 소프트웨어: 초거대 AI를 활용하여 대고객 서비스 수단을 창출하는 기업(SAAS)
4) 초거대 AI 최적화 기업: 초거대 AI 소비를 통해 비즈니스 효율성을 최적화시키는 최종 고객군 기업

이러한 초거대 AI 가치 사슬별 구분은 곧 AI 산업 투자에 대한 투자 유니버스(Investment Universe) 기준이 되어야 할 것이다. 최근 4단계 중 가장 주가 성과가 좋았던 것은 2단계로, AI 반도체 관련 모멘텀을 장착한 반도체 기업군의 약진이 두드러졌다. 초거대 AI의 핵심 인프라로 GPU 등의 AI 관련 반도체들이 부각되면서 엔비디아(NVIDIA)의 수혜 가능성은 대체로 인정되고 있다.

● **4단계 초거대 AI 가치 사슬 모형과 주요 기업군**

초거대 AI 최적화 기업	·테슬라 ·LG전자
초거대 AI 서비스형 소프트웨어	·메타플랫폼스 ·카카오
초거대 AI 인프라	·엔비디아 ·한미반도체
초거대 AI 모델	·MS(Open AI), 알파벳, 바이두 ·네이버

다만 중장기적으로는 1단계 초거대 AI 모델 부문은 기존 플랫폼의 시장 장악력이 AI 모델과 연계되면서 시너지를 낼 수 있고, 막대한 투자 비용을 감당할만한 재무적 잉여 자원이 충분하기 때문에 투자 유니버스에는 핵심 자산(core asset)으로서 당연히 배분되어야 할 것이다.

3단계의 초거대 AI 서비스형 소프트웨어는 초거대 AI를 기반으로 하는 서비스형 소프트웨어, SAAS(Software as a Sevice)를 의미한다. 초거대 AI의 광범위한 특성 중에서 사용자가 꼭 필요한 서비스만을 집약시켜서 이용할 수 있도록 만들어지는 소프트웨어인데 초거대 AI를 활용하여 음악과 영상을 창작하는 애플리케이션이 여기에 해당한다. 1단계가 초거대 AI 생태계의 커다란 운동장(플랫폼)을 구축했다면, 3단계는 이용자가 원하는 바를 압축시켜서 특정 분야에 특화된 제품과 서비스를 만드는 기업이다. 주식시장에서는 중소형주들의 각축장이 될 것이고, 투자 위험은 따르지만 큰 수익률도 거둘 수 있는 분야이다.

　마지막 4단계 초거대 AI 최적화 기업은 초거대 AI를 잘 사용하여 매출 확대 및 비용 절감을 이뤄내어 기업 가치를 향상시키는 초거대 AI 소비 기업이다. 앞서 챗GPT가 응답했던 순기능이 강하다고 언급한 기업군은 여기에 해당한다고 생각한다. 기업 활동에 초거대 AI를 잘 도입하여 기업 역량을 강화시키는 기업군은 넓은 의미에서 투자 유니버스에 포함시켜도 될 것이다.

　한편 국내 출시된 AI 산업 해외 펀드와 ETF에서 제시된 인공지능 (AI) 관련 산업 구분은 다음과 같으므로 참고하기 바란다.

・ NH-Amundi 글로벌 AI 산업

인공지능 산업 인프라: 빅데이터, 클라우드 서비스, 사물인터넷, 모바일 등

인공지능 응용 산업: 인공지능 자동화, 로봇, 딥러닝, 인지 시스템 (cognitive system)

인공지능 적용 산업: 광고, 농업, 에너지, 자동차, 비행기, 제조업, 헬스케어, 법률 등

　피투자집합투자기구(역외펀드)인 알리안츠 글로벌 아티피셜 인텔리전스(Allianz Global Artificial Intelligence) 펀드는 인공지능 산업(인공지능 핵심 기술을 가능케 하는 인프라, 이러한 인프라를 활용한 응용 산업 및 소프트웨

어 관련 산업 등)과 관련된 기업 주식에 투자하여 중장기적인 자본소득을 추구한다.

- **ARIRANG 글로벌 인공지능 산업 MV**

① 능동형 정보(Actionable Intelligence), CRM 및 고객 지원 자동화

② 빅데이터 시각화 및 분석, 일반적인 CAD 소프트웨어

③ 기업 IT 인프라 소프트웨어, 머신 비전, 제조업용 CAD 소프트웨어

④ 머신러닝 내장 칩(GPUs, FPGAs, 휘발성 메모리 장치, ASICs)

⑤ 인터넷 서비스 및 전자상거래 사이트(이 경우 시가총액이 USD 1,000억 달러를 초과해야 함), 프로세서 반도체

⑥ 기업 관리 및 프로세스 자동화 소프트웨어, 반도체 설계 소프트웨어 및 서비스

ETF의 속성상 기초지수인 'BlueStar Artificial Intelligence Index'를 완전 복제하는 상품으로 'BlueStar Artificial Intelligence Index'는 인공지능 테마를 6개 그룹으로 분류하여 인공지능 관련 기업에 투자한다.

CHAPTER 4

인공지능 혁명이 견인하는
유망 종목들

초거대 AI의 발달로 향후 그 가치가 극대화될 것으로 보이는 주요 기업군은 다음 그림과 같이 정리할 수 있다. 각 분야와 기업별로 자세하게 알아보자.

● **4단계 초거대 AI 가치 사슬 모형과 주요 기업군**

초거대 AI 최적화 기업	·테슬라 ·LG전자
초거대 AI 서비스형 소프트웨어	·메타플랫폼스 ·카카오
초거대 AI 인프라	·엔비디아 ·한미반도체
초거대 AI 모델	·MS(Open AI), 알파벳, 바이두 ·네이버

1) 마이크로소프트: '챗GPT'와의 시너지 예약

마이크로소프트사가 인공지능 관련 어떤 강점이 있는지 설명해줘.

1. **데이터 분석과 머신러닝 기술:** 마이크로소프트는 큰 규모의 데이터를 처리하고 분석하는 데 필요한 기술을 보유하고 있습니다. 이를 위해 마이크로소프트는 Azure Machine Learning과 같은 머신러닝 도구를 제공하고 있습니다.

2. **자연어 처리 기술:** 마이크로소프트는 자연어 처리 분야에서 강력한 기술을 보유하고 있습니다. 이를 위해 마이크로소프트는 자연어 처리를 위한 인공지능 API를 제공하고 있습니다. 예를 들어, Microsoft Language Understanding Intelligence Service(LUIS)는 음성 인식, 자연어 이해 및 대화형 인터페이스를 구축하는 데 도움이 됩니다.

3. **컴퓨터 비전 기술:** 마이크로소프트는 컴퓨터 비전 분야에서도 강력한 기술을 보유하고 있습니다. 이를 위해 마이크로소프트는 컴퓨터 비전을 위한 Cognitive Services API를 제공하고 있습니다. 이를 통해 사용자는 얼굴 인식, 이미지 탐지 및 분류, OCR(광학 문자 인식) 등을 수행할 수 있습니다.

4. **연구 및 개발 역량:** 마이크로소프트는 인공지능 분야에서 긴 역사를 가지고 있으며, 이를 바탕으로 혁신적인 연구와 개발을 수행하고 있습니다. 이를 위해 마이크로소프트는 여러 인공지능 연구 센터를 운영하고 있습니다. 또한 마이크로소프트는 오픈소스 프로젝트에 대한 지원을 제공하고 있으며, 이를 통해 더 많은 개발자들이 인공지능 기술을 활용할 수 있도록 하고 있습니다.

마이크로소프트는 초거대 AI 열풍을 몰고 온 오픈AI의 주요 투자자(기존 10억 달러, 추가 100억 달러 협의 중)이자, 주요 협업사로서 '챗GPT'를 오피스 제품과 검색엔진 빙(Bing)에 적용할 계획이다. 마이크로소프트는 2023년 2월 말 윈도11 주요 기능 업데이트를 공개했는데, 윈도11 22H2 버전 이용자는 윈도 업데이트 설정을 통해 빙 챗봇이 포함된 새로운 버전으로 업데이트할 수 있고, 이를 통해 오픈AI의 챗GPT와 유사하게 챗봇 기능을 활용할 수 있다. 즉 마이크로소프트는 자체적인 AI 분야의 강점에 더해 오픈AI 사에 대한 지분 가치(계획대로라면 지분 49%를 소유하여 사실상 자회사)와 협업사로서의 시너지 효과 등을 감안하면 중장기적으로 AI 관련 긍정적인 효과를 충분히 오랫동안 향유할 만한 단연코 최적의 기업이라고 판단한다.

특히 경쟁 기업인 구글과의 정면 승부에서 먼저 승기를 잡으면서 구글의 시장 점유율을 일정 부분 뺏어올 것으로 기대된다. 마이크로소프트의 검색엔진인 빙(Bing)의 시장 점유율은 3% 수준에 불과했으나, 2023년 2월부터 '챗GPT'와 결합된 '빙(Bing)'의 다운로드가 급증하면서 경쟁판을 흔드는 데 성공했다는 분석이 나오고 있다. 구글의 93% 시장 점유율, 1인 독점 체제에 균열이 나타날 만한 징후이며, 그 균열을 일으킨 주체는 바로 '챗GPT'인 것이다. 검색엔진 시장의 각축전은 인터넷 관련 광고 수익에 대한 한판 승부인데, '빙' 입장에서는 시장 판을 뒤흔들어 놓아 일부라도 점유율을 가져온다면 큰 소득일 수밖에 없다.

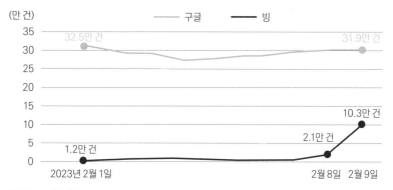

● 검색엔진 다운로드 수: 구글 vs. 마이크로소프트 빙

(만 건)

구글 ─── 빙 ───

32.5만 건
31.9만 건
1.2만 건
2.1만 건
10.3만 건

2023년 2월 1일   2월 8일 2월 9일

출처: SBS Biz, 앱토피아

향후 가장 큰 시너지 효과는 앞서 설명했던 '3단계 초거대 AI 서비스형 소프트웨어사'를 대상으로 오픈AI와의 협업으로 대규모 컴퓨팅 파워가 구축된 클라우드 서비스 애저(Azure)의 차별화된 API 판매를 통해 클라우드 부문의 매출 개선이 기대된다는 점이다. 초거대 AI 서비스형 소프트웨어사들은 챗봇을 통해 음악 제작, 동영상 제작, 조회수를 높이는 헤드라인 뽑기 등의 다양한 고객 니즈를 만족시킬 수많은 애플리케이션(앱)들을 제작할 때 초거대 AI와 결합된 클라우드 서비스의 API(앱 프로그램 인터페이스)를 선택할 것이다. 향후 클라우드 서비스 부문의 경쟁력의 중심은 초거대 AI와의 시너지이고, 이런 시장의 요구에 가장 발빠르게 부응한 마이크로소프트의 시장 지배력은 더 확고해질 것이다.

다만 마이크로소프트는 시가총액 1.9조 달러(약 2,472조 원)로 전 세계 빅테크 기업 중에서도 최상위 규모의 기업으로 애플과 자웅을 겨루고 있다. '챗GPT'라는 게임 체인저를 보유하고 있고 이를 통한 초거대 AI 시장 지배력은 높아질 것으로 보이나, 이러한 호재들이 중기적인 실적에 미칠 파급력은 거대한 회사 규모로 봤을 때는 아직 뚜렷하지는 않은 것으로 파악한다. 다음 그림처럼 '챗GPT'가 출시되고 엄청난 속도로 빠르게 보급되었던 시기에도 12개월 예상 매출액과 주당순이익은 뚜렷하게 개선 흐름이 포착되지는 않고 있다. 이는 초거대 AI 부문이 아직 사업 순환 주기(Business Cycle)상 초기~성장기 수준에 머물러 시장 점유율 선점을 위한 대규모 투자와 광고 비용 등 지출이 큰 시기이며, 따라서 이와 관련한 뚜렷한 수익성 창출까지는 일정 시간이 소요됨을 의미하는 것이기도 하다.

　AI 대표 기업인 마이크로소프트는 가치 평가 측면에서 AI 모멘

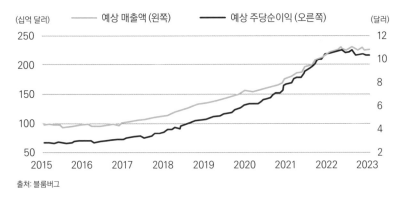

● 마이크로소프트 매출 및 이익 전망 추이

출처: 블룸버그

텀에 따른 버블 징후는 거의 없다는 점이 좋은 포인트이며, 이는 아직 AI 산업의 주가 버블이 제한적이라는 점을 반영하는 것이기도 하다. 마이크로소프트의 PER(주가/12개월 예상 EPS)은 24배, PCFR(주가/잉여 현금흐름)은 31배 수준으로 코로나 팬데믹 국면의 평균적인 수준 29배, 33배를 각각 하회하고 있고, 특히 IT 버블 국면과는 상당한 차이를 보이고 있어서 AI와 관련한 버블 가능성은 아직 제한적인 수준이며, 이에 대한 프리미엄은 거의 반영되지 않은 것으로 판단된다. 물론 전 부문에서 성장 둔화가 나타나면서 주가 조정을 거쳤고, AI와 관련된 미래 이익은 아직 반영하기에 시기상조라는 점을 나타내고 있으므로 향후 관련된 성과가 얼마나 가시화되는지를 모니터링해야 할 것이다.

● 마이크로소프트의 PER, PCFR

출처: 블룸버그

2) 알파벳: 썩어도 준치, 반격의 기회를 엿보다

구글이 인공지능 관련 어떤 강점이 있는지 설명해줘.

1. **대규모 데이터 처리 능력:** 구글은 수백만 개의 데이터를 처리할 수 있는 분산 처리 시스템과 데이터 저장소를 보유하고 있습니다. 이를 통해 구글은 대규모 데이터를 이용한 기계학습을 가능케 하고, 데이터를 효과적으로 활용하여 정확한 예측 및 분류 모델을 구축할 수 있습니다.

2. **컴퓨터 비전 기술:** 구글은 딥러닝 기술을 활용한 이미지 인식, 객체 탐지, 영상 분석 등의 컴퓨터 비전 기술을 보유하고 있습니다. 이를 통해 구글은 자율주행 자동차, 안면 인식 기술, 보안 시스템 등 다양한 분야에서 컴퓨터 비전 기술을 활용하고 있습니다.

3. **자연어 처리 기술:** 구글은 딥러닝을 이용한 자연어 처리 기술을 보유하고 있습니다. 이를 통해 구글은 번역, 음성 인식, 텍스트 분석 등의 자연어 처리 기술을 개발하고 있으며, 이를 활용하여 구글 검색, 구글 어시스턴트 등 다양한 제품과 서비스를 제공하고 있습니다.

4. **클라우드 기술:** 구글은 클라우드 기술을 활용하여 인공지능 모델을 구축하고 배포할 수 있는 인프라를 보유하고 있습니다. 이를 통해 구글은 인공지능 개발자들이 간편하게 인공지능 모델을 만들고 배포할 수 있는 클라우드 플랫폼을 제공하고 있습니다.

5. **오픈소스 기술:** 구글은 오픈소스 인공지능 라이브러리인 텐서플로우(TensorFlow)를 개발하고 유지 보수하고 있습니다. 이를 통해 구글은 전 세계적으로 다양한 기업과 개발자들이 인공지능 기술을 활용할 수 있도록 기여하고 있습니다.

'챗GPT'는 사실상 마이크로소프트의 AI 경쟁력의 원천이자 자본 심이 되었지만, '챗GPT(Generative Pre-trained Transformer)' 이름에 들어간 트랜스포머(Transformer) 알고리즘을 개발한 원조는 사실 구글이다. 이번에 '챗GPT'를 앞세운 마이크로소프트에 선제공격을 당해 코드레드(code red)의 비상사태까지 선포한 구글이지만, AI 인프라(클라우드, 머신러닝 프레임워크)나 AI 기술력으로 본다면 여전히 세계 최고 수준임은 틀림없다. 특히 검색엔진 점유율 93%로 엄청난 데이터셋(Data set)을 지니고 있기 때문에 오픈AI의 '챗GPT'에 대한 반격이 본격화될 것이다. 만약 실시간 정보가 반영된 챗봇 경쟁이라면 시장 점유율 93%의 구글은 빙(Bing)에 비해 엄청난 양질의 데이터셋을 확보한 것일 테니, 규모의 효과 측면에서는 마이크로소프트도 당해내기가 쉽지 않을 것이다.

　다만 역설적이지만 구글의 검색엔진 부문의 독과점적 시장 지위는 '챗GPT'와 같은 말덩어리 챗봇 서비스가 전통적인 검색 양을 줄여주는 제 살 깎아 먹기(canivalization) 효과가 있기 때문에 이 부분에 대한 경영진들은 딜레마는 클 것이다. 실제로 구글은 의지만 있었다면 진작에 '챗GPT'와 같은 서비스를 출시했겠지만, 이로 인한 광고 수입 저하를 우려해서 뒤늦었다는 평가가 제기되기도 한다. 마치 '코닥의 딜레마'*와 유사한 형국이라고 볼 수 있다.

---

*　디지털카메라 이전 아날로그 카메라와 필름 업계의 최강자였던 미국 코닥은 사실 세계 최초로 디

어찌 됐든 경쟁 구도가 확고해진 이상 이젠 히든카드를 아낌없이 꺼내 들 시간이다. 바드(BARD)와 스패로우(SPARROW)의 양대 대항마를 통해 '챗GPT'의 빈틈을 보완하며 팽팽한 경쟁 구도를 이끌 가능성이 크다. 물론 바드는 시연회에서 엉뚱한 답변을 내놓으며 실망을 안겼지만, 사실 챗GPT 사용자라면 이미 경험해봤을 만한 답변이다. 구글이 기존 AI 선두 기업이고 '챗GPT'보다 한발 늦었다는 실망감이 결합된 반응일 수 있다. 향후 지속적인 업데이트를 통해 개선 여지는 충분하다고 생각된다. 또한 스패로우의 경우 알파고를 개발한 딥마인드가 개발 중인 챗봇으로 실시간 정보 반영과 참고문헌 표시 등이 가능할 것으로 알려져 있어서 '챗GPT'를 추격하는 두 마리의 호랑이를 출격시킬 예정이다. 그리고 제 살 깎아 먹기(canivalization)를 최소화하기 위해 바드나 스패로우와 같은 AI 서비스를 유료 서비스로 출시하거나, API 매출 위주로 기업 간 거래(B2B) 중심으로 관련 비즈니스 모델을 재편할 수도 있다.

알파벳(구글)의 최근 매출 및 이익 전망은 다소 상반된 모습을 보이고 있다. 매출 전망은 상향 조정되었으나 이익 전망은 하향되면서 AI 모멘텀에 대한 중기적인 실적 반영 가능성은 아직 제한적인 상황으로 판단된다. 광고 부문의 성장 둔화 우려가 제기된 상황에서 챗GPT

지털카메라를 발명해 이미 상용화까지 했음에도 디지털카메라 시장을 장악하지 못했다. 당시 코닥의 최대 수익 창출 부문인 필름 사업에 대한 제 살 깎아 먹기(canivalization) 우려로 디지털카메라 부문을 제때 성장시키지 못했기 때문이다.

열풍까지 맞대응해야 하는 당혹스런 국면이라 당장의 실적 가시성은
애매한 상황이다.

● 알파벳(구글) 매출 및 이익 전망 추이

출처: 블룸버그

● 알파벳의 PER, PCFR

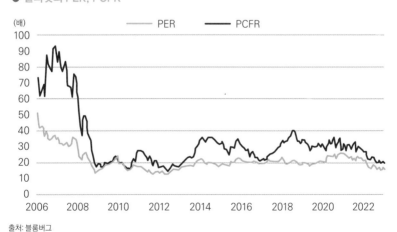

출처: 블룸버그

물론 알파벳 주가는 이런 시장 우려를 상당히 반영하고 있다. 예상 PER(주가/12개월 예상 EPS)은 15배, PCFR 20배 수준으로 AI 핵심 기술 보유 기업으로서의 프리미엄은 간데없고 역사적 하단 수준으로 낮게 평가되고 있다. 향후 AI 원조 기업으로서 반격 카드가 본격화되고, 광고 수입에 대한 가시성도 개선된다면 주가의 지나친 저평가는 점차적으로 완화될 것으로 기대한다.

3) 바이두: 대륙 AI 주인공은 나야 나

바이두 사가 인공지능 관련 어떤 강점이 있는지 설명해줘.

1. **자연어 처리(NLP, Natural Language Processing):** 바이두는 자연어 처리 분야에서 많은 경험과 기술력을 보유하고 있습니다. 예를 들어, 바이두의 인공지능 음성 비서인 Duer는 음성 명령 인식 및 자연어 이해 기술을 적용하여 사용자들에게 더 나은 음성 인터페이스 서비스를 제공합니다.
2. **음성 인식:** 바이두는 음성 인식 분야에서 선도적인 위치를 차지하고 있습니다. 예를 들어, 바이두의 Deep Speech 기술은 음성 인식 분야에서 뛰어난 성능을 발휘하며, 인간의 음성을 거의 정확하게 인식할 수 있습니다.
3. **이미지 인식:** 바이두는 이미지 인식 분야에서도 많은 연구를 수행하고 있습니다. 바이두의 인공지능 이미지 인식 기술은 사람 얼굴 인식, 물체 인식, 이미지 검색 및 이미지 분류 등 다양한 분야에서 우수한 성능을 보여주고 있습니다.

4. **데이터 마이닝(Data Mining):** 바이두는 대규모 데이터를 수집하고 분석하는 기술에 대한 노하우를 갖추고 있습니다. 이를 바탕으로 바이두는 다양한 분야에서 데이터 분석 및 예측 모델을 개발하고 있으며, 이를 활용하여 사용자들에게 더 나은 서비스를 제공하고 있습니다.

5. **머신러닝(Machine Learning):** 바이두는 머신러닝 분야에서도 많은 연구를 수행하고 있습니다. 바이두의 머신러닝 기술은 대규모 데이터를 기반으로 하는 강력한 예측 모델을 구축하는 데 활용됩니다. 이를 바탕으로 바이두는 다양한 분야에서 개인화 서비스를 제공하고 있습니다.

초거대 AI 모델 부문에서 마이크로소프트와 알파벳(구글)이 약진할 수 있는 중요한 요인으로 ① 사용자가 많은 검색엔진을 보유하고 있으므로 양질의 데이터셋을 보유하고 있다는 점, ② 클라우드 서비스를 통한 엄청난 컴퓨팅 파워로 API 형태의 기업 간 거래(B2B)로 신규 수요를 창출할 수 있다는 점, ③ 기존 AI 부문에 대한 충분한 연구 개발로 관련 기술력이 충분하다는 점 등이 될 것이다.

그런데 이 중에서도 ①에 해당하는 부분은 '지역-언어-문화' 감수성이 데이터셋별로 집적되는 차이가 존재한다는 점에서 결국 현지화(Localization) 및 토종 초거대 AI 모델이 군웅할거할 것이란 견해도 많다. 아무래도 마이크로소프트와 구글은 영어권역·서구권역에서는 압도적인 데이터셋을 바탕으로 전 세계 시장 점유율을 높이겠지만, 중화권역에서는 중국어 사용자의 데이터셋이 압도적으로 많이 수집된 중화권 검색엔진 중심으로 차별화될 수 있을 것이다. 특히 중국은 이미 2010년대부터 구글, 페이스북, 트위터 등 글로벌 인터넷 서비스에 대해 정치적 목적으로 규제를 실시했으므로 자연스럽게 중국어 버전의 초거대 AI 모델은 중국 검색엔진 업체에게 유리할 수밖에 없는 구조를 가지고 있다.

여기에 가장 선두가 중국의 검색 포털 1위 바이두(BAIDU)가 될 것이다. 1개월 활동 이용자(MAU)가 무려 6.4억 명에 달하고 AI와 자율주행 등의 분야에서 중국 기업 중 가장 두각을 나타내고 있다. 특히 2023년 3월 중국판 '챗GTP'인 어니봇(ERNIE Bot)을 발표할 예정인데, 이미 2019년부터 시작한 모델로서 현재 버전 3.0까지 업그레이드된 모델이다. 어니(ERNIE) 3.0 버전은 매개변수 2600억 개로 자연어뿐만 아니라 그림과 동영상도 이해하고 언어 생성도 가능한 것으로 알려졌다.

● **바이두 매출 및 이익 전망 추이**

출처: 블룸버그

현재 중국은 미국과의 무역 전쟁으로 자국만의 AI 경쟁력을 발전시켜야 할 필요성이 큰 상황이다. 어니봇 출시 발표 이후 중국 내 여러 기업과 제휴 선언이 이어지는 것은 중국 당국의 AI 육성 정책 의지를 확인할 수 있는 것이며, 이를 통해 중국의 금융, 미디어, IT 산업들의 융복합은 여타 국가보다 빠르게 진행될 수 있는 것도 중국만의 장점이 될 것이다. 그리고 그 중심에 '바이두'가 있다. 특히 무역 규제로 AI 반도체의 자급자족이 절실하다는 점에서 자체 개발한 AI 반도체(쿤룬) 기술을 보유하고 있고, AI 오픈소스 플랫폼인 바이두 브레인(BAIDU Brain), 딥러닝(PaddlePaddle)과 음성 인식 자체 기술력도 갖췄다는 점에서 중국 기업 중 AI 대표주로서 충분한 조건을 지니고 있다.

● 바이두의 PER, PCFR

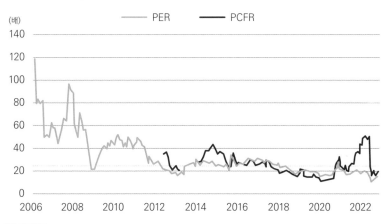

출처: 블룸버그

바이두의 최근 매출 전망은 현상 유지, 이익 전망은 개선되는 모습을 보이고 있다. 중국 정부의 플랫폼 규제가 점차 완화되고, AI 육성 의지가 반영되는 것으로 판단된다. AI 모멘텀에 대한 중기적인 실적 반영은 어쩌면 중국에서 가장 먼저 현실화될 가능성이 있다. 여기에 주목한다.

바이두의 가치 평가 지표는 역사적 저점 수준의 저평가도를 나타내며, 아직까지 AI 모멘텀과 프리미엄은 거의 반영되지 못했다. 예상 PER(주가/12개월 예상 EPS)은 14배, PCFR 18배 수준으로 밸류에이션 매력을 보유하고 있다. 향후 중국 AI 선두 기업으로서 본격적으로 부각되고, 관련된 실적 성장의 반영 가능성이 커진다면 주가의 지나친 저평가는 완화될 것이다.

4) NAVER: 준비된 대한민국 챗GPT

AI 기업으로서 네이버는 어떻게 평가할 수 있나?

1. **기술력:** 네이버는 자연어 처리, 음성 인식, 이미지 인식 등의 인공지능 기술 분야에서 높은 수준의 기술력을 보유하고 있습니다. 예를 들어, Papago 번역 서비스에서는 딥러닝 기술을 활용하여 자연어 처리의 정확도를 높이는 데 성공하였으며, Clova AI 플랫폼에서도 높은 기술력을 보여주고 있습니다.

2. **시장 점유율:** 네이버는 한국에서 가장 큰 포털 사이트이며, 웹 검색 분야에서는 대다수의 점유율을 차지하고 있습니다.

3. **재무 성과:** 네이버는 지속적인 성장을 보이고 있으며, 최근에는 인공지능 분야에 대한 투자를 늘리고 있습니다.

4. **인력과 인프라:** 네이버는 AI 분야에 전문가를 고용하고 있으며, 인프라 측면에서는 Clova AI 플랫폼, Whale 소셜 검색 등을 운영하고 있습니다.

5. **사회적 가치:** 네이버는 인공지능 기술을 활용하여 다양한 사회 문제를 해결하는 데 기여하고 있습니다. 예를 들어, Clova AI 플랫폼에서는 음성 인식 기술을 활용하여 장애인이 일상생활에서 불편을 겪지 않도록 돕는 등의 사회적 가치 창출에 노력하고 있습니다.

앞서 '바이두'를 설명할 때 '지역-언어-문화' 감수성이 데이터셋별로 집적되는 차이가 존재한다는 점에서 결국 현지화(Localization) 및 토종 초거대 AI 모델이 군웅할거할 것이란 견해를 소개했는데, 그렇다면 한국어 데이터셋의 강점을 지닌 '네이버'를 한국인이라면 안 떠올릴 수가 없다. 사실 챗GPT 이용자라면 느끼겠지만, '한국어의 미묘한 감성이 잘 살아나지 못한 것 아닌가'의 아쉬움이 있는데 이를 만회할 '토종 챗GPT'인 '하이퍼클로바'가 2023년 상반기 출시될 예정이다. 서치 GPT 행태로 출시될 것으로 보이는데, 마치 오픈AI가 마이크로소프트의 검색엔진 빙에 결합한 것과 같은 형태가 될 것으로 알려졌다.

마치 넷플릭스가 내가 좋아할 만한 영화를 골라주는 것처럼 네이버 이용자 역시 검색, 콘텐츠, 쇼핑 등에서 나의 패턴을 읽고 반응한다는 것을 은연중 느낀다. 이미 국내 AI와 관련해서 선도적인 투자와 기술력 확보를 이뤘다는 점에서 네이버의 각종 서비스와 결합하여 개인 고객 및 기업 고객 상대로 다양한 수익 확보가 진행될 것이다. 다만 구글의 바드 시연식의 실망스런 사례를 반면교사 삼아 더 정교하고 실수가 적은 안정화를 시도할 것으로 생각한다. 네이버 역시 국내 검색 시장에서 구글이나 빙과 경쟁하고 있다는 점에서 글로벌 검색엔진들로부터 시장 점유율를 지키는 차원에서도 적극적인 맞대응이 필요한 상황이다.

특히 네이버는 AI 반도체 설계에도 관여되어 삼성전자와도 업무 협약을 맺었고, 데이터센터 투자를 통해 인프라 확보에도 적극적이고, 슈퍼컴퓨터와 클라우드센터도 보유 중이어서 글로벌 빅테크 못지 않은 네트워크와 자원을 확보한 것으로 파악된다.

● 네이버 매출 및 이익 전망 추이

출처: 블룸버그

네이버의 최근 매출 전망은 개선되나, 이익 전망은 하향되는 모습을 보이고 있다. 앞서 글로벌 빅테크 기업처럼 광고 수익 둔화에 따른 부정적인 이익 하향 조정의 영향권이라고 판단된다. 이런 와중에 새롭게 생성형 AI 시장이 활짝 열린 것은 성장주 본연의 성장 프리미엄을 재확보할 수 있다는 점에서 주목해야 할 것이다.

네이버의 가치 평가 지표 역시 앞서 알파벳, 바이두처럼 역사적 저점 수준의 저평가도를 나타내며, 아직까지 AI 모멘텀과 프리미엄은 관찰되지 않고 있다. 예상 PER(주가/12개월 예상 EPS)은 26배 수준으로 역사적 흐름으로 보면 충분히 저평가 매력을 보유하고 있다. 향후 글로벌 AI 기업들의 성장주로서의 매력이 재부각되고, 이와 관련하여 향후 AI와 관련한 성장 파급력이 나름대로 설득된다면 주가는 정상적인 가치로 재평가될 것이다.

● 네이버의 PER, PCFR

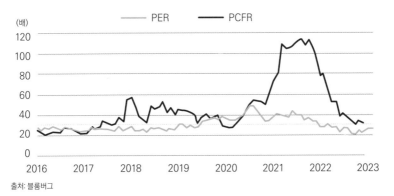

출처: 블룸버그

5) 엔비디아: 누구나 엄지척, AI 수혜주

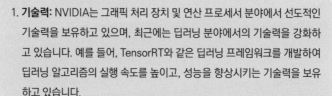
AI 기업으로서 NVIDIA 사는 어떻게 평가할 수 있나?

1. **기술력:** NVIDIA는 그래픽 처리 장치 및 연산 프로세서 분야에서 선도적인 기술력을 보유하고 있으며, 최근에는 딥러닝 분야에서의 기술력을 강화하고 있습니다. 예를 들어, TensorRT와 같은 딥러닝 프레임워크를 개발하여 딥러닝 알고리즘의 실행 속도를 높이고, 성능을 향상시키는 기술력을 보유하고 있습니다.
2. **시장 점유율:** NVIDIA는 그래픽 처리 장치 분야에서 매우 높은 시장 점유율을 차지하고 있으며, 인공지능 분야에서도 선도적인 위치를 차지하고 있습니다.
3. **재무 성과:** NVIDIA는 지속적인 성장을 보이고 있으며, 인공지능 분야에 대한 투자를 늘리고 있습니다.
4. **인력과 인프라:** NVIDIA는 AI 분야에 전문가를 고용하고 있으며, 인프라 측면에서는 DGX 시스템과 같은 AI 학습을 위한 하드웨어를 제공하고 있습니다.
5. **사회적 가치:** NVIDIA는 자율주행 자동차 및 의료 분야에서 인공지능 기술을 활용하여 다양한 사회 문제를 해결하는 데 기여하고 있습니다. 예를 들어, 자율주행 자동차에서는 NVIDIA의 그래픽 처리 장치를 이용하여 빠른 속도와 높은 정확도로 주행 환경을 파악하는 등의 사회적 가치 창출에 노력하고 있습니다.

'챗GPT' 등장으로 가장 큰 수혜를 입은 대표적인 빅테크 기업 하나를 뽑는다면, 바로 '엔비디아'다. 물론 챗GPT 출시(12/1) 후 주가수익률로 보자면 메타가 더 높긴하지만, 대다수의 전문가들이 지목했던 AI 수혜주 일순위는 분명 엔비디아였다.

엔비디아는 세계 최대 GPU(Graphic Processing Unit: 그래픽 처리 장치) 기업이다. 그런데 GPU는 영상 위주의 그래픽카드뿐만 아니라 AI 반도체로서 특화된 연산을 빠르게 처리하는 장점을 가졌기 때문에 향후 AI 경쟁이 치열해질수록 필요한 응용에 맞게 각종 솔루션은 확장되고 이에 따라 GPU 산업은 동반 성장할 수밖에 없다. 엔비디아가 챗GPT 출시 이후 이렇게 가파른 주가 상승을 보여준 것은 향후 매출 성장 가능성을 반영한다는 점에서 충분히 수긍할 만하다. AI 경쟁이 치열해 질수록 AI 연산에 소모되는 데이터 처리량은 기하급수적으로 늘어나기 때문에 이에 발맞춘 관련 인프라 투자는 성장할 수밖에 없다.

● 챗GPT 출시 후 주가수익률

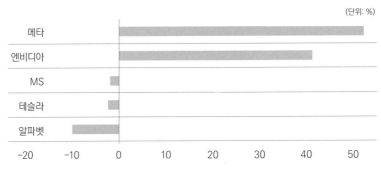

엔비디아의 최근 매출 및 이익 전망은 2022년 중 큰 폭의 하향 조정을 겪었으나, '챗GPT' 출시 이후 바닥 확인 후 소폭 상향 조정이 시도되고 있다. 앞서 살펴봤던 어떤 기업보다도 즉각적인 반응이며, '챗GPT'로 본격화된 AI 열풍이 줄곧 이어진다고 본다면 실적 회복 가능성은 큰 것으로 평가할 수 있다.

● 엔비디아 매출 및 이익 전망 추이

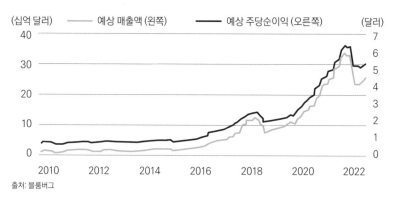

출처: 블룸버그

● 엔비디아의 PER, PCFR

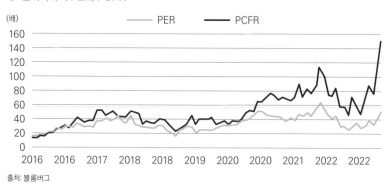

출처: 블룸버그

엔비디아의 주가 상승에 따라 PER 및 PCFR 등의 가치 평가 지표는 점차 밸류에이션 부담이 커지는 영역으로 이동한 상황이다. 시장 지배자로의 프리미엄과 장기적인 AI 기대감을 이미 상당히 반영했다는 점에서 추후 실적 반영 여부와 경쟁 업체의 동향을 면밀히 살펴보며 장기적으로 접근하는 것이 유리할 것으로 판단한다.

6) 한미반도체: 반도체 AI의 최종 연결고리

챗GPT의 등장으로 높은 연산 성능에 적합한 HBM(High Bandwidth Memory, 고대역 메모리), HBM-PIM(Processing in Memory, 지능형 메모리)에 대한 수요가 확대될 것으로 전망되면서 한미반도체의 주요 장비 중 하이브리드 본딩 장비(TSV-TC 본더)에 대한 관심이 커지고 있다. '챗GPT'와 같은 초거대 AI 시대에는 슈퍼컴퓨터가 필수이다. 여기에는 엔비디아 GPU(H100)에 사용되고, 이러한 엔비디아 GPU에는 SK하이닉스의 HBM3가 들어가는데, SK하이닉스의 HBM3 공정에 바로 한미반도체의 본딩 장비가 납품되어 사용되니 결국 '챗GPT' 등 AI 반도체의 수혜주로 지목된 것이다.

한미반도체의 최근 매출 및 이익 전망은 2022년 하반기 중 큰 폭의 하향 조정을 겪었으나, '챗GPT' 출시 이후 바닥 확인 후 소폭 상향 조정이 시도되고 있다. 최근 방향성은 앞서 살펴봤던 엔비디아와 유사하게 '챗GPT'로 본격화된 AI 열풍에 긍정적으로 반응하고 있다고 평가할 수 있다.

● TSV-TC 본더

출처: 한미반도체

● 한미반도체 매출 및 이익 전망 추이

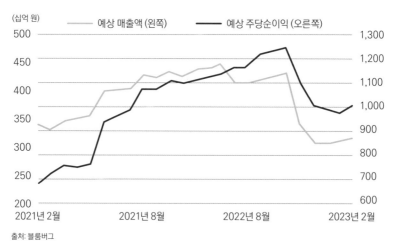

(십억 원) ── 예상 매출액 (왼쪽)　　　 ── 예상 주당순이익 (오른쪽)

출처: 블룸버그

한미반도체의 주가 상승에 따라 PER 및 PBR 등의 가치 평가 지표
는 하단에서 중단 수준으로 점차 이동한 상황이다. 역사적 평균에 수
렴한 PER과 PBR 수준으로 아직 밸류에이션 부담이 큰 상황은 아니
라고 판단한다.

● 한미반도체의 PER, PBR

PER 차트

— 수정 주가 ── 12.9배 ········ 16.6배 ── 20.4배 ── 24.1배

PBR 차트

— 수정 주가 ── 1.9배 ········ 3.1배 ── 4.2배 ── 5.4배

7) 메타플랫폼스: AI를 통한 확장성이 절실한 메타

AI 기업으로서 메타 사는 어떻게 평가할 수 있나?

1. **데이터 보유:** 메타는 대규모의 사용자 데이터를 보유하고 있습니다. 이를 바탕으로 머신러닝 및 딥러닝 알고리즘을 적용해 광고 타깃팅 콘텐츠 추천 등 다양한 분야에서 AI 기술을 활용하고 있습니다.
2. **인공지능 연구 개발:** 메타는 AI 분야에서 연구 개발에 큰 투자를 하고 있습니다. 예를 들어, 이미지 및 음성 인식, 자연어 처리, 추천 시스템, 감정 분석 등의 분야에서 최신 기술을 개발하고 있습니다.
3. **제품 라인업:** 메타는 인공지능 기술을 활용한 다양한 제품을 출시하고 있습니다. 예를 들어, 인공지능 비서 '메타리'나 인공지능 카메라 '포탈' 등이 있습니다.
4. **AI 파트너십:** 메타는 다양한 파트너십을 맺어 AI 기술을 개발하고 있습니다. 예를 들어, 마이크로소프트와 인공지능 기술 개발 파트너십을 맺어 AI 개발에 투자하고 있습니다.
5. **비즈니스 모델:** 메타는 광고 매출을 비롯한 다양한 수익 모델을 갖추고 있습니다. 이러한 비즈니스 모델은 인공지능 기술을 활용한 맞춤형 광고 서비스를 제공할 수 있는 기반이 됩니다.

● 메타플랫폼스 매출 및 이익 전망 추이

(십억 달러)　　　—— 예상 매출액 (왼쪽)　　　—— 예상 주당순이익 (오른쪽)　　　(달러)

출처: 블룸버그

미국 IB 웰스파고의 애널리스트 브라이언 피츠제럴드(Brian Fitzgerald)는 메타플랫폼스를 2023년 종목으로 추천하면서 그 이유를 다음과 같이 밝혔다.

"인공지능 기반 알고리즘 내의 최적화가 향후 회사에 이익을 줄 수 있다. … 메타는 최근 추천 모델을 확장하는 데 있어 AI 발전이 스릴 시청 시간을 15% 증가시켰다".

그동안 메타플랫폼스는 메타버스, AI 등에 수십억 달러 투자를 단행했는데, 과연 그 결실이 무엇인가에 대한 비판과 좌절이 컸다. 이 중 AI 부문은 페이스북이나 인스타그램에 대한 이용 시간을 늘리는 데 기여했다는 내용이므로 의미가 큰 코멘트이다. AI가 이용자들로 하여금 메타플랫폼스의 SNS 플랫폼에 더 머무르게 하는 데 기여할

● 메타플랫폼스의 PER, PCFR

(배)

- PER ── PCFR

출처: 블룸버그

수록 광고 수익이 그만큼 비례해서 커진다는 것이니 그동안의 AI 투자는 비용이 아닌 자산으로서의 기능을 하게 되었다는 것이기 때문이다.

물론 메타플랫폼스는 'AI 서비스용 소프트웨어'라는 다소 소박한 욕망에 머무는 기업이라기보다는, '초거대 AI 모델 부문'까지 도전하여 자웅을 겨루려는 거침없는 욕심을 드러내고 있다. 이미 마크 저커버그 CEO가 2023년 2월 24일(현지 시간), 메타의 초거대 인공지능(AI) 언어 모델 '라마(LLaMA)'와 오픈소스를 공개한 바 있다.

"라마는 문장을 생성하고 대화를 나누고 작성된 자료를 요약하는 것은 물론, 수학 문제를 풀거나 단백질 구조를 예측하는 등 보다 복잡한 작업에서도 많은 가능성을 보여줬다…. 메타는 이 연구용 오픈

모델에 전념하고 있으며 새로운 모델을 AI 연구 커뮤니티에서 이용할 수 있게 할 것이다.”

결국 메타플랫폼스의 '라마'는 오픈AI의 챗GPT, 구글의 바드 등과 함께 초거대 AI 모델 부문에서 한판 붙겠다는 것이다. 장점으로는 라마는 70억, 130억, 330억, 650억 개의 매개변수를 가진 4개 모델로 나뉘는데, 용도에 따라 용량을 골라 사용할 수 있다는 점이다. 또한 오픈소스를 공개하면서 당장의 수익 창출에는 한계가 있겠지만, 더 많은 이용자를 끌어오겠다는 장기적 포석을 선택한 것으로 보인다.

메타플랫폼스의 최근 매출 및 이익 전망은 2021~2022년 중 큰 폭의 하향 조정을 겪었으나, '챗GPT' 출시 이후 바닥 확인 후 소폭 상향 조정이 시도되고 있다. 엔비디아와 유사한 실적 전망 반응이며 '챗GPT' 출시 이후 주가수익률은 무려 40%대로 급등하면서 '챗GPT'로 본격화된 AI 수혜주로서 시장 관심을 모은 것으로 판단된다.

메타플랫폼스의 가치 평가 지표 역시 앞서 알파벳, 바이두, 네이버처럼 역사적 저점 수준에서 바닥 탈출 시도 중으로, 아직까지 AI 모멘텀과 프리미엄은 크지 않은 것으로 판단한다. 예상 PER(주가/12개월 예상 EPS)은 14배 수준으로 S&P 500 기업의 18배보다도 여전히 큰 폭으로 할인되는 영역에 머물러 있어, 향후 글로벌 AI 기업들의 성장주로서의 매력이 재부각될 경우 재평가될 가능성도 감안되어야 할 것이다.

8) 카카오: 가성비를 잘 따지는 AI 기업

AI 기업으로서 카카오는 어떻게 평가할 수 있나?

1. **기술적 역량:** 카카오는 AI 분야에서 자체 기술을 보유하고 있으며, 음성 인식, 자연어 처리, 이미지 분석 등 다양한 분야에서 선도적인 기술을 보유하고 있습니다.
2. **제품 및 서비스:** 카카오는 자사 서비스인 카카오미니, 카카오뱅크, 카카오내비 등에서 AI 기술을 활용하고 있으며, 또한 자율주행, 스마트 팩토리, 로보어드바이저 등의 분야에서도 AI 기술을 활용한 제품과 서비스를 출시하고 있습니다.
3. **연구개발 투자:** 카카오는 AI 분야에서 연구개발에 큰 투자를 하고 있으며, 카카오브레인이라는 AI 전문 연구기관을 운영하고 있습니다. 또한 국내외 AI 기업 인수와 투자를 통해 기술력을 보완하고 있습니다.
4. **인재 채용과 양성:** 카카오는 AI 분야에서 인재 채용과 교육에도 많은 투자를 하고 있습니다. AI 전문가를 채용하고, AI 관련 교육과 연구 프로그램을 운영하여 인재를 양성하고 있습니다.
5. **사회적 가치 창출:** 카카오는 AI 기술을 활용하여 교통 약자를 위한 횡단보도 인식 서비스와 같은 사회적 가치 창출에도 노력하고 있습니다. 또한 카카오미니의 음성 인식 기술을 활용하여 시각장애인을 위한 서비스도 제공하고 있습니다.

네카오(네이버, 카카오)라고 하면 우리나라를 대표하는 인터넷 포털 기업들이다. 그런데 네이버는 '초거대 AI 모델 부문'에서 언급했는데, 카카오는 왜 '초거대 AI 서비스용 소프트웨어'에서 다룰까? 가장 큰 차이는 카카오의 AI 부문이 개발 중인 초거대 AI 언어 모델(KoGPT), 초거대 AI 이미지 모델(Karlo)은 오픈AI의 'GPT-3'와 달리(DallE)의 오픈소스 모델을 활용하여 개발되었기 때문이다. 즉 카카오의 AI 부문은 상당 부분 '챗GPT' 개발사인 오픈AI의 모델 기반이므로 네이버와 같은 자체적인 '초거대 AI 모델'을 운용하는 것보다 일단 가성비 측면에서 유리한 점이 있다. 또한 'KoGPT'의 매개변수는 300억 개 수준으로 2,000억 개 수준인 네이버의 하이퍼클로바보다 적으니, 운영 비용 역시 줄였다고 보면 된다. 카카오의 AI 포지셔닝은 철저히 가성비에 입각하여 운용됨을 알 수 있고, 이를 통해 비용 대비 효율성을 극대화시키려는 전략을 위하고 있음을 짐작하게 된다.

또한 카카오 계열사들마다 AI 솔루션에 대한 개별적인 니즈가 다

● 카카오 매출 및 이익 전망 추이

출처 : 블룸버그

르기 때문에 어쩌면 이런 전략은 카카오의 특성을 잘 반영한 측면도 있다. 네이버가 검색엔진에서 1위 업체인 것과는 다르게 카카오는 모바일과 연계된 다양한 사업을 영위한다는 점에서 어쩌면 각개전투가 더 필요하기 때문이다. 카카오는 그동안 기술적인 완성도로 승부를 거는 기업도 아니었고, 제한적인 기술을 더 쉽고 활용 가능하도록 보편화시키는 게 장점이었으니 말이다.

카카오의 최근 매출 및 이익 전망은 상반된 모습을 보이고 있다. 매출 전망은 상향 조정되었으나 이익 전망은 하향되면서 AI 모멘텀에 대한 중기적인 실적 반영 가능성은 제한적이다. 아무래도 AI 가치 사슬상 진원지인 '초거대 AI 모델'에서 떨어져 있고, AI 관련한 투자 집중도 면에서도 관련된 직접적인 수혜 강도는 약한 상황으로 판단된다.

 카카오의 PER, PCFR

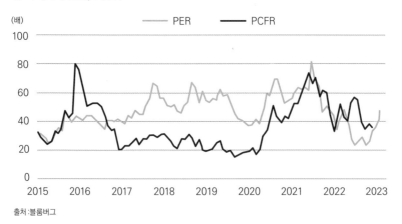

출처 : 블룸버그

카카오의 가치 평가 지표는 역사적 평균 대비로는 낮은 수준이나, 이익 전망 악화가 반영되면서 PER의 경우 바닥권에서 일정 부분 상승한 상황이다. 이는 AI 모멘텀과는 큰 상관이 없는 것이다. 다만 초거대 AI 모델 기업군에 비해 AI 관련 투자 비용 면에서 리스크가 적고, 글로벌 AI 기업들이 도약 시에는 동반하여 성장주로서의 매력이 재부각될 수 있는 강점이 있어서 향후 AI 관련한 카카오 계열사들과의 시너지 효과는 긍정적일 것으로 판단한다.

초거대 AI 최적화 기업

9) 테슬라

AI 기업으로서 테슬라는 어떻게 평가할 수 있나?

1. **자율주행 기술 개발:** 테슬라는 자사의 자율주행 기술인 '오토파일럿(Autopilot)'을 지속적으로 개선하고 있으며, 이를 위해 다양한 AI 기술을 활용하고 있습니다.
2. **데이터 수집 및 분석:** 테슬라는 차량 내부 및 외부의 다양한 센서를 통해 대규모 데이터를 수집하고 있으며, 이를 분석하여 자율주행 및 차량 안전성을 개선하는 데 활용하고 있습니다.

3. **인공지능 기반 제품 개발:** 테슬라는 자사 제품들에 AI 기술을 적극 활용하며, 예를 들어 자동차 충돌 시 충격을 최소화하는 '스마트 에어백(Smart Airbag)'을 개발하는 등 AI 기술을 활용한 제품 개발에도 주력하고 있습니다.
4. **AI 연구 및 개발 인력 보유:** 테슬라는 AI 분야에 전문성을 지닌 연구 및 개발 인력을 보유하고 있으며, 이들을 통해 기존 기술의 개선 및 새로운 AI 기술 개발에 노력하고 있습니다.
5. **새로운 AI 응용 분야 개척:** 테슬라는 자사의 AI 기술을 자율주행 기술뿐만 아니라 다양한 분야에 적용하고자 노력하고 있으며, 예를 들어 인공지능 기반의 에너지 관리 시스템 등에도 적극적으로 도전하고 있습니다.

테슬라의 일론 머스크 CEO는 '챗GPT'를 만든 오픈AI의 공동 창업자이다. 머스크는 지난 2018년에 오픈AI 이사회에서 전격 사임하며 보유 지분도 모두 처분했는데, 테슬라도 AI 연구를 진행하면서 오픈AI와의 이해 상충과 관련된 문제가 우려되었기 때문이었다. 그런데 '챗GPT'가 이렇게 도약하고, 마이크로소프트의 자회사가 될 가능성이 제기되니, 대박 기회 하나를 놓쳤다는 자괴감이 들 만하다. 외신에 따르면 머스크 CEO는 '챗GPT'의 대항마가 될 AI 연구소 설립을 검토하고 있으며, 알파고의 딥마인드 출신 엔지니어와 접촉 중인 것으로 알려졌다.

사실 테슬라는 해마다 AI데이를 개최할 만큼 AI에 진정성을 가진 기업이다. 'AI DAY 2022'에 공개했던 휴머노이드 로봇인 옵티머스(Optimus)는 다소 실망스런 하드웨어보다도 신경망 네트워크에 기반한 오토파일럿(Autopilot)의 소프트웨어 기술이 주목받았다. 자율주행 기능을 위한 데이터 수집과 자동 제어, 3차원 영상 복원 등을 위한 최적화된 연산을 최단시간에 수행해야 하는 특성을 고려할 때 테슬라에게 AI 기술은 중요할 수밖에 없다.

다만 테슬라의 전기차 가치 사슬상 AI 기술은 따로 분리한 개별 모멘텀으로 보건 힘들고, 머스크가 계획 중인 AI 연구소의 가시성 성과는 장기적 이슈이므로 '초거대 AI 모델'이라는 진원지에서 지진파가 전달되는 후속 권역에 속한 것으로 보인다. 물론 테슬라의 자율주행 기술이 비약하는 기술 원천은 AI 부문이라는 점을 감안하여 장기적이고 융복합적인 AI 모멘텀으로 판단하여 일부 포트폴리오에 반영하는 전략이 바람직할 것이다.

10) LG전자

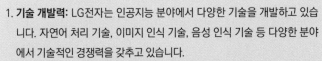

AI 기업으로서 LG전자는 어떻게 평가할 수 있나?

1. **기술 개발력:** LG전자는 인공지능 분야에서 다양한 기술을 개발하고 있습니다. 자연어 처리 기술, 이미지 인식 기술, 음성 인식 기술 등 다양한 분야에서 기술적인 경쟁력을 갖추고 있습니다.
2. **제품 라인업:** LG전자는 스마트 홈 제품, 스마트 TV, 로봇 등 다양한 AI 제품 라인업을 보유하고 있습니다. 특히 LG ThinQ 브랜드로 출시되는 스마

트 홈 제품군은 인공지능 기술을 적용하여 사용자 편의성을 높이고 있습니다.

3. **인프라 구축:** LG전자는 인공지능 기술을 활용하기 위한 인프라 구축에 많은 투자를 하고 있습니다. 클라우드 기반의 AI 플랫폼인 LG ThinQ AI를 출시하였으며, 이를 기반으로 스마트 홈, 스마트 빌딩, 스마트 도시 등 다양한 분야에 인공지능 솔루션을 제공하고 있습니다.

4. **협업과 제휴:** LG전자는 인공지능 기술을 보유한 다양한 스타트업과 협업하고 있습니다. 또한 인공지능 기술을 활용하여 다양한 산업군과 제휴를 맺고 있으며, 이를 통해 인공지능 시장에서 더욱 강력한 경쟁력을 갖추고 있습니다.

5. **글로벌 시장 진출:** LG전자는 인공지능 기술을 활용한 제품을 국내뿐만 아니라 글로벌 시장에도 출시하고 있습니다. 특히 LG ThinQ 브랜드로 출시되는 제품은 글로벌 시장에서도 높은 인기를 얻고 있습니다. 이를 통해 인공지능 시장에서 글로벌 경쟁력을 높이고 있습니다.

초거대 AI를 자사 시스템이나 생산 제품에 최적화시켜 고객 만족과 생산 효율성을 극대화시킬 우리나라 기업은 누구인가 고민하다가 LG전자가 적합하다는 생각이 들었다.

일단 테슬라에서 언급했던 것처럼 미래 자동차인 '스마트카'에는 자율주행과 관련한 AI 기술이 장착되어야 한다. 안전함과 신속성을 동반할 자율주행에 필요한 다양한 운영체제 및 애플리케이션들의 적용과 이와 관련한 소프트웨어의 역할은 중요할 수밖에 없다. 차량에서 수집한 방대한 데이터 축적과 학습 이후 업데이트의 환류를 통해 자율주행 성능을 개선시켜야 하기 때문이다. 그런데 LG전자의 매출 중 자동차 부품 부문은 12% 전후의 비중을 보이고, 향후 몇 년간은 연평균 15% 수준의 성장세를 이어갈 만큼 시장 점유율을 확대하고 있다. 자율주행 기능을 지원하기 위한 동반된 AI 기술 활용, 그리고 무버튼 차량으로 진화하기 위한 AI 인식 기능(시각 및 청각 등)의 발전 등은 동반되어야 할 것이다. 더불어 이스라엘의 차량용 사이버 보안 플랫폼 기업인 사이벨럼(Cybellum)을 인수하면서 차량용 사이버 보안 성장도 향유할 수 있다.

더불어 로봇 및 가전 분야와 결합될 AI 기술도 중요한 포인트다. 서빙, 안내, 배송 등의 전문 서비스 로봇은 최근 2배씩 매출 성장을 유지 중이고, 사물인터넷에 기반한 AI 가전 역시 프리이엄 가전제품의 핵심이라는 측면에서 시너지를 낼 것으로 기대한다.

테슬라에서 언급한 것처럼 AI 기술을 최적화시키는 기업이라는 측면에서 장기적 그리고 융복합적인 관점에서 AI 기술과의 협업과 시너지를 기대하는 전략이 적당할 것이다.

혁신 기술 투자에 대한 생각과 주의할 점

혁신 기술로 내 삶의 만족도를 높이는 가장 직접적인 방법은 내가 그 사용자가 되어 내 삶의 효용도를 높이는 것이다. 인터넷 검색엔진이 대중화되면서 자료 조사 때문에 도서관 서고를 뒤지는 수고가 사라졌고, 스마트폰 시대가 펼쳐지면서 PC 부팅을 기다리며 몇 분간을 허비할 필요도 없어졌다. 그런데 이 정도의 소소한 내 삶의 효용성 개선 정도로 혁신 기술이 가져올 미래 변화의 잠재적 가치를 충분히 담아낼 수 있을까?

개개인 삶의 소소한 만족도를 지렛대(leverage) 삼아 기존 기업의 새로운 혁신 및 비즈니스 기회, 혹은 전혀 새로운 기업과 산업의 새로운 가치 창출과 고속 성장으로 혁신 기술이 파급되는 것을 우리는 이미 경험했다. 한때 검색엔진 회사로만 불렸던 닷컴 버블의 생존자지만 뚜렷한 현금 창출력이 부재하다는 양립된 평가를 받던 네이버와 구글은 이제는 한국과 미국 주식시장의 초대형주로서 혁신의 아이콘이 되었다. 우리에게는 선택의 신이 계속해서 묻고 있다. 내 삶의 소소한 변화에만 만족할 것인가, 아니면 혁신의 도구를 활용하여 비즈니스를 창출할 것인가, 그것도 아니면 혁신의 아이콘으로 우뚝 올라설 만한 산업과 기업의 투자자가 될 것인가?

　우리가 취할 세 가지 선택지 중 그래도 중간 위험과 중간 수익을 가져다줄 선택은 '혁신 기업 투자자'라고 생각한다. 가장 큰 수익을 가져다줄 선택은 아예 내가 혁신 기업 창업자가 되는 것일테지만, 이는 너무나 큰 위험을 안게 될 것이기 때문이다. 가장 안전한 방법은 그냥 챗GPT 이용자 정도에만 머무르며 AI 조수 하나 생겼다고 흐뭇한 미소를 짓는 것이다. 따라서 '혁신 기업 투자'는 어쩌면 '현재의 내'가 '미래의 나'에게 자산 증식을 위한 기회를 선물하는 일이다. 마치 2010년에 스마트폰 혁신을 바라보고 미래를 기대하며 애플의 주식을 매수하는 것처럼 말이다. 이런 투자는 혁신 기술의 잠재적 가치를 적절한 위험을 잘 감안하여 향유할 기회라 할 수 있다.

참고문헌

Bengio, Yoshua, et al. "Deep Learning", Nature, 2015.

Bolei Zhou, Hang Zhao, Xavier Puig, Sanja Fidler, Adela Barriuso and Antonio Torralba. "Scene Parsing through ADE20K Dataset", CVPR, 2017.

Brynjolfsson, Erik, and McAfee, Andrew. Machine, Platform, Crowd: Harnessing the Digital Revolution, W. W. Norton & Company, 2017.

Brynjolfsson, Erik, and McAfee, Andrew. The Second Machine Age: Work, Progress, and Prosperity in a Time of Brilliant Technologies, W. W. Norton & Company, 2014.

Carvalho, Ana, and Rocha, Álvaro. Intelligent Information and Database Systems, Springer International Publishing, 2018.

Ceglowski, Maciej. "The Internet With A Human Face", Beyond Tellerrand Conference, 2014.

Chollet, François. Deep Learning with Python, Manning Publications, 2017.

Cukier, Kenneth, and Mayer-Schönberger, Viktor. Learning with Big Data: The Future of Education, Houghton Mifflin Harcourt, 2014.

Davenport, Thomas H., and Ronanki, Ranjan. "Artificial Intelligence for the Real World", Harvard Business Review, 2018.

Domingos, Pedro. The Master Algorithm: How the Quest for the Ultimate Learning Machine Will Remake Our World, Basic Books, 2015.

Frey, Carl Benedikt, and Osborne, Michael A. "The Future of Employment: How Susceptible are Jobs to Computerisation?", Technological Forecasting and Social Change, 2017.

Gandomi, Amir, and Haider, Murtaza. "Beyond the hype: Big data concepts, methods, and analytics", International Journal of Information Management, 2015.

Goleman, Daniel, and Davidson, Richard J. Altered Traits: Science Reveals How Meditation Changes Your Mind, Brain, and Body, Avery, 2017.

Goodfellow, Ian, et al. Deep Learning, MIT Press, 2016.

Goodfellow, Ian, et al. "Generative Adversarial Networks", arXiv preprint arXiv:1406.2661, 2014.

Holland, John H. Designing Autonomous Agents: Theory and Practice from Biology to Engineering and Back, MIT Press, 2019.

Kaplan, Jerry. Humans Need Not Apply: A Guide to Wealth and Work in the Age of Artificial Intelligence, Yale University Press, 2015.

Kelleher, John D., and Tierney, Brian. "Data Science: An Introduction", CRC Press, 2018

Kelly, Kevin. "The Inevitable: Understanding the 12 Technological Forces That Will Shape Our Future", Penguin Books, 2017

Kiron, David, and Prentice, Paul. "Thriving in an AI World", MIT Sloan Management Review, 2017.

Knight, Will. "What will it take for us to trust AI?", MIT Technology Review, 2017.

Kshetri, Nir. "Blockchain's roles in meeting key supply chain management objectives", International Journal of Information Management, 2018.

LeCun, Yann, et al. "Efficient BackProp", Neural Networks, 1998.

Lee, Jay, and Lee, John H. "The Rise of FinTech in Korea: FinTech as a New Payment System and Platform-Based Finance", Journal of Asian Finance, Economics and Business, 2018.

Li, Fei-Fei, and Khosla, Vinod. AI for Social Good, Stanford University, 2018.

M. Cordts, M. Omran, S. Ramos, T. Rehfeld, M. Enzweiler, R. Benenson, U. Franke, S. Roth, and B. Schiele. "The Cityscapes Dataset for Semantic Urban Scene Understanding," CVPR, 2016.

M. Everingham, L. VanGool, C. K. I. Williams, J. Winn, and A. Zisserman, A. "The PASCAL Visual Object Classes Challenge 2012 Results," ECCV VOC workshop, 2012.

Manyika, James, et al. "Harnessing automation for a future that works", McKinsey Global Institute, 2017.

McAfee, Andrew, and Brynjolfsson, Erik. Machine, Platform, Crowd: Harnessing the Digital Revolution, W. W. Norton & Company, 2017.

McAfee, Andrew, and Brynjolfsson, Erik. "The Business of Artificial Intelligence", Harvard Business Review, 2017.

Moritz Menze and Andreas Geiger. "Object Scene Flow for Autonomous Vehicles", CVPR, 2015.

Morozov, Evgeny. To Save Everything, Click Here: The Folly of Technological Solutionism, PublicAffairs, 2014.

Murphy, Kevin P. Machine Learning: A Probabilistic Perspective, MIT Press, 2012.

Narayanan, Arvind, and Shmatikov, Vitaly. "Robust De-anonymization of Large Sparse Datasets", IEEE Symposium on Security and Privacy, 2014.

Nathan Silberman, Derek Hoiem, Pushmeet Kohli and Rob Fergus. "Indoor Segmentation and Support Inference from RGBD Images", ECCV, 2012.

Ng, Andrew. "Machine Learning Yearning", deeplearning.ai, 2018.

O'Neil, Cathy. Weapons of Math Destruction: How Big Data Increases Inequality and Threatens Democracy, Crown Publishing Group, 2016.

O'Reilly, Tim. The WTF? Economy: Work, Technology, and the Future of Humanity, HarperCollins Publishers, 2017.

Oh, Jang-Hyun. "Artificial Intelligence, Open Innovation, and Entrepreneurship", Sustainability, 2018.

Parker, Geoffrey G., et al. "AI in the Gig Economy: An Old Solution to the New Challenges", California Management Review, 2017.

PwC. "Sizing the Prize: What's the Real Value of AI for Your Business and How Can You Capitalize?", PwC, 2017.

Ranganathan, Sripriya, and Raghunathan, Srinivasan. Digital Transformation: Using BPM, SOA, and Lean Six Sigma, Auerbach Publications, 2017.

Roozbeh Mottaghi and Xianjie Chen and Xiaobai Liu and Nam-Gyu Cho and Seong-Whan Lee and Sanja Fidler and Raquel Urtasun and Alan Yuille. "The Role of Context for Object Detection and Semantic Segmentation in the Wild," CVPR, 2014.

Russell, Stuart J., and Norvig, Peter. Artificial Intelligence: A Modern Approach, Pearson, 2010.

Sambamurthy, Vallabh, and Zmud, Robert W. "Advancing the Information Management Research Agenda: Perspectives from the Field", Journal of Information Technology, 2015.

Schatzki, Theodore R. "Artificial Intelligence and the Future of Work", Journal of Business and Technical Communication, 2018.

Susskind, Richard, and Susskind, Daniel. The Future of the Professions: How Technology Will Transform the Work of Human Experts, Oxford University Press, 2015.

Sutton, Richard S., and Barto, Andrew G. Reinforcement Learning: An Introduction, MIT Press.

T. Lin, M. Maire, S. J. Belongie, L. D. Bourdev, R. B. Girshick, J. Hays, P. Perona, D. Ramanan, P. Dollar, C. L. Zitnick. "Microsoft COCO: Common Objects in Context," ECCV, 2014.

Varian, Hal R. "Artificial Intelligence, Economics, and Industrial Organization", NBER Working Paper, No. 21022, 2015.

West, Darrell M., and Lakhani, Karim R. "Going Digital: Implications for Firm Strategy and Industry Structure", Journal of Economic Perspectives, 2018.

Wu, Shu. AI Superpowers: China, Silicon Valley, and the New World Order, Houghton Mifflin Harcourt, 2018.

가트너 블로그. "By 2024, 60% of the data used for the development of AI and analytics projects will be synthetically generated", 2021. 7. 24.

가트너(Gartner). "매버릭 연구(Maverick Research): 실제 데이터를 잊어라-합성 데이터가 AI의 미래다(Forget About Your Real Data-Synthetic Data Is the Future of AI)", 라이너 라모스(Leinar Ramos), 지텐드라 슈브라만얌(Jitendra Subramanyam), 2021. 6. 24.

강용수.《데이터 분석 기반 경영: 데이터에서 인사이트를 끌어내는 경영 통찰의 지혜》, 세종서적, 2017. 10.

고성수. "LG-디자이너 돕는 AI 고도화 나서 '파슨스'와 협력···창작 플랫폼 '엑사원 아틀리에' 개발", 2022. 9. 13.

김가은. "오픈AI가 선보인 '챗GPT'에 IT업계 '들썩'···대화 넘어 코딩·원고 작성까지", 테크M, 2022. 12. 11.

김건우.《GAN으로 배우는 딥러닝 생성 모델 입문》, 제이펍, 2018. 8.

김나인. "AI 글쓰기 돕는 뤼튼테크놀로지스, 'CES 2023' 혁신상 수상", 디지털타임스, 2022. 11. 17.

김민. "美 미술 공모전서 AI가 그린 그림이 1등상 받아 논란 '예술의 죽음' vs 'AI도 사람이 작동'", 동아일보, 2022. 9. 5.

김병환. "인공지능이 바꾸는 경영과 조직의 미래", 한국경영자총연합회, 2020. 6.

김성훈.《핸즈온 머신러닝》, 한빛미디어, 2019. 11.

김세훈.《AI 컨설팅: 현업 전문가가 알려주는 실무 적용 이야기》, 에이콘출판, 2018. 7.

김윤수. "알파고 넘는 '초거대 AI' 개발 경쟁 가열···네이버 이어 KT·SKT·카카오·LG 참전", 동아일보, 2021. 5. 26.

김지헌, 임세준. "[헤럴드기업포럼2022] 초거대 AI, 결국 인간 위한 것···생태계 확장 위한 협력 중요해" 헤럴드

경제, 2022. 10. 13.

김진환. 《디지털 금융혁명: 인공지능과 블록체인이 선도하는 금융의 미래》, 비즈니스북스, 2019. 7.

김태영. 《인공지능 경영론》, 21세기북스, 2019. 8.

김하경. "'어떤 장르 원하세요?'… AI 작곡가, 10분 만에 한 곡 뚝딱", 동아일보, 2022. 9. 3.

나인호. 《인공지능경영론》, 신영사, 2021. 2.

노규남. "AI는 예술을 만들 수 있을까?", CCTVNEWS, 2022. 5. 18.

레이 닐슨. 《AI의 미래: 실제 적용 사례와 비즈니스 전략》, 루비북스, 2020. 2.

리차드 선더슨. 《AI 비즈니스 혁명》, 루비북스, 2019. 3.

마이클 쳉. 《최고의 인공지능 비즈니스를 만드는 법: 데이터에서 인사이트를 끌어내는 비즈니스 전략》, 루비북스, 2019. 12.

마크 쉬프만. 《AI 경영 혁명: 새로운 인사이트를 만드는 인공지능 기술》, 루비북스, 2019. 10.

미래에셋증권. "NAVER 이제는 효자 노릇하는 AI", 2022. 9.

미래에셋증권. "초거대 AI의 잠재력", 2022. 9.

박성은. "K팝 시장에도 AI작곡가 투입…차세대 BTS 만들까", 2022. 9.

박은정. 《파이썬 라이브러리를 활용한 머신러닝》, 한빛미디어, 2020. 7.

박재균. 《메타버스 산업전망과 대응전략》, 한경BP, 2020. 6.

박준영. 《파이썬과 대학생을 위한 머신러닝 딥러닝 입문》, 길벗, 2019. 10.

박지훈. 《AI 경영과 혁신》, 교육과학사, 2018. 12.

박진영. "MS '적은 비용으로 더 많은 일을'…AI·클라우드 한계 넘다", 데이터링, 2022. 10. 14.

박진형. 《데이터에 기반한 경영혁신: 비즈니스 인텔리전스와 AI의 시대》, 루비북스, 2018. 9.

박찬. "스테이블 디퓨전, '스마트폰 앱'으로 등장", AI타임스, 2022. 11. 11.

박해선. 《딥러닝 입문》, 인사이트, 2018. 2.

변휘. "'초거대 AI의 그늘'…수천억 슈퍼컴, 데이터는 '빅테크나 가능'", 머니투데이, 2022. 8. 25.

서정윤. "KT, 초거대AI '믿음' 공개…'산업 혁신 수단 만들겠다'", ZDNET Korea, 2022. 11. 16.

선재형. "AI와 머신러닝을 활용한 경영전략", 인플루엔셜, 2019. 3.

송형호. "메타버스, 디지털테마파크로 이어지는 길", 머지플랫폼, 2021. 1.

심재석. 《이미지 만들어주는 AI의 어두운 그림자》, Byline Network, 2022. 10. 25

앤드류 M카피, 에릭 브뤼노프손. 《기계는 어떻게 배우는가: 머신러닝과 인공지능의 교과서》, 루비북스, 2016. 10.

오현식. "그림 그리고 시 쓰는 초거대 AI, 예술 영역까지 넘본다", ITBizNews, 2022. 10. 18 .

우영근. "메타버스 이야기", 논코리아, 2021. 1.

윤균상. 《빅데이터 시대의 기업 경영과 인재》, 법문사, 2018. 8.

이상규. 《파이썬 딥러닝 파이토치》, 정보문화사, 2020. 7.

이상우. "[Tech in Trend] ② 시장 판도 바꾸는 초거대 AI, 어떤 기업이 나서고 있나?", 아주경제, 2022. 2. 28.

이석환. 《인공지능으로 보는 기업경영: 제4차 산업혁명 시대를 선도하는 전략》, 북스홀릭, 2018. 8.

이영아. "'초거대AI' 힘주는 카카오브레인, 400억 수형…목표는 글로벌," TechM, 2022. 4. 21.

이영아. "사람 같은 AI, 카카오톡에 뜬다…카카오브레인 '초거대AI' 전략 살펴보니", TechM, 2021. 12. 20.

이웅원. 《혼자 공부하는 머신러닝+딥러닝》, 한빛미디어, 2019. 8.

이윤정. "키워드 입력하면 AI가 광고 카피 써준다…카카오브레인, 한국어 특화 초거대 AI 모델 공개", 경향신문, 2022. 10. 13.

이재근. 《IT와 경영: 비즈니스 인텔리전스, 빅데이터, 인공지능》, 박영사, 2019. 11.

이종현. "'구글의 시대 끝났다' 평가 나온 Chat GPT…AI 대화가 검색 대체할까", 조선비즈, 2022. 12. 6.

이진웅. 《데이터주도 비즈니스: 빅데이터, AI, 블록체인이 바꾸는 경영과 전략》, 한빛미디어, 2019. 4.

이토 켄지. 《인공지능과 일하기: AI 시대를 살아가는 일과 삶의 지혜》, 메가스터디, 2020. 8.

이학재. 《AI 경영: 디지털 시대를 지배하는 인공지능의 이해》, 비즈니스북스, 2020. 9.

이한얼. 《메타버스 신상경제》, 스프링어, 2020. 12.

이호선. 《케라스 창시자에게 배우는 딥러닝》, 길벗, 2018. 11.

이호선. 《텐서플로 2와 머신러닝으로 시작하는 자연어 처리》, 한빛미디어, 2021. 2.

장민주. "초거대 AI 일상으로…'은행·쇼핑·돌봄' 서비스로 만난다", epnc, 2022. 6. 21.

장정우. "KT, AI 3대 발전전략 공개…디지털 대한민국 앞장", 데일리한국, 2022. 11.

정재홍. 《AI 경영의 원리와 실무》, 루비북스, 2019. 2.

정채희. "알파고는 잊어라…속속 등장하는 '초거대 AI'", 매거진한경, 2022. 1. 4.

정혜진. "[정혜진의 Whynot 실리콘밸리] '추상적' 단어도 영상으로 변환…생성형 AI가 만드는 스토리텔링법", 서울경제, 2022. 11. 3.

정희만. 《인공지능 경제와 기업경영》, 한울아카데미, 2019. 4.

조성미. "초거대 AI를 아시나요?… KT, AI 콘퍼런스 개최", 연합뉴스, 2022. 10. 13.

조윤경. 《메타버스 이야기》, 책구루, 2020. 8.

조재현. 《최적화 인공지능으로 경영혁신을 이루다》, 법문사, 2018. 12.

조희진. "인공지능과 빅데이터 경영: 비즈니스 인텔리전스의 이해와 활용", 한국경영자총연합회, 2019. 7.

차용훈. 《빅데이터와 인공지능이 만나는 비즈니스: 실제 적용 사례와 산업 전망》, 길벗, 2019. 3.

최동규. 《인공지능과 경영전략: 혁신을 위한 인공지능과 빅데이터의 활용》, 학지사, 2019. 9.

최문정. "초거대 AI 시대 '활짝' …대답 넘어 창작하는 AI 온다", 더팩트, 2022. 9. 22.

최성준. 《밑바닥부터 시작하는 딥러닝 2》, 한빛미디어, 2019. 8.

최희천. 《비즈니스 애널리틱스: 빅데이터와 인공지능으로 경영혁신을 이루다》, 루비북스, 2019. 4.

한광욱. 《빅데이터 마케팅과 인공지능》, 더퀘스트, 2018. 11.

한진희. 《빅데이터와 인공지능 경영학》, 박영사, 2018. 11.

황정수. "'인간의 뇌' 닮은 초거대 AI가 온다", 한국경제, 2022. 8. 29.

KB증권. "KT 기자 간담회에 나타난 KT의 AI에 대한 진심", 2022. 11.